现代服务领域技能型人才培养模式创新规划教材

网店运营

主　编　石　焱　王　耀

副主编　陈双双　陈　微

内 容 提 要

本书针对大学生就业创业的需要，结合网上店铺创业经营的经验，以网上开店的实际操作流程为主线，穿插最新的创业知识、网络营销、销售技巧、网上支付、物流配送和客户管理等知识，指导初学者快速掌握在淘宝网上开店的流程和方法，总结了很多卖家在实际经营、营销、财务、客户服务中遇到的问题，并给出了可行的解决方法。

本书共 6 章，主要内容包括：创业成就未来、网上开店的过程、网店的营销推广、网店的财务管理、网店经营与销售技巧、五星级服务客户。书后附有中国主流快递公司的联系方式、网上开店大卖家店铺展示、网上开店实用工具软件网址等。

本书适合作为高等学校电子商务、经济管理、会计电算化专业等各本科专业用教材，也可作为高职高专院校、中等职业学校财经类专业、成人高校及本科院校举办的二级职业技术学院和民办高校的电子商务、经济管理、会计电算化等专业的教材或自学参考书，同时适合企业创业人员、管理人员和广大领导干部自学，还可以作为相关培训班的教学用书。

本书所配教学电子教案、实训素材及相关教学资源，均可以从中国水利水电出版社网站以及万水书苑下载，网址为：http://www.waterpub.com.cn/softdown/或 http://www.wsbookshow.com。

图书在版编目（CIP）数据

网店运营 / 石焱，王耀主编. -- 北京：中国水利
水电出版社，2011.7（2021.1重印）
 现代服务领域技能型人才培养模式创新规划教材
 ISBN 978-7-5084-8540-9

Ⅰ. ①网… Ⅱ. ①石… ②王… Ⅲ. ①电子商务－商业经营－教材 Ⅳ. ①F713.36

中国版本图书馆CIP数据核字(2011)第072645号

策划编辑：杨 谷　　责任编辑：宋俊娥　　加工编辑：周连波　　封面设计：李 佳

书　名	现代服务领域技能型人才培养模式创新规划教材 网店运营
作　者	主　编　石　焱　王　耀 副主编　陈双双　陈　微
出版发行	中国水利水电出版社 （北京市海淀区玉渊潭南路1号D座　100038） 网址：www.waterpub.com.cn E-mail：mchannel@263.net（万水） 　　　　sales@waterpub.com.cn 电话：（010）68367658（发行部）、82562819（万水）
经　售	北京科水图书销售中心（零售） 电话：（010）88383994、63202643、68545874 全国各地新华书店和相关出版物销售网点
排　版	北京万水电子信息有限公司
印　刷	三河市铭浩彩色印装有限公司
规　格	184mm×260mm　16开本　15.5印张　378千字
版　次	2011年7月第1版　2021年1月第6次印刷
印　数	15001—16000 册
定　价	28.00 元

凡购买我社图书，如有缺页、倒页、脱页的，本社发行部负责调换

版权所有·侵权必究

现代服务业技能人才培养培训模式研究与实践课题组名单

顾　问：王文槿　　李燕泥　　王成荣

　　　　汤鑫华　　周金辉　　许　远

组　长：李维利　　邓恩远

副组长：郑锐洪　　闫　彦　　邓　凯

　　　　李作聚　　王文学　　王淑文

　　　　杜文洁　　陈彦许

秘书长：杨庆川

秘　书：杨　谷　　周益丹　　胡海家

　　　　陈　洁　　张志年

课题参与院校

北京财贸职业学院	常州纺织服装职业技术学院
北京城市学院	常州广播电视大学
国家林业局管理干部学院	常州机电职业技术学院
北京农业职业学院	常州建东职业技术学院
北京青年政治学院	常州轻工职业技术学院
北京思德职业技能培训学校	常州信息职业技术学院
北京现代职业技术学院	江海职业技术学院
北京信息职业技术学院	金坛广播电视大学
福建对外经济贸易职业技术学院	南京化工职业技术学院
泉州华光摄影艺术职业学院	苏州工业园区职业技术学院
广东纺织职业技术学院	武进广播电视大学
广东工贸职业技术学院	辽宁城市建设职业技术学院
广州铁路职业技术学院	大连职业技术学院
桂林航天工业高等专科学校	大连工业大学职业技术学院
柳州铁道职业技术学院	辽宁农业职业技术学院
贵州轻工职业技术学院	沈阳师范大学工程技术学院
贵州商业高等专科学校	沈阳师范大学职业技术学院
河北公安警察职业学院	沈阳航空航天大学
河北金融学院	营口职业技术学院
河北软件职业技术学院	青岛恒星职业技术学院
河北政法职业学院	青岛职业技术学院
中国地质大学长城学院	潍坊工商职业学院
河南机电高等专科学校	山西省财政税务专科学校
开封大学	陕西财经职业技术学院
大庆职业学院	陕西工业职业技术学院
黑龙江信息技术职业学院	天津滨海职业学院
伊春职业学院	天津城市职业学院
湖北城市建设职业技术学院	天津天狮学院
武汉电力职业技术学院	天津职业大学
武汉软件工程职业学院	浙江机电职业技术学院
武汉商贸职业学院	鲁迅美术学院
武汉商业服务学院	宁波职业技术学院
武汉铁路职业技术学院	浙江水利水电专科学校
武汉职业技术学院	太原大学
湖北职业技术学院	太原城市职业技术学院
荆州职业技术学院	兰州资源环境职业技术学院
上海建桥学院	

实践先进课程理念　　构建全新教材体系
——《现代服务领域技能型人才培养模式创新规划教材》

出版说明

"现代服务领域技能型人才培养模式创新规划教材"丛书是由中国高等职业技术教育研究会立项的《现代服务业技能人才培养培训模式研究与实践》课题[1]的研究成果。

进入新世纪以来，我国的职业教育、职业培训与社会经济的发展联系越来越紧密，职业教育与培训的课程的改革越来越为广大师生所关注。职业教育与职业培训的课程具有定向性、应用性、实践性、整体性、灵活性的突出特点。任何的职业教育培训课程开发实践都不外乎注重调动学生的学习动机，以职业活动为导向、以职业能力为本位。目前，职业教育领域的课程改革领域，呈现出指导思想多元化、课程结构模块化、职业技术前瞻化、国家干预加强化的特点。

现代服务类专业在高等职业院校普遍开设，招生数量和在校生人数占到高职学生总数的40%左右，以现代服务业的技能人才培养培训模式为题进行研究，对于探索打破学科系统化课程，参照国家职业技能标准的要求，建立职业能力系统化专业课程体系，推进高职院校课程改革、推进双证书制度建设有特殊的现实意义。因此，《现代服务业技能人才培养培训模式研究与实践》课题是一个具有宏观意义、沟通微观课程的中观研究，具有特殊的桥梁作用。该课题与人力资源和社会保障部的《技能人才职业导向式培训模式标准研究》课题[2]的《现代服务业技能人才培训模式研究》子课题并题研究。经过酝酿，于2008年底进行了课题研究队伍和开题准备，2009年正式开题，研究历时16个月，于2010年12月形成了部分成果，具备结题条件。课题组通过高等职业技术教育研究会组织并依托60余所高等职业院校，按照现代服务业类型分组，选取市场营销、工商企业管理、电子商务、物流管理、文秘、艺术设计专业作为案例，进行技能人才培养培训模式研究，开展教学资源开发建设的试点工作。

《现代服务业技能人才培养培训方案及研究论文汇编》（以下简称《方案汇编》）、《现代服务领域技能型人才培养模式创新规划教材》（以下简称《规划教材》）既作为《现代服务业技能人才培养培训模式研究与实践》课题的研究成果和附件，也是人力资源和社会保障部部级课题《技能人才职业导向式培训模式标准研究》的研究成果和附件。

《方案汇编》收录了包括市场营销、工商企业管理、电子商务、物流管理、文秘（商务秘书方向、涉外秘书方向）、艺术设计（平面设计方向、三维动画方向）共6个专业8个方向的人才培养方案。

《规划教材》是依据《方案汇编》中的人才培养方案，紧密结合高等职业教育领域中现代服务业技能人才的现状和课程设置进行编写的，教材突出体现了"就业导向、校企合作、双证衔接、项目驱动"的特点，重视学生核心职业技能的培养，已经经过中国高等职业技术

---

[1] 课题来源：中国高等职业技术教育研究会，编号：GZYLX2009-201021
[2] 课题来源：人力资源和社会保障部职业技能鉴定中心，编号：LA2009-10

教育研究会有关专家审定，列入人力资源和社会保障部职业技能鉴定中心的《全国职业培训与技能鉴定用书目录》。

本课题在研究过程中得到了中国水利水电出版社的大力支持。本丛书的编审委员会由从事职业教育教学研究、职业培训研究、职业资格研究、职业教育教材出版等各方面专家和一线教师组成。上述领域的专家、学者均具有较强的理论造诣和实践经验，我们希望通过大家共同的努力来实践先进职教课程理念，构建全新职业教育教材体系，为我国的高等职业教育事业以及高技能人才培养工作尽自己一份力量。

丛书编审委员会

现代服务领域技能型人才培养模式创新规划教材
电子商务专业编委会

主 任：邓 凯

副主任：（排名不分先后）

　　　石 焱　　王冠宁　　朱美芳　　陈益梅　　关井春　　殷锋社
　　　谢 刚　　许尤佳　　赵春利　　钟子建　　刘伟军

委 员：（排名不分先后）

　　　于淑娟　　刘庆生　　刘 军　　王云生　　钱 娟　　王 涛
　　　王一曙　　蒋云松　　龚雪慧　　肖海慧　　于 俊　　王成杰
　　　包发根　　裴剑平　　黄 战　　蔡文珏　　朱爱民　　毛国新
　　　延 静　　董 铁　　黄为平　　董 力　　王 俊　　陈 捷
　　　徐丽娟　　刘一鸣　　黄 宾　　魏 佳　　胡其昌　　陈月波
　　　付晓轩　　翟培甫　　秦 琴　　王圆圆　　冯益鸣　　章理智
　　　朱 梦　　曾佑红　　谢智慧　　王超群　　姜 伟　　刘 坤
　　　李选芒　　李海平　　张 光　　王 建　　胡晓敏　　施文忠

前　言

20世纪90年代以来,计算机网络技术得到了飞速的发展,信息的处理和传递突破了时间和地域性,计算机网络化和网络经济成为不可抗拒的世界潮流。近五年来,电子商务已经成为全球最热门、最活跃的信息交易活动,也是世界各国争先发展及各个产业部门最为关注的领域。《网店运营》一书的知识体系在确保科学的前提下,力求实践性和先进性,在引导读者掌握大学生创业、网络营销、电子商务和客户关系知识的同时,注重对最新的互联网经营成功案例的分析,在每一章均强调了网上经营的实用性,让读者真正感受到互联网上兼职创业的魅力。在电子商务时代,选择网上开店不失为一条稳当的就业致富途径,虽然不能一夜暴富,但目前已经没有比网上开店具有更低风险、更高收益回报的投资了。本书让学生在学习网上销售、营销、财务知识的同时,了解就业创业的准备要求,对自己进行适时的职业规划和就业创业前的准备,以更好地明确专业发展方向,在校就读期间便为就业创业做好基本准备。

网店运营可以作为各专业的知识补充,理论上要求学生掌握电子商务交易模式及交易流程、网络营销以及电子支付、物流配送、客户关系管理等方面的知识。本书的内容涉及互联网上开店的步骤和流程,具有实践性强、案例借鉴性强的特点,学习此门课程后,学生可以尝试将网店经营作为兼职。由于电子商务变化很快,很多开店平台的规则会不断修改变化,所以提醒广大读者在以后的网上开店或者购物中,请以商务网站内容为准。

本书的作者均为多年从事电子商务专业教学、指导学生网上开店经营的一线教师。其中,有的教师专门从事利用互联网实现学生创业就业的研究工作,对电子商务的发展方向和网上开店的现状有最新的关注和清晰了解,各专业学生在校学习专业知识的同时,可以结合互联网和电子商务发展形势做好网上开店和经营相关的知识储备和前期尝试,提前做好网上开店创业前的准备。

本书共6章,主要内容包括:创业成就未来、网上开店的过程、网店的营销推广、网店的财务管理、网店经营与销售技巧、五星级服务客户。书后附有相应网上开店用到的常用工具软件网址及各类网店的网址供读者学习参考。

本书从应用型技能人才及大学生创业需求出发,结合互联网知识和学生网上创业所需相关技能进行介绍,具有较强的实践性、实用性、可操作性的特点,综合案例介绍及应用与理论相结合。本书的编写原则是:理论以必需、够用为度;讲清概念、结合实际来融入案例,突出适应性和针对性,注重"讲、学、做"的统一协调;以淘宝网为教学平台,进行案例实训教学。教学内容采用模块化的组织方法,以知识单元为依据构建模块,使每一章具有相对的独立性,可以根据需要从中选取学习内容。

本书由国家林业局管理干部学院石焱和王耀老师任主编,组织编写及统稿,陈双双、陈微任副主编。各章主要编写人员分工如下:第1章由陈双双编写,第2章、第3章由王耀编写,第4章、第6章6.1与6.2节由石焱编写,第5章5.1至5.3节由陈微编写,第5章5.4节、第6章6.3节由闫昆编写,附录由闫昆、陈微、李蓉蓉整理提供。参编及审校人员均为授课教师及对网店经营有较深入了解的一线工作人员,有丰富的实践、网上营销的经验,对互联网创业和网店经营的新发展有广泛的了解。参加本书编写的还有高晗、栾雪婷、吕致爽。

在编写本书的过程中，笔者参考了大量相关技术资料，吸取了许多同仁的经验，得到了中国水利水电出版社/北京万水电子信息有限公司杨庆川总经理、雷顺加总编、杨谷编辑的大力支持和指导，在此谨表谢意。

由于时间仓促，作者水平有限，难免有不当之处、错误之处，祈望读者指正。笔者的 E-mail 为 mdfshiyan@sohu.com。

编　者
2011 年 5 月

目 录

前言
第1章 创业成就未来 ……………………… 1
本章学习目标 ……………………………… 1
引例1 网上创业案例 ………………………… 1
引例2 大学生业余爱好开网店案例 ……… 2
1.1 大学生创业素质培养 …………………… 2
1.1.1 大学生创业应具备的基本素质和条件 … 2
1.1.2 大学生如何培养创业精神 ………… 4
1.2 网上创业准备与理性思考 ……………… 5
1.2.1 网上创业的基本准备 ……………… 5
1.2.2 如何找到合适的项目 ……………… 5
1.2.3 寻找必要的合作者 ………………… 6
1.2.4 创业融资 …………………………… 7
1.2.5 为投资者写商业计划书 …………… 8
1.3 网店的前景和趋势 ……………………… 14
1.4 网上开店的优势 ………………………… 18
1.5 网上开店应关注的问题 ………………… 19
本章小结 …………………………………… 20
问题与思考 ………………………………… 20

第2章 网上开店的过程 ………………… 21
本章学习目标 ……………………………… 21
引例 五旬大妈网店创业成名人
　　　被网友称为"淘宝最牛老太太" … 21
2.1 网上开店的相关概念 …………………… 22
2.1.1 电子商务与网上销售 ……………… 22
2.1.2 电子商务的基本模式 ……………… 24
2.1.3 网上开店的平台 …………………… 25
2.1.4 网店构成 …………………………… 27
2.2 网上开店的准备 ………………………… 32
2.2.1 心理准备 …………………………… 32
2.2.2 硬件与软件准备 …………………… 32
2.2.3 市场调研与数据分析 ……………… 36
2.2.4 商品定位与货源选择 ……………… 38

2.2.5 开店平台选择 ……………………… 41
2.3 申请与开通店铺 ………………………… 41
2.3.1 注册淘宝会员 ……………………… 41
2.3.2 开通支付宝 ………………………… 43
2.3.3 实名认证 …………………………… 47
2.3.4 发布商品 …………………………… 48
2.3.5 开通自己的店铺 …………………… 52
2.4 网店的美化与布局 ……………………… 54
2.4.1 店铺名称至关重要 ………………… 54
2.4.2 店铺logo独具匠心 ………………… 56
2.4.3 店铺公告一目了然 ………………… 60
2.4.4 店铺留言与顾客交心 ……………… 63
2.4.5 商品分类必不可少 ………………… 66
2.4.6 多用图片文字介绍商品 …………… 69
2.4.7 店铺模板风格适应销售 …………… 78
2.5 淘宝交易过程及相关辅助软件的应用 … 81
2.5.1 淘宝交易过程 ……………………… 81
2.5.2 阿里旺旺软件的使用 ……………… 88
2.5.3 淘宝助理软件的使用 ……………… 93
本章小结 …………………………………… 101
问题与思考 ………………………………… 101

第3章 网店的营销推广 ………………… 102
本章学习目标 ……………………………… 102
引例 网上成功开店案例 …………………… 102
3.1 网上购物顾客的心理和行为分析 ……… 103
3.1.1 购物类型 …………………………… 103
3.1.2 影响网络消费者购买的主要因素 … 103
3.2 网店营销的常见手段 …………………… 104
3.2.1 在淘宝门户社区中发帖增加销量 … 104
3.2.2 利用个人空间（博客营销） ……… 108
3.2.3 开展促销、低价竞拍提高人气 …… 112
3.2.4 免费登录到搜索引擎 ……………… 113

3.2.5 合理利用友情链接……………………115
3.2.6 巧用签名档…………………………116
3.2.7 利用店铺留言………………………119
3.2.8 在其他网站论坛推广………………120
3.2.9 E-mail 营销…………………………120
3.2.10 零成本的口碑营销…………………122
3.3 网络店铺的推广形式………………………123
3.3.1 常见的网店推广形式………………123
3.3.2 传统营销与网络营销的区别………126
3.3.3 传统营销与网络营销的结合………127
本章小结…………………………………………128
问题与思考………………………………………128

第 4 章 网店的财务管理………………………129
本章学习目标……………………………………129
引例 如何降低运费……………………………129
4.1 利润的形成与控制…………………………129
4.1.1 进货管理控制成本…………………130
4.1.2 定价的方法与技巧…………………132
4.1.3 合理控制邮费和定制运费…………133
4.1.4 正确运用更多的支付方式…………138
4.1.5 正确进行记账………………………147
4.2 经营的反思——如何提高利润额………149
4.2.1 做一份可行的投资预算……………149
4.2.2 学会计算损益平衡点——每月
营业额多少才能挣钱………………150
4.2.3 增加利润额——哪种方法更容易
实现目标利润………………………151
4.2.4 加强现金管理………………………154
4.2.5 摸清家底——编制资产负债表……155
4.3 网上开店信息流统计与分析………………158
4.3.1 流量数据分析………………………158
4.3.2 销售数据分析………………………160
4.3.3 网站的优化…………………………162
本章小结…………………………………………163
问题与思考………………………………………164

第 5 章 网店经营与销售技巧…………………165
本章学习目标……………………………………165
引例 网络制片人赚钱…………………………165
5.1 网上商品的定价……………………………165

5.1.1 网上商品定价目标…………………166
5.1.2 网上商品定价的原则………………166
5.1.3 网上商品定价的策略………………167
5.1.4 网上商品定价方法…………………169
5.2 网店经营的沟通技巧………………………170
5.2.1 如何与供应商沟通…………………170
5.2.2 如何与访问者沟通…………………171
5.2.3 如何与竞争者沟通…………………171
5.2.4 利用计数器…………………………172
5.3 有效利用增值服务提高网店知名度………173
5.3.1 拍摄吸引眼球的商品照片…………173
5.3.2 巧妙地布置网店……………………173
5.3.3 为网店取个好名字…………………175
5.3.4 网店经营的注意事项………………177
5.4 网店经营致富故事秀………………………178
5.4.1 网络拍客赚钱………………………178
5.4.2 微博促销……………………………179
5.4.3 秒客赚钱……………………………180
5.4.4 卖点子………………………………180
5.4.5 Facebook 的成功……………………180
5.4.6 我爱打折网…………………………181
5.4.7 凡客诚品……………………………182
5.4.8 赶集网………………………………183
5.4.9 我买网………………………………184
本章小结…………………………………………185
问题与思考………………………………………185

第 6 章 五星级服务客户………………………186
本章学习目标……………………………………186
引例 细节决定成败……………………………186
6.1 客户关系管理………………………………187
6.1.1 客户关系管理产生…………………187
6.1.2 客户管理……………………………189
6.1.3 客户关系管理（CRM）为企业
带来的好处…………………………196
6.1.4 网店运营商业模式—立足客户……197
6.2 引入五星级服务理念………………………198
6.2.1 消费者行为研究的必要性…………198
6.2.2 影响消费者行为的因素……………201
6.2.3 影响买家消费心理的因素…………203

  6.2.4 打造一个五星级售后服务……205
  6.2.5 案例借鉴——美国 Hertz 公司的
     客户服务网络……206
 6.3 与客户有效沟通……210
  6.3.1 如何处理客户投诉……210
  6.3.2 如何面对买家的差评……213
  6.3.3 如何获得买家的好评……214
  6.3.4 开网店如何正确处理退换货……215
  6.3.5 如何防止顾客流失……216
 案例　忠诚顾客靠培养……218
 本章小结……219
 问题与思考……220

附录一　2009 年中国行业电子商务网站
    TOP100 榜单……221
附录二　快递公司网址……224
附录三　网上开店大卖家店铺网址展示……226
附录四　网上开店实用工具软件网址展示……228
参考文献……233

第1章 创业成就未来

本章学习目标

本章将通过网上成功创业的案例引出网上创业所需具备的素质，涉及网上开店需准备的知识，然后重点介绍网上创业的准备、前景和优势。通过本章的学习，读者应掌握以下内容：

- 了解大学生创业应具备的重要素质
- 了解网上创业的基本准备
- 掌握网上开店的融资方法
- 了解网上开店的前景和发展趋势
- 了解网上开店的优势
- 了解网上开店应关注的问题

引例1 网上创业案例

从个人爱好到出版书籍

人物：Affa，慢生活手工网站创作者之一，目前正在筹备出版一本关于手工制作的专业书籍。

筑网时间：2006年3月份

网主印象：Affa是一个崇尚"慢生活"的广州女孩，她自己评价自己做事"劲蘑菇"，慢条斯理，不紧不慢。不过，就是这样一位习惯了一切慢慢来的女孩，却有段精彩的网上经历。

曾经游学意大利的Affa，从事过广告业，现在是广州一本知名时尚杂志的时尚编辑。在工作之外，Affa最喜欢的还是做一名"慢生活思考者"。于是，她将这个理念和爱好打造了一个独特的个人网站，和大家分享她的慢生活体验，并在她的网络平台上打造了一块世界各地手工创作者的乐园。

一年前，Affa和她的好朋友Wing一起，以她们所擅长的文字、视觉、涂鸦等方式，专门制作了一个以"慢生活"为主题的个人网站。Affa说，一开始投入并不多，大概1万元左右，用于申请域名，请专业的网络设计人员设计网页等方面。而后，自己和拍档不断搜集资料，更新和完善网站上的内容，开始令网站显得有声有色起来。如今，Affa的网站上不仅讲述"慢生活"的"乐活"主题，并且逐渐增加了手工创作专题，搜集了世界各地手工创作者的得意之作，成为中国第一家专门介绍手工创作作品的个人网站，而affalog的影响力也逐渐从朋友圈扩大，渐渐变成网络中小有名气的手工创作网站。

记者问Affa："大家都在网上销售产品，但你们的网站那么个性化，有没有想过赚钱啊？"

听到这个疑问 Affa 吐吐舌头说:"其实没想过赚钱是不可能的,但是我们都知道要赚钱没那么快,一定要先完善自身才行。不过,我们的网站已经受到关注了,前不久一个著名的出版社和我们谈出书的事情,打算出版我们网站上所发布的世界各地的手工创作作品,虽然这本书第一次印刷的数量不多,但我想这对我们的网站来说是一个好的开始。"

Affa 就是这么不紧不慢,对利用网络赚快钱等事情都看得很淡然,不过她也有自己的大理想。Affa 常说,小众未必没有效益,像国外有一个已经很成功的同类网站 ETSY,给她们的网站发展提供了一个明朗的方向。Affa 说,如今有不少接受"慢生活"、"乐活"等理念的人们逐渐关注她们的这个网站,出书只是第一步,第二步是推出新改版的中英文"affalog"网站,让更多世界各地的人们能够轻松阅读网站的内容。Affa 相信,她们的网站只会越来越好。

> **经验之谈:**
> ①一开始不要只想着赚钱,多花点心思在提升网站品质上,将会收获更多。
> ②作为分享手工创作作品的网站,网站上的照片和文字要足够精美,因此选择图片、内容要花很多时间,千万不能随便应付,降低了网站的品质。

引例2 大学生业余爱好开网店案例

也许更多的大学生和大连大学的小王一样,网店只是兼职或业余爱好,没有大量资金进货,也没有稳定的货源,一般花几百上千元进一些衣服或小饰品在淘宝上卖,顺便搭售自己的闲置物品。

小王自己以前是淘宝买家,现在做了卖家,总结之前的购买经验,并应用在自己做生意的过程之中。她告诉记者淘宝上最好卖的还是服饰。"别看一双连裤袜才二十几元,利润有两到三倍!卖出几百双很正常!"因为网店只是小王的业余爱好,因此她觉得并不影响学习,只是空闲时间在线。

> **点评:** 对学生卖家而言,在不影响学习的情况下,兼职开网店是一个不错的选择。开网店不仅仅收获的是利润,更多的是创业经验和沟通的能力,创业教育不仅仅是给要创业的人准备的,也是所有希望走入社会的大学生都需要接受的一种教育。大学生更多地接触社会、了解商业规则、熟悉人际沟通,对将来求职、就业都会有极大的帮助。

引自:http://www.themanage.cn/200907/279216_4.html

1.1 大学生创业素质培养

1.1.1 大学生创业应具备的基本素质和条件

自主创业是一项非常具有挑战性的社会活动,是对创业者自身智慧能力、气魄胆识的一种全方位的考验,她对创业者的个人素质和能力有特定的要求。

1. 创业者应具备的基本素质和特征

大学生创业与大学生本人的意志品质、商业意识以及性格、气质、个性、爱好和特长等有着紧密的联系。

首先，大学生在意志品质方面应具有自觉性、坚毅性、自制力和勇敢、果断等品质。要有风险意识，有充沛的精力和健康的体魄，具备百折不挠的意志品质和面临失败时的自我激励能力，具有献身精神、有达到目标的自信心、勇气和执着力，能解决创业时来自内部和外界的大量未知风险带来的各种突发问题，并承担巨大压力，经受失败的考验。

其次，要正直守信、有责任感。创业者对公司、员工、投资者都必须有责任感，具有务实精神，踏实做事，待人诚恳。

第三，具有敏锐的商业意识。按照市场运行的规律办事，遵循公平交易原则，遵纪守法，诚实可靠；同时，具有科学的经济头脑，要思路清晰，能够分析判断经济运行趋势，权衡经济利益，核算投入、产出，能够寻找、捕捉和创造商机。

第四，具有自我实现欲和创新精神。创业者的动力并非源于对金钱的贪婪，而是出于自我实现和成功的强烈欲望，以及强烈的创新意识。

第五，具有团队意识。一个能让创业者思想、能力、认识水平不断提高和善于学习的借鉴的团队是创业成功与否的关键所在。

美国的心理测验专家约翰·勃劳恩说："创业的技巧虽然是学来的，但是具有某些素质的人占了先天的优势。"并不是所有的人都具有创业的素质：缺少职业意识的人；优越感过强的人；唯上是从，只会说是的人；偷懒的人；片面和骄傲的人；僵化和死板的人；感情用事的人；"多嘴多舌"与"固执己见"的人；胆小怕事的人，毫无主见的人；患得患失又容易自满的人。

2. 创业者应具备的智慧潜能

大学生创业面对茫茫商海，仅具备基本的素质还远远不够，还要做好许多知识和能力的准备。

首先，大学生创业在知识方面，应具备扎实深厚的专业知识和广博的非专业知识。只有深厚的专业知识和广博的非专业知识相结合，才能正确分析形势和事物的发展趋势，用远大和敏锐的目光，把握事物发展的全局，产生精辟独到的见解和谋略，才能认清事物的本质，把握其规律，树立并实现自己的创业目标。

其次，应具备相关的专业知识，如商品交换和商品需求、商品流通等知识。通过这些商业知识，创业者在经济活动过程中才能实现价值的增值。

第三，应具备一定的管理知识，如人事管理、资金财务管理、物资管理、生产管理和市场营销管理等知识。通过学习管理知识，改进管理方法，丰富管理经验，不断发掘新的管理资源，努力提高管理水平。

第四，应具备相关的法律知识，如工商注册登记知识、经济合同知识、税务知识、知识产权保护等法律知识对大学生创业必不可少，它可以帮助大学生创业者顺利走过创业路。

3. 创业者应具备的综合素质能力

对创业者来说，具备各种能力是创业成功的前提条件。因此，大学生在开始创业前或在创业过程中必须不断培养和提高自我综合能力。

首先，具备学习能力，即获取知识的能力，包括对知识的接受、转化和应用。

其次，具备实践能力、科研动手能力和开拓创新能力，能够将自己头脑中的思想、创意和灵感转化为现实的科技发明成果和现实产品。

第三，具备组织领导能力，即要有出色的领导水平，具备统帅和用人能力。创业者要有对自己员工的指挥、调动和协调以及对非人力资源的集中分配、调动、协调、使用能力，还要有对公司的组织机构的设计、人员的配置能力，如对组织成员职位的任命安排、明确其职责范围等等。

第四，具备管理能力，即要有经营决策能力、分析判断能力、指挥协调能力、抵御和化解风险的能力和信息处理能力。

第五，具备协作能力，协作是创业成功者重要支持力量。协作性是一种能设身处地地为他人着想，善于理解对方，体谅对方，善于合作共事的心理品质，它与创业者独立思考，自主行动，并不矛盾。培养协作能力是创业者获得别人和社会支持的重要前提条件。

第六，具备沟通能力，无论对团队核心人员还是对公司员工、合作伙伴、投资方等，沟通是最关键的。创业者要随机应变和左右逢源，在人际交往中能做到热情、真诚待人，能研究和理解对方的心理，促使相互间的沟通、情感融洽，获得理想的人际关系。

4. 创业者应具备风险投资常识

技术与创新只有与商业和资本结合，完成研发和商品化，生产盈利，才能获得成功，也才能获得经济利益的回报。企业无论哪个阶段都经常会遇到缺少资金的艰难境地，即便是对于创业精神最充沛、政府管制最少、风险资本供应最充分的国外创业者也是如此。因此，启动资金和后续资金的充沛与否已成为创业者成败的关键因素，大学生要想创业就必须具备一定的风险投资常识。为了筹集到创业所需要的足够的资金，在公司创办之初，就要选择技术含量高、市场急需而且前景好、利润高的项目，这样才能引起风险投资公司更大的兴趣。

1.1.2 大学生如何培养创业精神

创业精神是一种理念，这类理念贯穿于高等学校的讲堂教学和课外实践之中，造就大学生的立异意识、创造精神和创业能力，使学生毕业后大胆走向社会，自主创业。从另外一个角度来说，大学生除了从课堂学习理论知识，也要从自身努力，培养自己的创新意识。

（1）更新创业观念，坚定创业信念。大学毕业生创业需要坚持冷静审慎的态度，需要有一定的知识、能力、经验积累，对社会也要有一定的了解，同时还要有艰苦奋斗、自强不息和勇于冒险的精神。

（2）努力培育自己的创业素养。创业素养是一种综合性的、较高层次的素质，是表现创业精神的内核，是创业教育与自我教育的重要内容，是知识、能力、人格的辩证统一。创业知识是学生进行创业的基本要素，它包括专业技术知识、经营管理知识和综合性知识；创业能力是直接影响创业实践活动效率的因素，它主要包括社会能力、认知能力和操作能力；创业人格是创业基本素质中的调节系统，它是信念、敬业精神和诚信等因素的结合。创业是意志力的实践，唯有将以"诚信"为核心的创业道德内化为自觉行为，才能成功创业。

除此之外，大学生特别需要从五个层面提升自己的创业素养。

第一，要能够承受挫折。创业充满了风险与艰辛，因此应有充分的思想准备，要学会失败，不能视野狭窄、过于自负，应虚心接受别人的意见，敢于直面挫折和失败，并时刻保持创业激情。

第二，要有商业敏感性。培养自己的商业敏感性很重要，它是发现商机、找到创业项目的前提，是创业的起点。

第三，要坚持科学与理性。创业需要冒险，需要在科学与理性的基础上进行冒险。要对创业项目进行科学论证，这是创业的首要环节。

第四，要培养自己的创业信用。随着国家建立信用服务体系，大学生创业资金将更容易得到保证。要求大学生在创业的过程中，牢固树立信用意识，把良好的信用记录当作自己最原始的资本去积累。

第五，要有敬业奉献、团结协作、精诚一致的团队合作精神。

1.2 网上创业准备与理性思考

1.2.1 网上创业的基本准备

网上创业，首先要确定你是否适合网上创业。网上创业确实富裕了很多人，但在创业过程中由于各种原因导致破产、血本无归的也大有人在。因此，在决定网上创业之前，首先要做的就是自我衡量，看看自己是否具有成功创业的必备条件。

当确定好了创业之路后，还要对自己的创业计划进行评估，具体分析自己选择的这个行业是否可行，可以通过如下的操作来进行验证：

（1）创业者能够用语言清晰明确地描述出自己的创业构想，而且必须有一个明确缜密的创业思路。

（2）创业者是否对自己选择的行业了如指掌，之前是否从事过此行业或相关行业，对此行业的各个环节的运作是否掌握得很清楚。

（3）创业者是否具有特殊、独到并且具有现实意义的想法和观点，这是吸引消费者的关键。

（4）创业者的创业之路是否经得起时间的考验，是否具有可持续性。

（5）创业者的创业目的要明确，争取在多长时间内达到什么样的创业效果，是否有把握能够全身心地投入到自己的创业计划当中去。

（6）创业者是否具有一定的人际关系网，比如供应商、承包商、咨询员、工人等关系网，避免造成运行中断或消失的情况发生。

（7）创业者是否明白什么是潜在的回报，不能只看重钱，还要注重成就感、价值感、诚信等潜在的社会回报。

创业者如果都一一具备上面提到的条件，并且时间、空间都非常有利，则可以放手大胆地去实现自己的创业梦想。

1.2.2 如何找到合适的项目

商机无论大小，从经济意义上讲就是能够产生利润的机会。商机表现为对产品的需求和满足需求的生产在时间、成本、数量、对象上的不平衡状态等。当旧的商机消失后，新的商机又会出现。因此，也可以这么理解，没有商机就不会有"交易"活动。商机要想转化为财富，就必定要满足五个"合适"：合适的产品或服务、合适的客户、合适的地点、合适的时间和价格、合适的渠道。

商机归纳起来可以大致分为如下十三种。

（1）短缺商机。物以稀为贵，短缺是牟利的第一动因。空气不短缺，可在高原或在密封空间里，空气也会有商机。一切有用的东西都可以有商机，比如高科技、真情、真品、知识等。

（2）时间商机。远水解不了近渴。在需求表现为时间短缺的时候，时间就是商机。

（3）价格与成本商机。水往低处流，"货"往高价上卖。在需求上和满足上，能用更低成本满足需要时，低价替代物的出现也是商机，如国货或国产软件。

（4）方便性商机。江山易改，惰性难移。花钱买个方便，因此才会出现"超市"与"小店"并存的现象。手机比电话贵，可是因为其实用性好，也就变成了商机。

（5）通用需求商机。吃、穿、住、行这些人们必需的东西，每天都在继续着，并且周而复始，永续不断。所以有人生活的地方，都会有各种商机出现。

（6）价值发现性商机。天生某物必有用。一旦司空见惯的东西出现了新用途，肯定会身价大增，板蓝根能防非典，醋能消毒，所以在特殊时期就能涨价，就有利可图。

（7）中间型商机。俗话说得好：螳螂捕蝉，黄雀在后。人们有时候难免急功近利，为求最后的结果而"不择手段"，结果却忽略了过程。比如挖金矿时，谁会去计较"买水"的价格？结果黄金没有挖到，倒富了"卖"水的商家了，科技市场卖电脑的没有赚到钱，却富了卖快餐的商家了。

（8）基础性商机。基础性商机是指引起所有商机的商机，这对于长期的投资者而言十分重要，比如社会制度、基础建设、商业规则等。中国在加入 WTO 之后的 5 年内，将会重新出现一系列的商机。

（9）战略商机。指在未来一段时间必然会出现的重大商机。20 年前的中国人就面临了这种商机，这就是"下岗"和"下海"的天壤之别，主动"下岗"就变成了致富。

（10）关联性商机。指的是由需求的互补性、继承性、选择性所决定的商机，就是地区间、行业间、商品间的关联商机，也就是会出现"一荣俱荣，一损俱损"的情况。

（11）系统性商机。发源于某一独立价值链上的纵向商机。如电信繁荣、IT 需求旺盛、IT 厂商盈利、众多配套商增加、增值服务商出现、电信消费大众化等。

（12）文化与习惯性商机。由生活方式决定的一些商机。比如各种节日用品、生活用品与"烧香拜佛"的道具。

（13）回归性商机。人们的追求，当远离过去追随时尚一段时期之后，过去的东西又成为"短缺"物，于是，复古的商品必然就会出现。至于多久回归，那就要看商家的理解能力了。

电子商务的发展已经经历了很长的时间，很多的商务网站纷纷破土而出，争奇斗艳，但更多的网站却在咬牙攻关，积蓄力量，随时准备伺机而发。电子商务将以其空间、时间无限性，中间环节简单性，以及购物方便快捷性而受到广大民众的青睐，从而在全社会范围内对商业运作的模式产生深远影响。

因此，电子商务必将形成产业化的结构，对人类的文明产生又一次革命。富有远见的商家经营的不只是今天，更是为明天做好准备，只有随时随地洞观局势，才能处处领先对手。

1.2.3　寻找必要的合作者

无论是多么成功的企业家，其事业成功也并非只靠一个人的力量，而是通过各个环节各个渠道的不同合作伙伴共同实现的。因此，网上创业者寻找合作者也是创业所必需的，只有这样，才可以取长补短地稳步向前发展。

一般来讲，能与创业者合作成功的人应该具备如下几个条件：

（1）有危机意识。21世纪最大的危机是没有危机感，最大的陷阱是满足。人要学会用望远镜看世界，而不是用近视眼看世界。顺境时要想着为自己找个退路，逆境时要懂得为自己找出路。

（2）学习力强。知识就是力量。努力学习，要懂得如何从细节和别人的身上学习和感悟，并且能够举一反三。学、做、教是一个完整的过程，只有达到教的程度，才算真正吃透所学知识。而且，在更多时候学习是一种态度。

（3）行动力强。只有行动才会有结果，行动不一样，结果就不一样。知道不去做，等于不知道，做了没有结果，等于没有做。不犯错误，一定会错，因为不犯错误的人一定没有去尝试过。做错了不要紧，一定要善于总结经验，然后再做，直到成功为止。

（4）懂得付出。要想优秀一定得先付出，斤斤计较的人，一生只得两斤。没有奉献精神是不可能创业的，要先用行动让别人知道自己具有"物超所值"的价值，别人才会愿意开更高的价。

（5）有强烈的沟通意识。沟通无极限是一种态度，而非只是一种技巧。一个好的团队是需要长期沟通交流获得的，非一日可以得来。团队成员需要无时不在的沟通。从目标到细节，甚至到家庭等，都在沟通的范围之内。

（6）诚恳大方。每个人都有不同的立场，不可能要求利益都一致，关键是大家都要开诚布公地谈清楚，不要委曲求全。相信诚信才是合作的最好基石。

（7）有最基本的道德观。做人要有基本的道德观，做生意更是如此。

1.2.4 创业融资

万事开头难。创业者在创业初期，遇到各种各样的风险困难在所难免，这需要创业者用平静的心态去解决，在种种困难当中，资金问题是最重要的一个因素。

没有足够的资金怎么办？资金只是有形资产，不是还有更为宝贵的无形资产吗（有关创业的构思、计划以及自己的头脑）？利用一切自己可以利用起来的"资源"去寻找投资者，从他们那里得到投资，然后各取所需，共同发展。

现在，创业的门槛越来越低，而且竞争者越来越多，找到投资的难度也就随之加大。要想顺利地让投资者"掏腰包"，就一定要有吸引投资者的东西，使其相信如果与自己合作，获得的回报将是值得的。

作为创业者应当了解投资人需要什么，只有在知道了对方真正需要什么，并"对症下药"之后，才能顺利取得自己所需的风险投资。投资者一般会将如下这几个方面的问题作为自己参考和做出判断的依据。

（1）企业定位要清晰且与众不同。最基本的一点是明白自己究竟要做什么，走一步算一步的经营策略注定会失败的。无论做什么都必须要有一个明确的目标，一个符合实际的定位，才是"远大"征程的良好开始。

（2）简明的执行摘要。有了目标之后，就看如何去执行了。对创业者而言，一份简明的执行摘要是必不可少的，一般可以从市场、团队、财务、技术等几方面来进行说明。

顾名思义，"摘要"就应该是简短的，切忌冗长。试问谁愿意在还未决定是否投资之前看一份拖沓的，也许会占用投资者不少宝贵时间，而且可能是完全不可行的执行摘要呢？在硅谷，比较标准的商业计划一般不超过20页，执行摘要不超过300字。

（3）明白创业的可行性。这一步需要清楚地回答投资者以下三个问题。

1）为什么要做。即让其了解投资该项目的市场前景，通俗地说就是能否赚到钱。

2）为什么现在做。即让投资者了解该项目的市场契机，让其相信当前就是最好的发展时机。

3）为什么由你来做。即向投资者展示自己的实力，让其相信将资金投资到该项目并由你来具体操作，将是明智的选择。在实践中，这一点往往能决定是否能够顺利取得投资。

因为很多人都相信：要做事，先做人。人如果不行，无论多完美的投资计划，多好的投资契机，多好的市场前景都如水中月一样，只是个"影子"。

（4）自己多承担风险。如果单纯地告诉投资者，这个项目多么好，却要让其承担主要甚至是全部风险，相信不管换成是谁，都不会投入的。投资毕竟是一种目的很明确的商业活动，投资人永远不会希望承担太大的风险。

（5）清楚企业的远景与经营模式。任何人都希望能从一个项目中长期受益，类似于非典式的暴利机会毕竟很少，而且又有谁敢保证自己的创业项目能获取长期的暴利呢？

每个投资者都不会希望像打游击战一样，打一枪换一个地方，他们更愿意将资金投入到能够长期获利的项目中，因此，让对方了解到项目的远景是非常必要的。此外，投资者有了期待之后，需要进一步了解如何来保证这种长期的获利，即经营模式。

（6）明确竞争力。任何市场都会存在竞争，竞争是不可回避的。因此，需要告诉投资者竞争者在哪里，核心竞争力是什么，并说明自己的解决方案。

（7）兴趣相投且结构完整的团队。一个人的力量是有限的，面对市场上其他优秀组合的竞争，需要组织一个高素质的团队，向投资者展示自己团队具有能打赢这场仗的能力。

（8）留住顾客。站在顾客的角度为投资者解释，如果是自己（即顾客）将会如何选择。要使投资者体验到除产品价格以外不可替代的价值。

（9）精算市场。用较精确的数据说明市场占有率和损益平衡的时间，告诉投资人自己有多大的信心，将用多长时间获得多大的市场。

1.2.5 为投资者写商业计划书

美国的一位著名风险投资家曾说过："风险企业邀人投资或加盟，就像向离过婚的女人求婚，而不像和女孩子初恋。双方各有打算，仅靠空口许诺是无济于事的。"对于正在寻求资金的风险企业来说，商业计划书制定的好坏往往决定了投资交易的成败。

对初创的风险企业而言，商业计划书的作用尤为重要。一个酝酿中的项目，往往很模糊，通过制定商业计划书，把正反理由都记录下来之后再逐条推敲，使风险企业家对这一项目有更清晰的认识。其次，公司商业计划书的主要目的就是为了筹集资金。

因此，商业计划书必须要说明以下两点。

（1）创办企业的目的。这包括为什么要冒风险，花精力、时间、资源、资金去创办风险企业。

（2）创办企业所需的资金。这包括为什么需要这么多的钱，为什么投资人值得为此注入资金。

对已建的风险企业，商业计划书可以为企业发展定下比较具体的发展方向和重点环节，从而使员工了解企业的经营目标，并激励他们为共同的目标而努力。更重要的是，它可以使企业的出资者以及供应商、销售商等，了解企业的经营状况和经营目标，便于说服投资者（原有的或新来的）为企业的进一步发展提供资金。

正是基于上述理由，商业计划书将是风险企业家所写商业文件中最主要的一个。

1. 怎样写好商业计划书

那些既不能给投资者以充分的信息，又不能使投资者激动起来的商业计划书，最终只能是被扔进垃圾箱里。为了确保商业计划书能"击中目标"，风险企业家应做到如下几点。

（1）关注产品。在商业计划书中，应提供所有与企业的产品或服务有关的细节，包括企业所实施的所有调查报告。这些问题包括：

1）产品正处于什么样的发展阶段？它的独特性在哪？

2）企业分销产品的方法是什么？

3）谁会使用企业的产品，为什么？

4）产品的生产成本是多少，售价是多少？

5）企业发展新产品的计划是什么？

只有让出资者和风险企业家一样对产品有兴趣，才可以把出资者的目光拉到企业的产品或服务中。另外，在商业计划书中，应尽量用简单的词语来描述每件事，商品及其属性的定义对企业家来说是非常明确的，但其他人却不一定清楚它们的含义。

制定商业计划书的目的不仅要出资者相信企业产品会在世界上产生革命性的影响，同时，也要使其相信企业有证明它的论据和能力。

（2）敢于竞争。在商业计划书中应细致分析竞争对手的情况：竞争对手都是谁、其产品是如何工作的、竞争对手的产品与本企业的产品相比有哪些相同点和不同点、竞争对手所采用的营销策略是什么等问题，这些都是需要明确详述的。

明确了每个竞争者的销售额、毛利润、收入以及市场份额之后，再讨论本企业相对于每个竞争者所具有的竞争优势，要向投资者展示，顾客偏爱本企业的原因是什么。商业计划书必须要使投资人感觉到：本企业不仅是本行业中的有力竞争者，而且将来还会是确定行业标准的领先者。

在商业计划书中，还应阐明竞争者给本企业带来的风险以及本企业所采取的对策。

（3）了解市场。

1）商业计划书中要给投资者提供企业对目标市场的深入分析和理解，细致分析经济、地理、职业以及心理等因素，对消费者选择购买本企业产品这一行为所带来的影响，以及各个因素所起的不同作用进行分析。

2）商业计划书中还应包括一个主要的营销计划。计划中应列出本企业打算开展广告、促销以及公共关系活动的地区范围，并且要明确每一项活动的预算和收益。

3）商业计划书中还应简述一下企业的销售战略：企业是使用外面的销售代表还是使用内部职员，是使用专卖商、分销商还是特许商，企业将提供何种类型的销售培训手段。

4）商业计划书中还应特别关注一下销售中的细节问题。

（4）表明行动的方针。企业的行动计划应该是无懈可击的。在商业计划书中应该明确下列问题：

1）企业如何把产品推向市场？

2）如何设计生产线，如何组装产品？

3）产品需要哪些原料？

4）企业拥有哪些生产资源，还需要什么生产资源？

5）生产和设备需要的成本是多少？

6）企业是买设备还是租设备？

7）说明与产品组装、储存以及发送有关的固定成本和变动成本的情况。

（5）展示自己的管理队伍。把一个思想最终转化为一个成功的风险企业，关键因素就是要有一支强有力的管理队伍。这支队伍的成员必须具备较高的专业技术知识、管理才能和丰富的工作经验，要使投资者相信，如果这是一支足球队，就必定能杀入世界杯。

企业管理者的职能是计划、组织、控制和指导公司实现目标。在商业计划书中，应先描述一下整个管理队伍的状况及其职责，再分别介绍每位管理人员的特殊职能，细致描述每个管理者将对公司所做的各自贡献。

另外，在商业计划书中还应明确企业管理目标以及组织机构图。

（6）出色的计划摘要。商业计划书中的计划摘要必须达到能让合作者有兴趣并渴望得到更多信息的程度，给其留下长久的印象。

计划摘要是风险企业家所写商业计划书中的最后一部分内容，也是出资者必看的内容。可从计划中摘录出与筹集资金最相关的细节，包括对公司内部的基本情况，公司能力以及局限性，公司竞争对手、营销和财务战略，公司的管理队伍等简明而生动的概括。

如果公司是一本书，那么计划摘要就是这本书的封面，只有封面做得好，才有可能把投资者的目光吸引住。

2. 商业计划书的内容

（1）计划摘要。计划摘要浓缩了商业计划书的精华，在商业计划书的最前面，应涵盖计划书的要点，以求一目了然，使投资者能在最短的时间内评审计划并做出判断。

计划摘要一般要包括如下几个方面的内容：

1）公司介绍与市场概貌。

2）主要产品和业务范围。

3）营销策略和销售计划。

4）生产管理计划。

5）管理者及其组织。

6）财务计划与资金需求状况等。

风险企业家在介绍企业时，先要说明创办新企业的思路、新思想的形成过程以及企业的市场目标和发展战略。其次要交待企业现状、过去的背景和企业的经营范围，并对企业以往的经营情况做客观评述（不回避失误）。中肯的分析往往更能赢得投资者的信任，使其更容易认同企业的商业计划书。最后还要介绍一下风险企业家自己的背景、经历、经验和特长等。企业家的素质对企业的成败往往起关键性作用，企业家应尽量突出自己的优点并表示出自己强烈的创业进取精神，以求给投资者留下一个好印象。

在计划摘要中，还必须要回答下列问题：

1）企业所处的行业，企业经营的性质和范围。

2）企业主要产品的内容。

3）企业的市场在哪里，谁是企业的顾客以及这些顾客都有哪些需求？

4）企业的合伙人、投资人是谁？

5）企业的竞争对手是谁，竞争对手对企业的发展有何影响？

此外，摘要内容要尽量简明、生动，特别要详细说明自身企业的与众不同之处，以及企业能获取成功的市场因素。当然，如果一个企业家真正了解他所要做的事情，摘要也许一页纸就已经足够了，如果不了解自己要做什么，摘要就有可能要写很多。

因此，有些投资者就是依照摘要的长短来"把麦粒从谷壳中挑出来"的。

（2）产品（服务）介绍。在进行投资项目评估时，投资人最关心的问题之一就是风险企业的产品、技术或服务等，可在多大程度上解决现实生活中的需求问题，或者风险企业的产品（服务）能否帮助顾客节约开支、增加收入。因此，产品介绍是商业计划书中必不可少的一项内容。

通常情况下，产品介绍应包括如下内容：

1）主要产品介绍。
2）产品的概念、性能及特性。
3）产品的市场竞争力。
4）产品的研究和开发过程。
5）发展新产品的计划和成本分析。
6）产品的市场前景预测。
7）产品的品牌和专利。

在产品（服务）介绍部分，企业家要对产品（服务）作出详细的说明。服务说明要准确且通俗易懂，即使非专业人员的投资者也要能看明白。一般的产品介绍都会附上产品原型、照片或其他介绍。

一般情况下，关于产品介绍必须要回答如下问题：

1）顾客希望企业的产品能解决什么问题，顾客能从企业的产品中获得什么好处？
2）本企业产品与竞争对手产品相比有哪些优缺点，顾客为什么会选择本企业的产品？
3）企业为自己的产品采取了何种保护措施，企业拥有哪些专利、许可证或与已申请专利的厂家达成了哪些协议？
4）为什么产品定价可以为企业产生足够利润，为什么用户会大批量购买企业产品？
5）企业采用何种方式去改进产品的质量、性能，企业对发展新产品有哪些计划等？

产品（服务）介绍的内容如果比较具体，写起来就相对容易。虽然夸赞自己的产品是推销所必需的，但也应该注意，企业所做的每一项承诺都是"一笔债"，都要努力去兑现。

企业家和投资者所建立的是一种长期合作的伙伴关系，空口许诺只能得意一时。如果企业不能兑现承诺，不能偿还债务，企业的信誉必然要受到极大的损害，这是真正的企业家所不屑的。

（3）人员及组织结构。企业有了产品之后，创业者就需要团结成一支有战斗力的管理队伍。企业管理的好坏直接决定了企业经营风险的大小，高素质的管理人员和良好的组织结构是管理好企业的重要保证。因此，投资者特别会注重对管理队伍的评估。

企业的管理人员之间应该是互补型的，而且要具有团队合作精神。一个企业必须要具备负责产品设计与开发、市场营销、生产作业管理、企业理财等方面的专门人才。在商业计划书中，必须要对主要管理人员加以阐明，介绍他们所具有的能力，以及其在本企业中的职务责任和过去工作的详细经历及背景。

此外，在这部分商业计划书中，还应对公司结构进行简要介绍，主要包括

1）公司的组织机构图。
2）各部门的功能与责任。
3）各部门的负责人及主要成员。
4）公司的薪酬体系。
5）公司的股东名单，包括认股权、比例和特权。
6）公司的董事会成员。
7）各位董事的背景资料。

（4）市场预测。当企业要开发一种新产品或向新的市场扩展时，首先就要进行市场预测。如果预测结果并不乐观或预测可信度让人怀疑，则意味着投资者就要承担更大风险，这对多数风险投资家而言都是不可接受的。

首先，市场预测要对消费需求进行预测，主要包括如下几个方面的内容：
1）市场是否存在对这种产品的需求？
2）需求程度是否可以给企业带来所期望的利润？
3）新的市场规模有多大？
4）需求发展的未来趋向及其状态如何？
5）影响需求的因素都有哪些？

其次，市场预测还要包括对市场竞争情况，对企业所面对的竞争格局进行分析：
1）市场中主要的竞争者有哪些？
2）是否存在有利于本企业产品的市场空档？
3）本企业预计的市场占有率是多少？
4）本企业进入市场会引起竞争者怎样的反应，这些反应对企业会有什么影响？

最后，在商业计划书中，市场预测还应包括如下内容：
1）市场现状综述。
2）竞争厂商概览。
3）目标顾客和目标市场。
4）本企业产品的市场地位。
5）市场区分和特征。

风险企业对市场的预测应建立在严密、科学的市场调查基础之上。风险企业所面对的市场，本来就有变幻不定、难以捉摸的特点。因此，风险企业应尽量扩大收集信息的范围，重视对环境的预测及采取科学的预测手段和方法。

风险企业家应牢记的是，市场预测不是凭空想象出来的，特别是对市场错误的认识，往往是企业经营失败的一个重要原因。

（5）营销策略。营销是企业经营中最富挑战性的环节，影响营销策略的主要因素有
1）消费者的特点。
2）产品的特性。
3）企业自身的状况。
4）市场环境方面的因素。

其实，最终影响营销策略的因素往往是营销成本和营销效益。
在商业计划书中，营销策略应包括如下内容：

1)市场机构和营销渠道的选择。
2)营销队伍的管理。
3)促销计划和广告策略。
4)价格决策。

对刚起步的企业而言,由于产品和企业的知名度低,很难进入其他企业已经稳定的销售渠道中去。因此,企业不得不暂时采取高成本低效益的营销战略,如上门推销、大打商品广告、向批发商和零售商让利或交给任何愿意经销的企业销售等。对于发展中的企业,一方面可以利用原来的销售渠道,另一方面也可以开发新的销售渠道以适应企业发展。

(6)制造计划。商业计划书中的生产制造计划应包括如下内容:
1)产品制造和技术设备现状。
2)新产品投产计划。
3)技术提升和设备更新的要求。
4)质量控制和质量改进计划。

在寻求资金的过程中,为了增大企业在投资者面前的评估价值,风险企业家应尽量使生产制造计划更加详细、可靠。一般情况,生产制造计划应回答如下几个方面的问题:
1)企业生产制造所需的厂房、设备情况如何?
2)怎样保证新产品在进入规模生产时的稳定性和可靠性?
3)设备的引进和安装情况如何?
4)生产线的设计与产品组装。
5)供货者的前置期和资源的需求量。
6)生产周期标准的制定以及生产作业计划的编制。
7)物料需求计划及其保证措施。
8)质量控制的方法以及相关其他问题。

(7)财务规划。财务规划需要花费较多的精力来做具体分析,其中包括现金流量表、资产负债表以及损益表的编制等。

流动资金是企业的生命线,因此企业在初创或扩张时,对流动资金需要预先有周详的使用计划并在进行过程中严格控制。

损益表反映的是企业的盈利状况,它是企业在运营一段时间后的经营结果。

资产负债表则反映在某一时点的企业发展状况。投资者可以根据资产负债表中的数据得到比率指标,来衡量企业的经营状况以及可能获得的投资回报率。

财务规划一般应该包括如下几方面的内容:
1)商业计划书的条件假设。
2)预计的资产负债表、预计的损益表、现金收支分析、资金的来源和使用。

可以这样说,一份商业计划书概括地提出了企业在筹资过程中风险企业家需做的事情,而财务规划则是对商业计划书的支持和说明。因此,一份好的财务规划对评估风险企业所需的资金数量,提高风险企业取得资金的可能性是十分关键的。如果财务规划准备得不好,将会降低风险企业的评估价值,同时也会增加企业的经营风险。

如何制定财务规划呢?这要取决于风险企业的远景规划,看它是为一个新市场创造一个新产品,还是进入一个财务信息较多的已有市场。

对着眼于一项新技术或创新产品的创业企业而言，不可能参考现有市场的数据、价格和营销方式等。因此，它要自己预测所进入市场的成长速度和可能获得的纯利润，并把其企业设想、管理队伍和财务模型展示给投资者。

而准备进入一个已有市场的风险企业，则可以很容易地说明整个市场的规模和改进方式。风险企业可以在获得目标市场的信息的基础上，对企业头一年的销售规模进行规划。

企业的财务规划应保证和商业计划书的假设相一致。事实上，财务规划和企业的生产计划、人力资源计划、营销计划等都是密不可分的。

要完成财务规划，必须要明确下列问题：

1）产品在每一个期间的发出量有多大？
2）什么时候开始产品线扩张？
3）每件产品的生产费用是多少？
4）每件产品的定价是多少？
5）使用什么分销渠道，所预期的成本和利润是多少？
6）需要雇佣哪几种类型的人？
7）雇佣何时开始，工资预算是多少？

3. 检查

在商业计划书写完之后，风险企业家最好再对计划书的内容检查一遍，看一下该计划书是否能准确回答投资者的疑问，争取获得投资者对本企业的信任。

通常，可以从如下几个方面对商业计划书加以检查：

（1）该商业计划书是否能够显示出自己具有管理公司的能力。如果自己缺乏能力去管理公司，则一定要明确地说明自己已经或准备雇佣某位经营大师来管理自己的公司。

（2）该商业计划书是否显示了自己有能力偿还借款。要保证给预期的投资者提供一份完整的比率分析。

（3）该商业计划书是否显示出自己已进行过完整的市场分析。要让投资者坚信在计划书中阐明的产品市场需求量是确实的。

（4）该商业计划书是否容易被投资者所领会。商业计划书应该备有索引和目录，以便投资者可以较容易地查阅各个章节（还应保证目录中的信息流是有逻辑的和现实的）。

（5）该商业计划书中是否有计划摘要并放在了最前面。计划摘要相当于公司商业计划书的封面，投资者会先看它。为了保持投资者的兴趣，计划摘要应写得引人入胜。

（6）该商业计划书是否在文法上正确无误。如果自己不能保证则最好请别人认真检查一下，不然计划书的拼写错误和排印错误，就很可能使企业丧失投资机会。

（7）该商业计划书能否打消投资者对产品（服务）的疑虑（最好准备相关产品模型）。

商业计划书中的各个方面都会对筹资成功与否产生影响。因此，如果撰写人对自己的商业计划书缺乏成功的把握，则最好去查阅一下计划书编写指南或向专门的顾问请教。

1.3 网店的前景和趋势

网络正逐步改变人们的生活方式，越来越多的人习惯通过网络来阅读新闻、寻求娱乐、进行人际交往和在线消费等。随着网络技术的发展普及和网上购物环境的改善，我国的网络购物市场得到了快速发展。

据北京正望咨询有限公司调查显示，2009年中国有1.3亿消费者总共在网上购买了价值2670亿元的商品，与2008年相比同比增长了90.7%。根据艾瑞咨询的分析报告，2010年第一季度中国网络经济市场规模达353.4亿元，同比增长67.9%。

电子商务的时代已经到来，一些主流的电子商务网站，例如淘宝网、易趣网、拍拍网和百度网，已经成为近年来最受欢迎的创业平台。

2010年，各网店平台都进一步提升用户体验，无论是网店卖家还是买家都可以享受到更加优质、安全的服务。例如阿里集团的"大淘宝战略"进一步实施，淘宝网的消费者年开始启动。

在优良的电子商务大环境下，相信会有更多的创业者去网上开店，变身为网商；也会有更多的消费者尝试并习惯网络购物。

1. 网店为何如此风靡

2009年马云说："真正的电子商务的成型是在5年后，我相信在2014年会看到完全不同的电子商务渠道。如果今天还停留在游戏和网吧里面，今天还在笑话别人做电子商务，5年后你会更加的后悔。"

确实，如果你今天还在犹豫不决，不知是否应该在网上开店创业，5年后就真的要后悔了。可以预计未来几年，网上购物市场仍会保持一定的增长，电子商务行业的发展空间还很广阔。

自2008年开始的全球次贷危机给世界经济中的各行业带来了不同程度的打击，但电子商务行业相对其他行业所受到的负面影响较小，反而成为新的热点行业。

根据艾瑞咨询调研显示，在金融危机影响下使用电子商务的中小企业存活率比传统企业高出5倍，可见电子商务在帮助企业和网商渡过危机方面确实发挥了明显、积极的作用。

根据艾瑞咨询初步预测数据显示，2013年中国网络购物市场交易规模将达到10000亿元，同时，网络购物用户规模有望在2.4亿左右。图1-1所示为艾瑞对于中国未来几年网络购物市场交易规模，图1-2所示为中国网络购物用户占网民比重的预计情况。

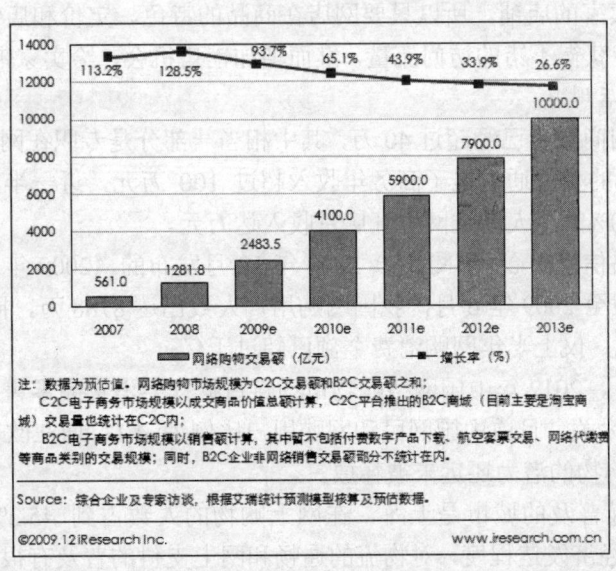

图1-1　2007－2013年中国网络购物市场交易规模

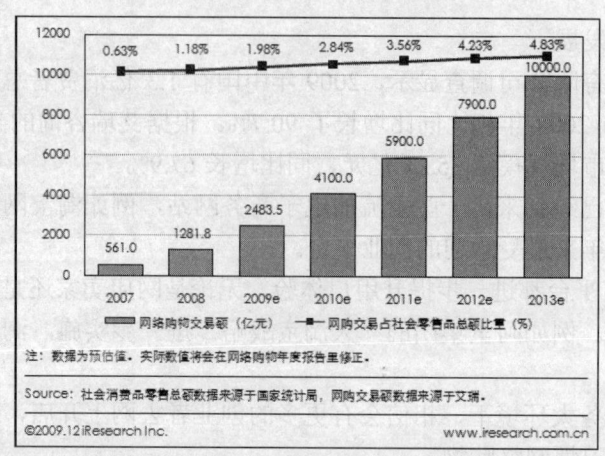

图 1-2　2007－2013 年中国网络购物占社会消费品零售额比例

（资料来源：www.irsearch.com.cn）

　　2009 年，有大约 8%的中国人开始网络购物，2006 年这一比例仅为 3%。到 2012 年，中国参与电子商务的人数将占总人口的 19%。为什么这么多人都选择在网上开店呢？因为开网店有投入少、回收快、经营灵活和消费群广泛等优势。

　　网上开店成本很低，现在淘宝网、易趣网、拍拍网、百度网等网店平台都是免费提供店铺空间的，但会收取一些附加功能的费用。网店一般根据买家的订单来进货，不需要事先大量囤货，销量不佳也不会有货品存积的现象。相比实体店，网店还节省了人工、水电费支出。

　　网上开店经营比较自由，卖家可以全职经营，也可以兼职经营。网店没有营业时间的限制，可以说是全日开放，全年无休。不会受到营业地点、营业面积等因素的制约，空间可以无限延展，可以上架成千上万的商品。因为不需要或者只需要少量存货，即使想转换出售商品的种类，也不会造成太大的经济损失。

　　从理论上来说，只要是网民，就都有可能成为网店商品的购买者。无论买家在哪里，都可以通过网络找到卖家的店铺。所以只要网店在商品的特色、定价和店铺的宣传、营销上多下点功夫，通常都能获得不错的访问流量，继而增加销售机会，给卖家带来可观的经营收入。

　　2. 国内网上开店现状

　　目前国内个人网商数量已经超过 40 万，其中相当一部分是专职在网上开店。根据阿里巴巴的调查显示，55%的企业通过电子商务年收入超过 100 万元，近一半的个人开店者一年的收入超过 3 万元，20%的个人通过网上开店月收入达万元。

　　在中国互联网络信息中心（CNNIC）2009 年 12 月发布的《2009 年中国网络购物市场研究报告》中显示，截至 2009 年 6 月，我国网购用户人数已达 8788 万，同比增加 2459 万人，年增长率达到 38.9%，仅上半年网购消费金额已超过千亿。

　　国家统计局预计，2012 年中国网络购物市场将占据社会消费品零售总额 5%~8%的份额，有望突破 1 万亿元大关。目前中国网民和网购用户比例为 4:1，而在欧美和韩国该项比例为 3:2，所以中国网络购物的潜力还远未被释放。

　　国内网络购物最普及的城市是上海，在网上购物的人数占到 45.2%，其次是北京，为 38.9%。一个城市的经济发达程度，对物流的通畅和网上支付的普及有很大影响，因此，经济越发达的城市，网络购物越流行。

目前我国网上开店情况呈现以下几个特点。

（1）内外相争。尽管购物网站数目众多，但由于购物网站需要巨额资金投入，目前市场只被数家网站瓜分。总体来说，中国的网上开店和购物平台呈现一种"内外"相争的局面。外资代表是卓越、亚马逊和易趣网，国内代表是淘宝网、拍拍网和百度网。

（2）网店数量增长快。据不完全统计，自 2008 年 9 月起，平均每天新增网店数量达到 5000 家。网上商品数量也随之剧增。从衣食住行到休闲娱乐，从实体商品到虚拟商品，从普通成品到定制商品，网上商品已经涵盖了人们生活的方方面面。

（3）地域差异较大。网上商店主要集中在北京、上海、杭州、广州等大城市，由此导致了不同地域范围内服务差异较大。今后一段时间内，保持现有市场的持续繁荣，并致力于减小地域性差异，是网上商店发展的动力。

（4）商品质量有待提高。众多中小网商大部分是个体经营者，他们主要通过向上游厂商或批发商分散采购产品进行零售赚取差价，一些销量较大的网商则通过一些小工厂代为加工一些仿品。在竞争激烈的市场环境中，有些不良网商就趁机以次充好，拿仿品当正品卖，不但影响了用户的购物体验，还在一定程度上扰乱了市场秩序。

（5）服务质量和诚信度有待提高。总体来说，网上开店服务质量的兑现程度较低。调查显示，众多的网上商店都做出了服务承诺，但 78%的网站对配送速度的承诺都没有兑现。卖家对订单的反应速度不一，商品质量也良莠不齐。

网站的诚信度是消费者最重视的事项之一。但网上购物受骗的案例一直在不断增加，这说明网购信用体系仍有待进一步完善。

（6）网站建设有待进一步加强。购物网站是网上开店的平台，浏览者购买行为的发生率在很大程度上取决于网站的建设水平，包括连接速度、网站界面、交易操作的复杂性和网上商店的商品描述等诸多方面。

3．国外网上开店动态

比较中国和美国的网络零售交易额可以发现，在金融危机下，中国网络零售市场的发展受到的影响要弱于美国市场。根据艾瑞咨询监测的数据显示，与同期相比，2008 年第三季度到 2009 年第三季度，中国网络购物市场一直保持着近 90%的市场增速。不难看出，这跟中国的网络购物市场还处于初级发展阶段有很大关系。相比于刚起步不久的国内网络购物市场，国外的网上电子商务起步早，所以要成熟许多。

（1）美国。根据美国统计局（US Census Bureau）的初步统计数据显示，2009 年第一季度美国网络零售交易额为 302 亿美元，同比下降 5.8%；2009 年第二季度有所回升，达到 308 亿元；2009 年第三季度为 320 亿美元。而 2009 年第四季度美国网络零售交易额达到了 420 亿美元，接近 2007 年第四季度水平。

根据北美网络在线用户的消费调查数据，接受调研的用户选择网上购物的最大原因是方便购买一些不常见的商品，其次是因为不想排队和堵车，节约时间。

（2）德国。根据艾瑞咨询整理的 emarketer.com 2009 年 5 月发布的德国网络市场交易规模的数据，可以发现：2008 年德国网络购物市场的交易规模达到了 136 亿欧元，同比增长了 19.3%。

德国是欧洲网民人数最多的国家之一，从 2003 年到 2008 年的增长情况来看，德国的网络购物市场保持着每年增长的趋势，且每年的增幅都比较稳定。随着德国网商对于网购市场认知度的深入,以及网民对网络购物信任度的提高,可以预计,将来德国的网络购物市场还将保持持续增长的势头。

(3)英国。根据英国零售协会的统计显示,2007年英国网上零售额为109亿英镑,同比上升33.4%,预计2011年将达到281亿英镑,占当年零售总额的8.9%。

英国的金融法律比较健全。2002年生效的《电子商务法》规定,凡是在英国境内经营的网店必须实行实名制。商家必须在其经营的网站上标注清楚企业名称、地址、包括电子邮件在内的联系方式、工商税务注册号码、企业增值税号码、上级监管部门详情、所属行业协会详情等,并且网店要向英国政府缴纳税金,网上商品的价格也必须标明是否含税。

1.4 网上开店的优势

网上开店是一种在互联网时代背景下诞生的新的销售方式,有别于传统的网下商业模式。网上开店投入低,经营方式灵活,可以为经营者提供不错的利润空间,成为许多人的创业途径。

(1)网上开店成本低。网上开店与网下开店相比综合成本比较低:许多大型购物网站提供租金极低的网店,有的甚至免费提供;网店店主根据顾客的订单进货,减少了因货物积压所占用的资金;网店经营主要通过网络进行,节省了税、电、管理费等方面的支出;网店不需要专人时时看守,节省了人力方面的投入。B2C网站的当当网负责人李国庆谈到"当当"模式时表示,费用在传统企业是个可变函数,但是到了互联网公司就是常数。网上书店节省人工费用。一个以接受邮购和电话订购为主的传统远程书店,如果它每天接到的订单量与当当一样多,至少需要60个人将这些订单信息输入电脑,而当当没有这一工序,因为当当是网上订购,消费者在网上已经完成了预订表格,只需一个人审核订单。当当不仅省掉了这60个人工,接咨询电话也不过12个人,而传统远程书店至少需要40个人接电话。很明显,当当的客服结构节省了许多费用。

(2)经营方式较灵活。网店借助互联网进行经营,经营者可以全职经营,也可以兼职经营;网店不需要专人看守,只要能对浏览者的咨询给予及时回复就不影响经营销售;网上开店不像网下开店那样办理严格的注册登记手续;网店在商品销售之前,不需要存货或者只需少量存货,因此可以随时转换经营类别,进退自如,没有包袱。

(3)不受营业时间、地点、面积等限制。网上开店不受营业时间的限制,只要服务器不出问题,就可以实现24小时的全天候营业;网上开店不受经营地点的限制,网店的流量来自网上,因此,即使网店的经营者在一个小胡同里也不会影响到网店的经营;网店的商品数量也不会像网下商店那样,生意大小常常受店面面积的限制,只要经营者愿意,网店可以摆上成千上万种商品。

(4)网上销售的范围比较广。网店开在互联网上,只要是上网的人群都有可能成为商品的浏览者与购买者,这个范围可以是全国的网民,甚至是全球的网民。只要网店的商品有特色,宣传得当,价格合理,经营得法,网店每天就会有不错的访问量和可观的销售业绩。

(5)做网上零售的(C2C)个人站点,随着交易量增加和个人信誉度的增强,就会向B2C转换。在积累了一些网上销售经验之后,他们会到工商局注册自己的企业,建立自己的网站并和其他的网站建立链接,销售业绩良好的个人用户很大部分成为了一个典型的"小"

企业，有的形成比较好的品牌。

1.5　网上开店应关注的问题

1. 网上开店的群体

大部分是大学生、下岗职工、上班一族、加工贸易型公司的职工、网下有实体店辅的店主、刚起步的小公司，少部分是 40～50 族。

2. 网上开店比较集中的几个区域

北京、上海、广州、杭州、南京这几个城市的生活文化水平高和网络建设相对完善，同时拥有的电子商务类型公司比较多，如北京的 8848、云网，上海的 eBay 易趣网，杭州的淘宝网，另外，杭州更是准备打造成电子商务城市。因为广州和南京地区外贸加工比较发达的原因，货源比较充足，网上开店相比内地其他省份更有优势。

3. 安全、诚信问题

安全、诚信依然是亟需解决的问题。只要是涉及到金钱的交易就必然会存在风险，网络这一新兴的交易平台在创造许多财富神话的同时，也正在暴露出一些存在的问题。首先是诚信问题，它对电子商务的健康发展起着生死攸关的作用。因为网上交易的主要瓶颈是信用，很多人比较担心的问题是产品质量、售后服务及厂商信用、安全性得不到保障，所以网上平台必须建立一套信用体系，保证商品质量、交易安全和市场秩序。

4. 网络犯罪

由于网上开店的便利性，很多传统犯罪项目也纷纷触网，《京华时报》曾报道：女青年网上开店卖"黄色电影"。诸如此类的报道还有"网上兜售假药"等，这已经不仅仅是诚信问题，已经触犯了法律，最终会受到法律的制裁。

5. 经营模式

国内 C2C 模式最初脱胎于国外的电子商务模式，最大的特点就是利用专业网站提供的大型电子商务交易平台，以免费或比较少的费用在网络平台上销售自己的商品，主要特点就是可以给用户带来便宜的商品，无论是企业白领、大学生还是下岗女工都可以在家"营业"。网上开店不需要店辅租金，不受地域、时间的限制却可以面对来自全国甚至全世界的客户。可以选择易趣网（www.eBay.com.cn）、淘宝网（www.taobao.com）、拍拍网（www.paipai.com）。易趣用户通过电子邮箱注册，要得到更高的信用等级要实名注册（身份证或信息卡）；交易后双方互做信用评价，信用评价由评价类型（好/中/差）和评论内容组成。用户得到的所有评价构成用户的信用记录。淘宝网目前最重要的任务就是提高服务质量，解决网上交易安全保障问题，淘宝网和银行合作推出了支付宝，与全国工商银行、招商银行联网，可以保证实时到账无手续费。

6. 珍奇进货

开网店最好是找网下不容易买到的东西，针对性一定要强，比如特殊的工艺品、限量版的宝贝、有地区差异的特产等。通过经营培养出一批专门的发烧友，那生意就能细水长流。

7. 动态价格

由于没有工商部门统一定价，网络商品定价全凭卖家个人，这可是门艺术。由于网店没有租金压力，经营成本也比实体店低，所以价格通常都比网下便宜。哪怕只便宜一块钱，你的排位也可能更靠前一点，获得更多的关注。

8. 好评率比价格更能吸引客户

在调查中，很多买家都表示，哪怕价格稍贵，他们也倾向选择好评率高的卖家。

9. 无敌介绍

一份详尽的说明，会让来的每一个客人觉得卖家是个行家，增加他对你本人和产品的信任。适量的插图、照片、甚至Flash都是必要的，都能增加买家的好感和信任。

10. 玩转物流

超重超体积都是要尽量避免的，换一种包装方式很可能就能省下十几块钱。开网店通常会有比较稳定的物流量，第一，一定要选择按月结算的方式，不要现结，这样主动权掌握在你手里；第二，一定要签订长期合同，严格规定丢货和延迟的处罚，把可能的纠纷降至最低。

11. 通信无阻

一定要保证客户随时可以联系到你。每个客户的情况不同，习惯不同，联系方式也会不同，所以要保证手机、QQ、MSN这样的即时通讯工具一个都不能少。

本章小结

（1）创业者应具有坚毅的意志品质、智慧潜能、综合素质能力和风险投资常识。

（2）大学生要培养自己的创业素养，尤其在挫折、商业敏感性、创业信用、坚持科学与理性和团队精神方面。

（3）开网店之前要寻找合适的项目，寻找合适的合作者，并适当进行创业商业计划。依托自己的兴趣和实力、借助于畅通的渠道和敏锐的市场观察力，设定网店的定位、产品经营或服务。

（4）开网店要关注的内容包括国内、国外网店经营情况，信用问题和网络犯罪等问题。

问题与思考

1-1 如果在校期间选择网上开店，你会怎样协调兼职锻炼与学习的关系？

1-2 大学生网上开店有哪些优势？

1-3 分析自己有哪些特长，可以结合互联网转化为商品和服务吗？

1-4 根据网上创业成功的案例，撰写一份自己创业的计划。

1-5 网上开店应关注哪些问题？

第 2 章 网上开店的过程

本章学习目标

本章将先介绍网上开店的一部分理论知识，然后重点介绍开网店的准备工作、开店的步骤与方法，一并介绍了网店的交易处理方法和辅助软件的使用。通过本章的学习，读者应掌握以下内容：
- 了解网上开店的概念
- 理解网上开店的准备工作
- 掌握网上开店的方法和步骤
- 掌握网上开店的美化布局方法
- 掌握网上开店交易过程
- 熟悉淘宝助理、淘宝旺旺等辅助软件的应用

引例　五旬大妈网店创业成名人　被网友称为"淘宝最牛老太太"

2010 年 5 月，随着淘宝网第二届创业先锋评选名单的揭晓，临沂市 51 岁的宋琳女士被评为"十大网络创业先锋"之一。现在淘宝网上网友都喜欢称呼宋琳为"最牛老太太"。宋琳的创业宣言是这样写的："梦想不是年轻人的专利，创业也没有年龄之分。"

51 岁的宋琳家住临沂市解放路 185 号。2000 年，宋琳的单位破产，她被迫下岗。"当时，我和大家一起，默默收拾自己的办公桌，整个人的心就像被掏空了一样难受。"想起当年，宋琳心情很复杂。找工作吧，没文凭，没技术，有的只是一把年纪；创业吧，没资金，没路子，万一弄不好，赚不到钱，恐怕连一辈子节衣缩食省下的少之又少的积蓄都得搭上。

随后，宋琳在其弟弟经营的毛线店里工作。但不甘平凡的她一直寻思着找点什么活干。"躺在床上睡不着，每天都琢磨着去干点什么。那个时候真是'夜想千条路，醒来还得卖豆腐'啊。"

2005 年的一天，宋琳偶然在电视里看到一个节目，一位下岗女工因为孩子没人带，出去工作不方便，就在家里面用电脑开店卖东西。当时宋琳除了好奇，还有些不以为然："平日里当面买东西，还可能上当受骗呢。网上卖东西，看不清，摸不着的，谁敢买？"

怀着好奇，抱着试试看的心理，宋琳最终选择了尝试一下。儿子帮着她注册会员，准备开店。开始不少人泼冷水。"这么大年纪了，还玩什么高科技！"有股韧劲的宋琳较上劲了，不懂电脑，先夜以继日地学习打字；没有相机，就先找人借一部。

开店卖什么呢？考虑到自己会织毛衣，正好弟弟家开毛线店多年，有很多好看的手工毛衣。宋琳找来几件特别漂亮的毛衣，拍好了照片，上传到网上。2005 年 11 月 26 日，宋琳的网上"千千结毛线店"正式宣布开张！

可是半年多过去了，挂在上面的商品一件也没卖出去。"就是不买，问问也行呀。电话有打错的，这网店怎么没有走错门的呀？"宋琳有些心急了。又过了半年，眼看着一年600块钱的网络使用费就要续期了，但网店仍是无人问津。"干脆关了得了，这一年就当是交学费了。"

就在要停网之前，突然有人打来电话说要货！宋琳赶紧打开电脑，和顾客对话。本来就不熟悉打字的手，当时更是哆嗦得打不出字了。宋琳马上打电话给儿子。幸好是周末，儿子大学放假，一小时后儿子回家。就这样，宋琳完成了第一笔交易。万事开头难，有了第一笔生意，宋琳自己和家人都决定坚持下去。

从此，每天早9点到晚12点，宋琳全天守候在电脑前面。没有多少顾客的时候，宋琳就上网上的社区学习，拍照，PS 照片，找货源，整天忙得不亦乐乎，慢慢地，生意也越来越好了。现在宋琳的儿子、老伴、妹妹等亲人都前来帮忙。四年过去了，在宋琳的网店上，买家好评率是 100%，卖家好评率是 99.99%。在销售旺季，宋琳的网店一个月能卖出几万元的毛线。一位网上买家这样评价："看了阿姨的帖子，很感动。可想而知，一路走来肯定不易。"

> 关注：51 岁的宋琳在网上被称为"淘宝最牛老太太"。这位年轻的老太太目前的梦想就是把这个店铺做大，把手工的一些东西都结合起来。比如十字绣，还有拼布等，让所有喜欢手工的朋友们，都可以一站式购物。她最大的希望是能把产品卖到国外去，让更多外国人见识中国的手工艺品。

引自：http://www.soso2.com/cms/a/wangdianquwen/2010/0507/207.html

2.1　网上开店的相关概念

在介绍网上开店的过程之前，先来简单了解一下网上开店相关的概念。

2.1.1　电子商务与网上销售

网上开店，其实就是日常所说的"电子商务"在生活中的一个具体应用。那么，什么是电子商务呢？不同的国家、不同的组织对电子商务的概念都有不同的表述，这里不再一一列举。结合我国电子商务的实践，可以将电子商务的概念作如下表述：电子商务系指交易当事人或参与人利用计算机技术和网络技术（主要指互联网）等现代信息技术所进行的各类的商务活动，包括货物贸易、服务贸易和知识产权贸易。

也就是说，对电子商务的理解，应从"现代信息技术"和"商务"两个方面考虑：一方面，电子商务概念所包括的"现代信息技术"应涵盖各种使用电子技术为基础的通信方式；另一方面，对"商务"一词应做广义解释，使其不论是契约型还是非契约型的一切商务性质的关系所引起的种种事项。

这个概念对于网上开店而言，有着很强的指导作用。也就是说，在网上开店就是利用互联网这一新型的营销手段，开虚拟的网上商店从事货物贸易、服务贸易以及知识产权贸易等商业活动。换句话说，网上销售的并不一定是实体货物，也可以卖自行研发的软件、为客户提供服务等，只不过这种销售不再是传统的面对面直接交易，而是利用互联网。那么，在网上开店就需要学习和掌握两方面知识：一是商务的相关知识。不管是实体销售还是网上开店销售，目的都是一个——那就是通过贸易赚取利润，这也是商务的核心内容。二是计算机和网络的相关知识。网上开店不同于传统形式的店铺，它始终是利用计算机网络工作的，掌握好相关的计算机网络以及相应软件的使用就愈发重要了。

在进行网上开店的运作过程中，如何充分发挥自己的聪明才智，把传统的营销手段转化为采用互联网形式的销售方式，从而让更多的人能够看到自己店中的商品，让更多的人来买自己店中的商品，这就是在网上进行销售过程中所要思考和注意的问题，这也是网上开店最核心的知识。

图 2-1 是淘宝网上一个店主出售自行研制软件的销售界面。

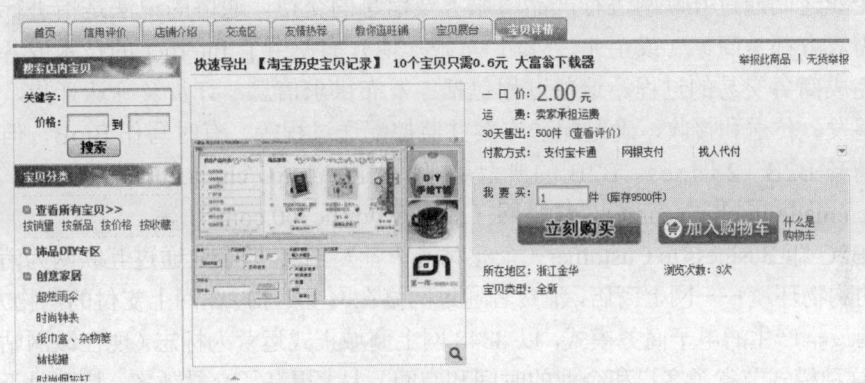

图 2-1　淘宝网某网店经营产品界面

图 2-2 是淘宝中的出租房屋（提供服务）的界面。

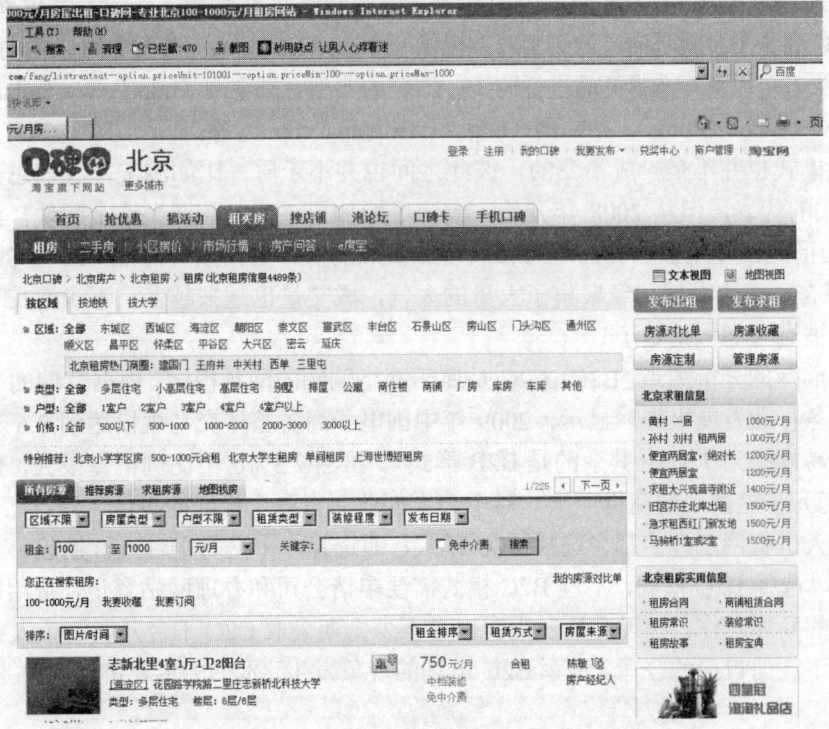

图 2-2　淘宝网买卖房屋服务列表界面

我们开店，究竟要卖什么？是销售实物商品？还是为顾客提供服务？还是销售虚拟物品？这个问题是开店前要思考和解决的首要问题。

2.1.2 电子商务的基本模式

对于电子商务的分类，其标准（依据）不同，具体的分类名称也不一样。通常，按照交易对象类型对电子商务进行分类，主要是B2B、B2C、C2C三类，这三类也称为电子商务的基本模式。

（1）B2B 即 Business to Business（企业对企业）。商家（泛指企业）对商家的电子商务，即企业与企业之间通过互联网进行产品、服务及信息的交换。通俗的说法是指进行电子商务交易的供需双方都是商家（或企业、公司），她（他）们使用了 Internet 的技术或各种商务网络平台，完成商务交易的过程。这些过程包括：发布供求信息，订货及确认订货，支付过程及票据的签发、传送和接收，确定配送方案并监控配送过程等。有时写作 BtoB，但为了简便干脆用其谐音 B2B（2 即 to）。B2B 的典型是阿里巴巴（http://china.alibaba.com/）、中国制造网（http://cn.made-in-china.com/）、慧聪网（http://www.hc360.com/）等。

（2）B2C 即 Business to Customer（企业对消费者）。B2C 即企业通过互联网为消费者提供一个新型的购物环境——网上商店，消费者通过网络在网上购物、在网上支付的购物方式。B2C 模式是我国最早产生的电子商务模式，以 8848 网上商城正式运营为标志（现在该网站已经不在了）。由于这种模式节省了客户和企业的时间和空间，大大提高了交易效率，特别对于工作忙碌的上班族，这种模式可以为其节省宝贵的时间。其典型有卓越亚马逊网（http://www.amazon.cn/）、当当网（http://www.dangdang.com）等。

（3）C2C 即 Consumer To Consumer（消费者对消费者）。这种商务活动发生在消费者与消费者之间，C2C 商务平台就是通过为买卖双方提供一个在线交易平台，使卖方可以主动提供商品上网销售，而买方可以自行选择商品进行购买。C2C 的典型有淘宝网（http://www.taobao.com）、易趣（http://www.eachnet.com/）、拍拍网（http://www.paipai.com/）等。

当然，模式也并不是一成不变的，彼此之间也并不矛盾。比如淘宝，我们总是把淘宝归为 C2C 模式的代表，但从 2008 年开始，淘宝中增加了"淘宝商城"这个版块，淘宝商城其实是 B2C 的形式，即里面入驻的是有相关营业执照的实体店商家（而非 C2C 中的个人）。从 2008 年到现在，淘宝商城已经聚集了大量的人气，成交量也越来越多，不少 C2C 卖家感叹，好多生意都被淘宝商城抢走了！

根据艾瑞网的分析观点，B2C、C2C 是属于网络购物的两种模式。根据艾瑞的《2009-2010 中国电子商务行业发展报告》显示，2009 年中国电子商务整体交易规模达到 3.6 万亿，其中网络购物交易规模为 7.3%（其余的是 B2B 形式）。虽然 7.3%这个比例不算很大，但总交易规模是 2630 亿元，这其中的商机巨大，对于个人创业而言是个极好的事情。

通常个人进行网上开店都会选择 C2C 模式，即选择一个交易平台进行销售。当然如果有实力，也可以选择 B2C 模式，不过 B2C 模式需要申请公司和办理网站登记，费用比较高，适合销售量大的商家运作。在现实情况中，也有不少先期采取 C2C 平台开店的个人在销售业绩喜人的情况下注册自己的公司，进军 B2C 市场的现象发生。本书中主要讲述的将是 C2C 这一模式。

2.1.3 网上开店的平台

一般而言，网上开店根据开店者的身份不同，其选择平台的方式也不一样。当实体店商家准备进行网上开店的时候，多是先建立自己独立的网站进行销售，后期才在 C2C 平台如淘宝等网站设立官方的直销店，像联想入驻淘宝网建立官方淘宝旗舰店就是这样的流程。但一般个人开店的情况恰好与此相反，他们将首先选择 C2C 平台。

这里主要探讨 C2C 模式下的网上开店平台。

C2C 模式的平台有很多，做得最大的就是淘宝网了，其次是拍拍、易趣等。

淘宝网由阿里巴巴集团于 2003 年 5 月 10 日投资创办，由于阿里巴巴是中国最大的水平 B2B 网站，其财务雄厚，淘宝网从 2003 年开始就打出了免费开店的底牌，这一举动立刻吸引了大量的个人卖家来淘宝开店。淘宝网依托阿里巴巴集团创办的第三方支付工具"支付宝"作为买方和卖方的支付手段，从而使淘宝的交易更让人放心。在交易过程中，买卖双方可采用即时聊天工具——淘宝旺旺（现改名为阿里旺旺）进行商谈和沟通，商谈的记录是可以作为交易纠纷的证据的。经过几年的发展，淘宝网已经占有 C2C 平台中 80%以上的市场份额（根据电子商务权威艾瑞网发布的 2009 年及 2010 年第一季度报告数据）。淘宝网的优势主要集中在成熟的市场及较大的知名度，是目前大多数网络购物者的首选。2008 年，淘宝网又推出了"淘宝商城"版块，这其实是 B2C 形式的网上商城。商城开业以来，众多品牌包括联想、惠普、优衣库、迪士尼、Kappa、乐扣乐扣、JackJones、罗莱家纺等都相继开设了官方旗舰店，受到了消费者的热烈欢迎。

易趣网应该算是中国最早的 C2C 网站之一了，1999 年由两名创始人在上海的一间民房里创建。2002 年美国的 ebay 电子商务网站为其注资 3000 万，成立了 ebay 易趣网。该网站的交易使用的第三方支付工具名为"安付通"，在交易过程中，买卖双方可以采用"易趣通"软件进行实时的交流和沟通。易趣网的创始和发展都早于淘宝网，当年曾是中国最大的 C2C 创业平台。但由于 ebay 易趣对卖家采用的是开店收费策略，因此当淘宝成立时推出的免费开店策略立刻吸引了大量的易趣卖家。特别是很多的中小卖家，最开始还在两个网上同时开店，但随着时间的推移，由于易趣的收费策略，导致同一卖家的商品在两个网上的收益明显不同，而且淘宝的流量越来越大，这使得同一商家的商品在易趣上的竞争优势弱于淘宝（记得笔者在刚刚开始进行网购时，就比较过同一卖家在淘宝和易趣上的定价策略，发现同样的商品总是易趣上的要比淘宝上略贵几分钱，而很多卖家也推荐我在其淘宝店上购买），不少小卖家就把易趣的店铺关闭了。虽然易趣网在后来也做了补救措施，即把店铺分为免费和收费的两类（服务支持不一样），但淘宝网已在 C2C 平台上抢占了龙头老大的地位，易趣丧失了很大的市场份额。

拍拍网是腾讯公司于 2005 年 9 月 12 日上线发布，2006 年 3 月 13 日宣布正式运营，是目前国内第二大电子商务平台。拍拍网能够做到仅次于淘宝网的地位，这主要与拍拍网的投资方腾讯公司的业务有关。相信很多网民都在用 QQ 和朋友聊天，QQ 的用户众多，这就为拍拍网推出时提前聚集了大量的人气，而腾讯 QQ 软件也成为了拍拍网买卖双方在交易过程中交流和商谈的工具。拍拍网的支付和收款的工具是"财富通"。拍拍网也是免费开店，与淘宝、易趣不同的是，即便是开店免费，但是在开通店铺前也要先交付 20 元开店保证金，如图 2-3 所示。

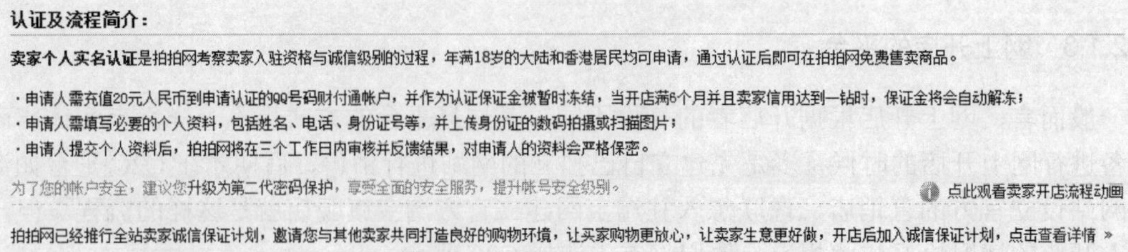
认证及流程简介：
卖家个人实名认证是拍拍网考察卖家入驻资格与诚信级别的过程，年满18岁的大陆和香港居民均可申请，通过认证后即可在拍拍网免费售卖商品。
· 申请人需充值20元人民币到申请认证的QQ号码财付通帐户，并作为认证保证金被暂时冻结，当开店满6个月并且卖家信用达到一钻时，保证金将会自动解冻；
· 申请人需填写必要的个人资料，包括姓名、电话、身份证号等，并上传身份证的数码拍摄或扫描图片；
· 申请人提交个人资料后，拍拍网将在三个工作日内审核并反馈结果，对申请人的资料会严格保密。
为了您的帐户安全，建议您升级为第二代密码保护，享受全面的安全服务，提升帐号安全级别。
点此观看卖家开店流程动画
拍拍网已经推行全站卖家诚信保证计划，邀请您与其他卖家共同打造良好的购物环境，让买家购物更放心，让卖家生意更好做，开店后加入诚信保证计划，点击查看详情 »

图 2-3　拍拍开店提交保证金

以上简要介绍了三个比较大的 C2C 平台。对于在上面开店的人，还需要注意交易过程中的信用评价体系，即这三个网站都有交易成功的双方互相打分的环节。通过购物者对销售方的销售服务（如货品相符情况、发货时间快慢、服务水平等方面）以及销售方对购物者的购物（如付款快慢）进行客观的评价，可以让其他人了解交易对方的信用情况。评价分为好评、中评和差评。每有一个好评，被评价方的信用值+1，中评不加分，差评-1 分。大家在买东西时肯定愿意在信用度较高的商家购买东西，因此好评率高低成为决定商家能否多销售商品的重要因素之一。信用体系也导致了不少炒作信用公司的诞生，即在没有真实交易的情况下，炒作信用的公司为付费的商铺提高信用值，炒作信用公司将这种行为称为“刷”。刷信用是一种不正当的竞争行为，是要被 C2C 平台封杀的。2009 年淘宝一直在查处炒作信用的店铺，刷钻的店铺会被封店。

图 2-4 是淘宝网对信用的分级。

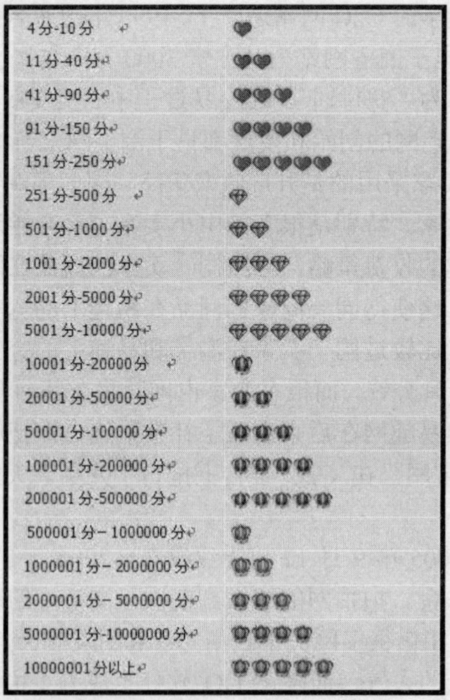
4分-10分
11分-40分
41分-90分
91分-150分
151分-250分
251分-500分
501分-1000分
1001分-2000分
2001分-5000分
5001分-10000分
10001分-20000分
20001分-50000分
50001分-100000分
100001分-200000分
200001分-500000分
500001分－1000000分
1000001分－2000000分
2000001分－5000000分
5000001分-10000000分
10000001分以上

图 2-4　淘宝网信用分级

除此之外，对于开店的人，还应掌握开店平台的助理工具，即帮助商家上传和管理商品的软件。这将在后面进行介绍。

其实在网上开店，除了这三个比较大的 C2C 网站外，还有很多专业性的开店平台可供用户选择。一些开店的人除了在淘宝等网站上开店外，还会选择人流量较大的专业平台开店。不过这些专业平台一般是要收费的。如作者本人，开的店铺是销售连环画（在淘宝上属于收藏品的范围），除了在淘宝、拍拍、易趣上开店外，还在中国收藏热线、孔夫子旧书网、卡通之窗等网站提供开店服务。

2.1.4 网店构成

不同的 C2C 网站平台的网店构成大致相同，一般可分为人员构成和店铺构成两大部分，而店铺构成中又可分为前台和后台两部分。

1. 网店中的人员

开网店，归根到底是销售商品或提供服务。这就离不开人——工作和管理人员。如果是一个团队的话，要有进货人员、客服人员、发货人员、管理人员、财务人员、销售人员等。但一般而言，网上开店的小卖家都是店主一个人扮演着这诸多的角色。这主要是因为刚刚开店的时候业务量没有那么大，开店的店主也没有很强的经济实力。但如果销售业绩好的话，要把店铺做大做强的话，靠一个人的力量肯定是不够的，那时候就需要各种专业人员了。

2. 店铺前台

店铺的组成，根据实际情况可把网上的店铺分为两个部分：前台和后台。图 2-5 是作者淘宝网店铺的前台界面，从这张图片上看，前台主要包括 7 个部分：

（1）店铺名称区。

（2）店铺公告区。

（3）掌柜推荐宝贝区。

（4）店铺自定义分类区。

（5）商品列表区。

（6）友情链接区。

（7）店铺交流区。

店铺的前台实际是买家在淘宝购物时看到的页面，因而是买卖双方最先进行交流和沟通的地方。各个店铺的前台布局可能不尽相同，这是因为淘宝网提供了几种默认的店铺风格供店主选用（笔者的店铺选择的是"怀旧经典"这一模板）。作为开店者，店铺前台的信息对提高交易量有非常重要的作用，每一位开店者应该充分利用这些资源（后文将会重点介绍）。

下面详细介绍这7个组成部分的内容，仔细分析一下网店前台的组成。

（1）店铺名称区。

最上方左侧是店主为店铺起的名称（笔者的店铺名称是"耀耀连环画"），下面是店铺的一些简要信息，方便买家了解这个店铺的经营情况。

最左侧的那幅图片是店铺的 logo（称为店标，类似于实体店的店铺标志，用于店铺识别）；novell88是笔者在淘宝开店的会员名（在淘宝中称之为店铺掌柜名）；会员名旁边的"和我联系"用于启动阿里旺旺以便买卖双方洽谈交流；会员名下方则显示出卖家信用等级和收藏人气数量（这两个内容在后面会做专题讲述）；再下面则显示所有买家对卖家评价的三项的总平均分；店铺名称区的最右侧则显示开店时间、店主所在地区和店中销售商品（在淘宝中称为宝贝）的数量，如图2-6所示。

图 2-5 淘宝网店界面组成

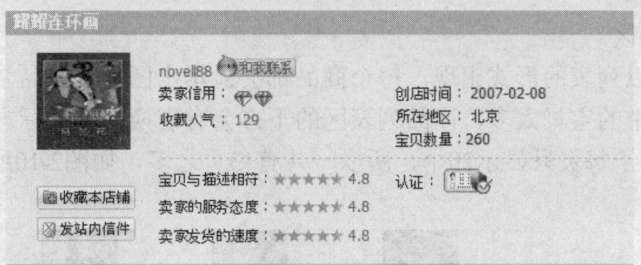

图 2-6 店铺名称区

（2）店铺公告区。

店铺公告中是以滚动条的形式进行显示的。一般而言，开店者在这里应把最重要的信息以最简要的文字形式公布出来，方便买家查看。如果店主因出差等情况暂时不能进行管理店铺的话，这里就是一个留通知的好地方，如图2-7所示。

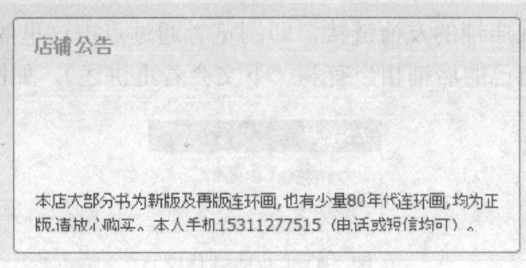

图 2-7 店铺公告区

（3）掌柜推荐宝贝区。

这里能够设置 6 个推荐的宝贝。当用户浏览该店铺时，最先看到的就是这 6 个被推荐的宝贝，因此，这 6 个宝贝应该是最具有本店特色、或最优惠的价格、或最能吸引买家的商品，如图 2-8 所示。

图 2-8 店铺推荐商品区

（4）店铺自定义分类区。

在淘宝开店，可以根据自己商品的特点来设定属于自己的分类方式，这样，浏览者可以很方便地快速找到自己需要的商品，而不是大海捞针。至于这个分类如何分，一定要根据店中销售的商品的需要来设定。笔者的店铺卖的是连环画，从根本上说，是属于出版社的图书，因此，自定义的一级分类就是按照各个大型出版社的名称分类的。同时，连环画又有不同的开本，因而在一级分类的下面又分出各种开本的二级分类，这样便于用户查找。

再比如淘宝上很多销售电子产品的商铺，其一级分类常常是电子产品的类别（如数码、存储卡、相机包等），二级分类则是各种具体品牌，如图2-9所示。

（5）商品列表区。

店中的商品是以列表的形式出现，每个商品都会显示出图片、商品名称、上架方式、价格几项属性。当店中的宝贝太多，商品列表区的下方会有切换的分页标志。笔者的店中现在共有260个宝贝，由于每页只显示20个，所以一共有13页之多，如图2-10所示。

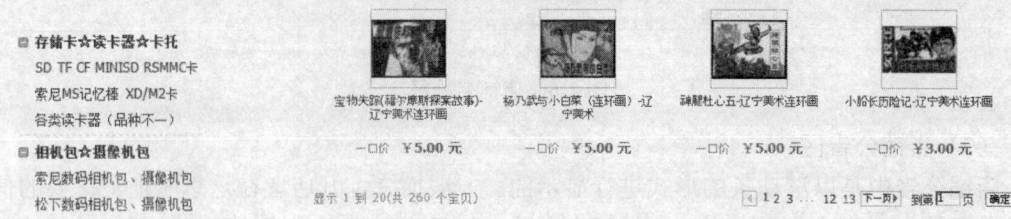

图2-9　网店自定义分类区　　　　　　　　　　图2-10　网店商品列表区

（6）友情链接区。

此处可以添加与别人店铺的友情链接，即浏览者通过点击这里的链接进入到别人的店铺中。这个功能对于推广自己的店铺相当有利（下文会着重讲述），如图2-11所示。

图2-11　友情链接区

（7）店铺交流区。

通过店铺交流区，店主可以与客户进行交流，并能起到推广店铺的作用。一般来说，在店铺交流区中，店主可以发布需要所有客户注意的事项，如笔者店铺中关于包邮的含义。有些热心的买家也会在这里留言，谈一谈他们的购买心得或咨询问题，这个时候店主就要快速作出回应，以满足客户的需要，如图2-12所示。

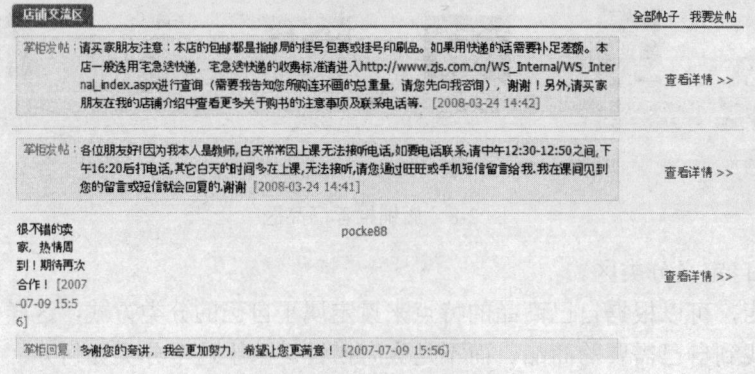

图2-12　店铺交流区

此外，在店铺的前台还可以查看店铺详细的信用评价和店铺介绍，如图2-13所示。

信用评价　TA的江湖　店铺介绍

图2-13　信用评价和店铺介绍

店铺名称区中虽然也有信用评价,但那个是总的评价,很简单。当客户点击"信用评价",就可以看到具体的评价了,如图2-14所示。

图 2-14 店铺评价区

而"店铺介绍"中可以显示出掌柜作出的店铺说明,用以帮助客户了解、购买店中的商品。

3. 店铺后台

店铺后台是C2C平台提供给店主进行网店管理的地方,只有店主在登录系统后才能看到和使用,客户是无法操作的。

进入淘宝网并登录后,点击"我的淘宝"—"已卖出的宝贝",即进入到店铺的后台,如图2-15所示。

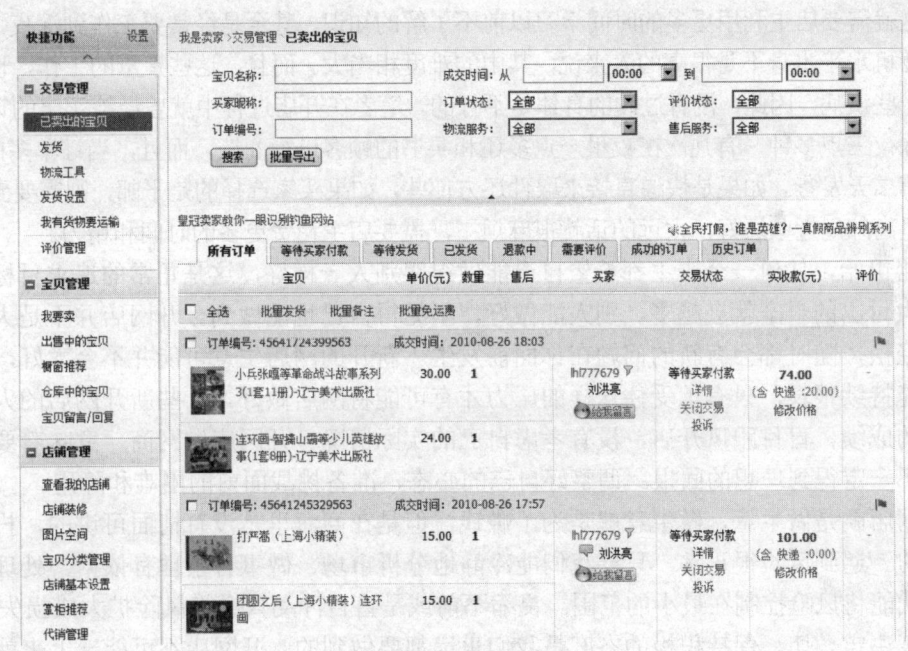

图 2-15 网店管理后台

店铺后台左侧是管理工具栏,右侧则用来显示管理的具体内容。管理主要有交易管理、宝贝管理和店铺管理等内容。这里最常用的管理内容是:对订单进行处理(已卖出的宝贝),包括修改价格、取消无货商品、取消订单、发货操作等;发布新商品(我要卖);对下架的商品再次上架(仓库中的宝贝);店铺管理等。

后文将对这些操作作具体的讲解,这里不再详细介绍了。

2.2 网上开店的准备

在了解了网店的相关知识后，来做网上开店的准备工作。

2.2.1 心理准备

想要开网店，作为店主本人就要有吃苦耐劳的精神、坚韧的毅力、过人的精力和体力，此外，还要有自我学习的能力和自觉性，具备这些条件才能胜任这份工作。

曾经有顾客和笔者交流，认为开网店只要每天晚上在电脑前坐坐，处理处理订单就可以了。这或许是没有开过网店的人最真实的想法。但事实并不是这样的。

首先要从心理上做好准备，开店会给自己生活上带来很多变化。

根据笔者的经验，在网店的购物行为，在节假日发生的机率远远高于工作日。而且，大多数在淘宝、拍拍等网站购物的人会通过洽谈工具软件与店主进行商谈。店主最好能够在第一时间与顾客进行交流，否则，这笔生意就可能失去了。所以说，开网店虽然是一个自由的职业，但是，自从网店开起来后，作为店主可能再也没有周末和节假日的休息时间了，同时也会失去陪伴家人的机会。

现在开网店，没有知名度是很难将生意做大的。如何宣传自己的店铺，如何提高自己店铺的流量，这就需要店主利用更多的时间学习以前不了解的知识，甚至是经常要工作到深夜，特别是对于计算机水平本身不是很高的人来说，其中的难度相当大。而且，这些繁重的工作，也会给身体带来一些疾病，因此，没有过硬的身体是不行的。笔者在开店过程中就曾经给卖出的订单进行包装到深夜三点多钟，有几次在夜里一点多还和买书的顾客进行商谈。而且，当订单多的时候，还要在第二天发货。如果是快递直接来取件还方便些，如果买家选择的是平邮，则需要到邮局去寄。家里离邮局近些还好，太远的话就很麻烦了，需要店主花费更多的时间和精力。

开店伊始，任何一个店主都希望自己能做得跟别人一样好，这是正常的追求目标。但是期望越大付出的艰辛就会越多，别人能做好，不见得自己也能做到。开网店并不是大家想象的那样轻松，随时都会有新的问题在你面前发生。新开的网店生意可能并不会太好，这个时间有可能持续很长，只有承受住这样的压力才有可能将网店做好。一些新开网店的人看到别的店主的成绩，盲目跟风开店，没有考虑自己的实际情况。开网店做网商，意味着要付出很多，但不一定得到理想的回报。调整好自己的心态，准备挑战面前的困难和障碍。

开网店就是做生意，做生意就是为了赚钱，但是在商海里是没有情面可讲的，投资也是有风险的。遇到风险很正常，只要我们能冷静地分析市场，做事有条理有依据，处理事情要决断，就能将风险控制在最小的范围。畏缩不前或是盲目冲动只会将风险扩大成损失。

态度决定一切。保持积极的态度是我们永远都要做到的。开网店不可能一上来就是一帆风顺，各种挫折打击都会遇到，每一个开网店的店主都是从零开始慢慢闯过来的，每个人对自己所处的环境都有不同的感受，我们不能让环境适应我们，只能去适应环境。适者生存，不适者淘汰，说的就是这样的道理。

2.2.2 硬件与软件准备

在做好开店的心理准备之后，就要着手硬件的准备了。

硬件，主要包括计算机、上网设备、数码摄像设备、语音聊天工具等。网上开店，最基本的硬件就是计算机和上网设备了。如果单是从网店运营管理的角度考虑，不一定非要拥有多么先进的计算机，只要能够满足自己的实际需要，即便花几百元买一台二手电脑也是可以的。有了电脑之后，还要让电脑能够上互联网。目前在北京地区上网方式主要有拨号上网、ADSL、Cable Modem、小区宽带等方式。拨号上网的方式不适合开店，因为这种方式上网速度慢，收取费用高（包括电话费和网费两部分，都是按小时计价）。ADSL、Cable Modem、小区宽带等方式都能满足开店的需要。至于带宽，当然是速度越快越好，但考虑到成本和实际需求，应选择满足自己日常使用的带宽为好。对于开网店而言，ADSL 的 512Kbps 足以完成日常经营活动了。

图 2-16 是北京 ADSL 上网方式的月费用情况表。

产品名称	上网带宽	月租费	月接入时长
限时	512Kbps	24.5元	20小时
	512Kbps	49.5元	40小时
	512Kbps	99.5元	100小时
	512Kbps	190元	200小时
	1Mbps	30元	20小时
	1Mbps	55元	40小时
	1Mbps	65元	50小时
包月	512Kbps	120元	不限时
	1Mbps	138元	不限时
	2Mbps	188元	不限时
	4 Mbps	258元	不限时
计时	2Mbps	0.05元/分钟	不限时

图 2-16　北京 ADSL 资费

从网店经营角度考虑，选择512Kbps或1Mbps带宽的包月形式在性价比方面比较高。

图2-17是歌华有线的Cable Modem上网方式收费情况。

资费类型	1M信息传输费	2M信息传输费	4M信息传输费（暂计划2010年8月推出）
包月	100元/月	135元/月	180元/月
包半年	600元/7个月（买六赠一）	800元/6月（合133元/月）	1000元/6月（合166元/月）
包年	1000元/12个月（买十赠二）	1200元/12月（合100元/月）	1800元/12个月（合150元/月）
包两年	暂无	2200元（合92元/月）	暂无

图 2-17　北京歌华有线宽带资费

从这张资费表上看，歌华宽带的费用要低于 ADSL，笔者所用的上网即为歌华宽带 2Mbps

方式。但从使用效果上看，歌华宽带的稳定性不如 ADSL，上行速度（上传文件速度）比 ADSL 慢，但考虑到性价比，还是具有优越性的。不过歌华宽带不是所有的地方都可以安装和使用，只能在歌华宽带的开通地区申请。

北京还有众多的小区宽带，带宽和收费标准也不同，便宜的一个月只有 50~60 元。究竟选择什么样的上网方式要根据实际情况选择。

在开店之后，肯定要上传商品，商品描述中有一项最关键的就是要上传商品的图片。图片应该是真实的实物图，图片应该能反映实物的各个侧面，即一个商品就要有多张图片来展示。为了向客户提供真实的图片，需要购买一台数码相机。由于在网店上传图片的时候有图片大小和像素分辨率的要求，数码相机的分辨率有 200 万像素足够了。目前市面上的相机就是最低档的也差不多有 500 万像素，足可以满足开店的需要了。

根据开店所卖商品的不同，提供照片的工具也可以采用扫描仪，像笔者的店铺卖的是书，书这种商品，用扫描仪展示要比数码相机更为合适。

有时，有些客户可能还想查看实物（不是图片），那么店主可以再购买一个清晰度高的摄像头，这样通过聊天视频软件可以将实物展示给客户。市面上百元之内的摄像头就可以胜任这项工作。如果有些客户想语音沟通，店主应该再准备一个话筒，这样就可以通过聊天软件中的语音聊天功能进行商谈了，效率要比打字快不少。

开店所做的另一个准备工作就是软件方面。主要是要熟练掌握计算机的基本操作（操作系统，如 Windows XP/7 等；上网软件如 IE 浏览器等）、文字编辑工具（如记事本、Word 等）、进销存软件（也可以通过 Excel 电子表格自己编写进销存记录）、图像处理工具（如 Photoshop 或其他的图像软件）等的使用。

用相机或扫描仪照出的实物图片肯定过大，在上传前需要将图片的像素降低，可能还要裁剪掉相片的一部分内容，这都需要利用图像处理工具。Photoshop 自然是图像处理软件的首选，但如果操作者只是改变图片大小，也可以利用一些免费的小工具软件，需要的时候可以到网上搜索、下载之后使用。图 2-18 是压缩图片的实例。

名称	日期	类型	大小
img001.jpg	2010/8/15 14:56	JPEG 图像	2,108 KB
img002.jpg	2010/8/15 15:00	JPEG 图像	1,592 KB
img003.jpg	2010/8/15 17:19	JPEG 图像	1,922 KB
img004.jpg	2010/8/15 17:21	JPEG 图像	1,925 KB
img005.jpg	2010/8/15 17:23	JPEG 图像	1,880 KB

图 2-18　扫描得到的原始图片文件列表

笔者在销售连环画的时候总是先将实物扫描，扫描后的文件一般都很大，如淘宝规定上传的图片大小不能超过 500KB，而这些文件都是 2MB 左右的，这就需要对图片进行缩小，这种情况下，可以用 Photoshop 进行处理。步骤如下：

启动 Photoshop，打开需要处理的图片，单击"图像"－"图像大小"命令。注意一定要勾住"约束比例"这一选项，否则图像宽和高将不成比例，导致变形。在这里设置一下宽度或高度（修改其中的一个就行了），如图 2-19 所示。然后单击"文件"－"存储为"命令，选择好保存位置后单击"保存"，Photoshop 会弹出一个 jpeg 压缩的选项对话框。在这个对话框中可以看到文件保存后的大小，只要满足大小在 150KB 以内就可以，如图 2-20 所示。

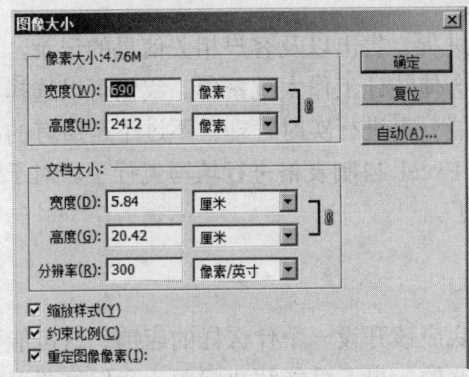

图 2-19　在 Photoshop 中更改图片像素大小　　图 2-20　Photoshop 保存 jpeg 文件品质选项

使用 Photoshop 可以确保图片在压缩过程中不会变形变色。当然，如果店主惯使用其他的图像处理软件也可以。

但对于批量图片而言，这样修改太麻烦，可以进行批量处理。这种批量处理图片的软件很多，2.4 节介绍的 isee 就可以完成这样的任务。这里先介绍一个名为 Photo Resize Magic 的软件，启动后界面如图 2-21 所示。

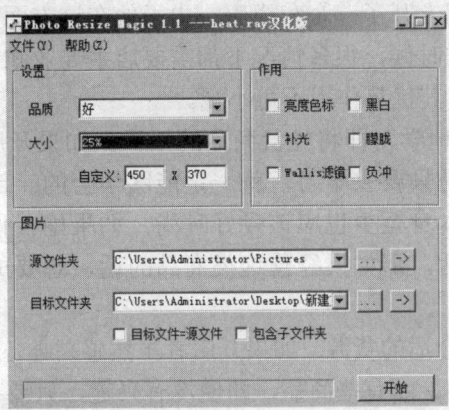

图 2-21　Photo Resize Magic 软件界面

这里只需要选择压缩的大小（原照片的百分比）、压缩后图像的大小（这里默认值为 450×370 像素，可根据需要调整）、图片所在的位置（源文件夹）以及批量压缩之后要放置的位置（目标文件夹）即可，当然也可以在右侧的作用区中选择几种效果。单击开始后图像压缩就自动进行了。处理后的图片文件列表如图 2-22 所示。

名称	日期	类型	大小
img001.jpg	2010/8/27 15:44	JPEG 图像	291 KB
img002.jpg	2010/8/27 15:44	JPEG 图像	208 KB
img003.jpg	2010/8/27 15:44	JPEG 图像	176 KB
img004.jpg	2010/8/27 15:44	JPEG 图像	179 KB
img005.jpg	2010/8/27 15:44	JPEG 图像	100 KB

图 2-22　对图 2-18 中的图片文件处理后的文件列表

对比图 2-18 和图 2-22，可以很清楚地看到图像缩小了很多，如果这时发现这些图片还是比淘宝上传的大小限定大，可以继续刚才的操作。

在开店的销售过程中，店主还应该做好有关进货、售出以及客户相关信息的记录，以便于及时调整库存数量。如果是用笔记录在本上，会使统计工作太过繁琐。我们可以选择一个比较好用的进销存软件（最好带客户关系管理功能）来进行实时管理。不过不是所有的店主都能掌握这些软件，最简单的方式，我们可以用 Excel 自制表格进行填写就行了。对于记账的部分还会在第 5 章详细论述，这里就不再讨论了。

2.2.3 市场调研与数据分析

在开店前，我们应该仔细思考一下，自己到底应该开设一个什么样的店铺？这可能要多花费一些时间和精力，但仅仅凭脑子想是远远不够的，也不可能解决问题。我们需要深入地进行市场调研和相关的数据分析。

不过，在分析之前，根据开店者的经验，有三点问题还是要首先考虑的。

（1）开店者自身到底对什么感兴趣？有人说，学习的时候，兴趣是最好的老师。开网店销售商品本身也是一个学习的过程。开店者如果对某一类产品比较感兴趣，那么他开店经营此种商品也就具有了更大的成功可能性。我有一个开店的朋友，他自身是一个车模迷，对历史上的各类车模非常有兴趣，自己也搞这方面的收藏。后来他在收藏车模的过程中，找到了合适的货源地，于是就在网上开了一个车模店。由于他在这方面知识非常丰富，网店的业绩非常好。顾客在购买商品的时候，很多情况下都需要店主专业知识的点拨。因此，丰富的专业知识对于产品销售而言，其优势作用不可小视。

（2）开店者能否深入地学习即将经营商品的知识。如果开店者对该类商品有兴趣，自然学习起来不难，但并不是只要去学习，就一定能够学会的。比如，一个人开店经营时尚类的商品，那这个开店者本身至少也应该爱好时尚。如果她（他）不喜欢时尚，也无法做到让自己学会喜欢时尚的话，那如果经营这类商品的话，想要成功，取得不错的业绩，就非常困难了。

（3）开店者能否找到合适的货源。如果开店者虽然感兴趣，但并不能找到货源，那开店的想法最终也是无法实现的。而有些商品，即便没有兴趣，只要有货源渠道也可以经营。大家可以参看淘宝上销售打折邮票的，大部分这样的店铺信誉级别都很高，这是因为这样的商品销售量会比较大。薄利多销，永远是网店赚钱的途径。经营这种商品，关键是货源。

如果这三点考虑清楚了，自己开店经营什么商品也就明确了。不过，更多的网上创业者可能在开店前并不能明确自己究竟能够卖什么，这样的话我们就需要通过市场调研和数据分析来寻找答案了。

首先，我们应当多在淘宝这样的 C2C 平台上逛逛，看看什么行业的店铺商品卖得好，然后考虑一下自己是否也可以做这一行。

其次，我们可以在网上多查找一些关于电子商务网络购物的权威研究数据，从这些数据中找到自己即将销售的商品。

艾瑞网（www.iresearch.cn）就是一家研究互联网及电信相关领域成果，融合更多行业资源，为业内人士提供更丰富的产业资讯、数据、报告、专家观点、高层访谈、行业数据库的站点。每一季度艾瑞网都会公布网络购物的相关数据和分析。

根据最新的数据显示，2010 年 7 月我国网络购物访问人数已经增至 1.38 亿人。其中，九成以上的用户访问过淘宝网、拍拍网等 C2C 购物网站，近六成的用户访问过京东商城、当当网、卓越亚马逊等 B2C 购物网站，如图 2-23 所示。

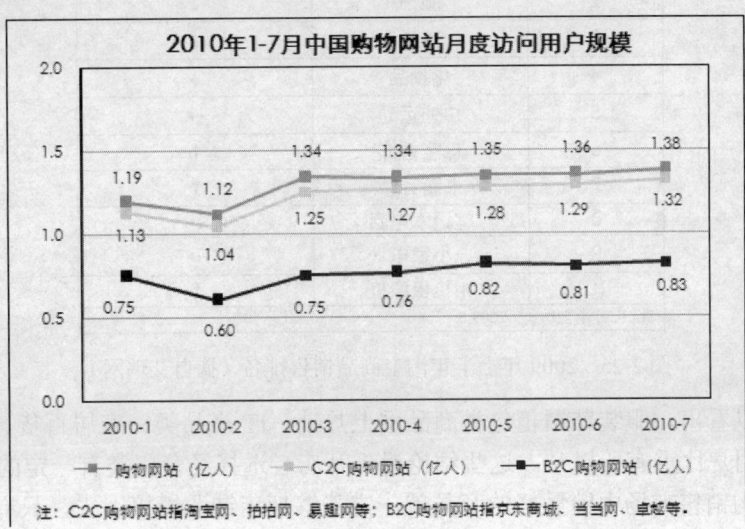

图 2-23　2010 年 1～7 月中国购物网站月度访问用户规模图（摘自艾瑞网）

这些迅速增长的网购人群，是保障我们网上开店能够取得良好业绩的人群基础。根据相关的调研表明，18～25 岁年龄段是网购行为偏重的人群，同时他们也是未来网络消费的主力军。这就提示我们，我们开设的店铺所经营的商品，可以围绕着符合这个年龄段的人的兴趣和爱好来选择。

图 2-24 显示的是 2008 年网民最常购买的商品种类排名。网购市场也是在不断变化的，图 2-25 显示的是淘宝网 2009 年上半年的商品销售排行榜。

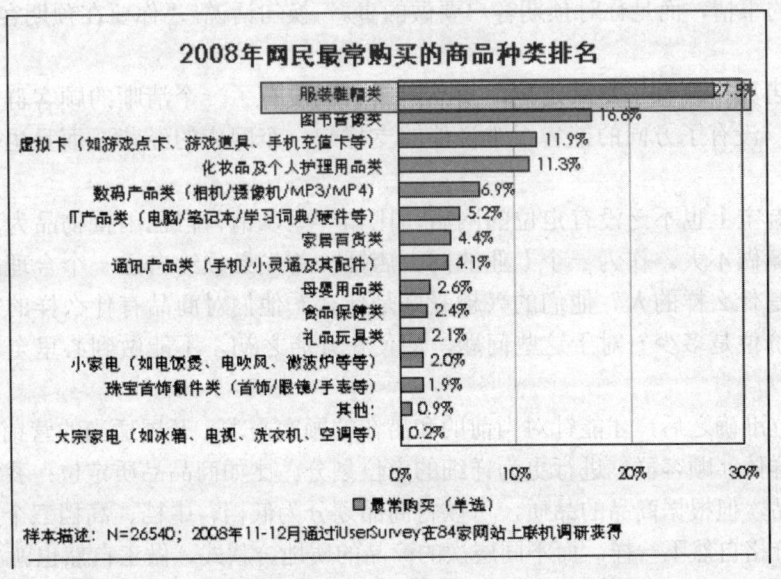

图 2-24　2008 年网民最常购买商品种类排名（摘自艾瑞网）

2009年上半年淘宝商品销售排行榜（按销售额排名）

排名	类目	较08全年变化情况
1	家居日用	↑
2	服饰	↓
3	手机	↓
4	化妆品	↓
5	户外运动	→
6	珠宝首饰	↑
7	书籍音像	↑
8	笔记本电脑	→
9	小家电	→
10	相机摄像机	↑

Source：企业访谈，2009.8

图 2-25　2009 年上半年淘宝商品销售排名（摘自艾瑞网）

从这里可以看出，服装鞋帽箱包类商品网上热销，IT 产品类、家居百货、礼品玩具、大小家电等常购用户比重有所提升。这些结论对于开店者选择经营门类有一定的启示作用。

但并非网购销售市场中销量好的商品就一定能够把店铺业绩搞上去，只有具备了一定的条件，如某行业的知识、经验丰富、能找到合适的货源等，才可能开店经营热门商品。

因此，有的时候开店销售的产品虽然是冷门，但可能业绩却不平凡。

2.2.4　商品定位与货源选择

同样的商品，经过闪亮的包装在专卖店出售，就是价格高昂的名牌，而如果在小市场上卖，可能需要处理才能销售出去。这其中的差别，就涉及到商品定位的问题。

商品定位，是一个市场营销学的术语。如果进行通俗的解释，可以理解为针对不同的客户群，就要有相应的营销措施。正如营销大师菲利普·科特勒一再强调的那样："定位不是你对产品要做的事情，而是你对预期客户要做的事。"换句话说，"你要在预期客户的头脑里给产品定位"。

网上开店如果没有了商品定位，商品的销售就没有了一个清晰的顾客群体，销售也就没有了方向，没有了方向的销售很难说能够支撑起一个网店的经营，而且也会对顾客失去吸引力。

当然，淘宝上也不乏没有定位的网店，比如一些以销售自己闲置物品为主的店铺，但这类店铺毕竟做不大。作为一个专业的网上店铺，首先必须给自己一个合理的定位：你所面临的顾客是什么样的人？他们的兴趣爱好是什么？他们对商品有什么样的需求？他们对商品的心里价位是多少？对于这些问题，即使在开店之初，不能做到心里全部有数，也应该时刻留心。

商品定位准确之后，才能针对当前的和潜在的顾客需求，开展适当的营销活动。其次，要根据目标群体（顾客群）进行更为详细的定位划分。比如商品品质定位：我们虽然经营同一类别的商品，但根据商品的品质，可以将商品划分为低档、中档、高档三个层次，这三个层次的产品价格自然不一样，而不同层次的商品的质地、款式、做工自然也就不同。

以书为例，市场上同一出版社的同一种书，可能会有平装版、精装版、豪华版甚至礼品装，价格不一样，而书的销售对象也自然不同。再比如首饰网店中，可以有几十块钱的普通首饰，也可以有数千元，甚至数万元的钻石首饰。至于如何统一调配档次之间的矛盾，可以从风格、质地上着手。

其实在淘宝上销售的商品是五花八门、千奇百怪的。有些商品被店家定位为赚取信誉度的商品，那这类商品必然价格低、实用性强。我们可以试着在淘宝中搜索"阿里旺旺"和"淘宝助理"（这两个都是淘宝提供的开店工具，阿里旺旺是交流工具，而淘宝助理是店主上架商品的利器，在淘宝网中都可以找到相关内容）。但因为有的开店新手可能并不了解这两个软件，甚至可能找不到它们的下载位置。此时，出售这类商品的店主就有了市场。

图 2-26 和图 2-27 分别显示了这两个软件的搜索结果。图 2-26 中显示阿里旺旺链接居然达成 472 笔交易。有人可能觉得这个 1 分钱的交易没有什么，但如果买家都给这位店主好评的话，这位店主就能轻易通过这 472 个交易将店铺信誉进入到一钻的行列中。要知道，一般的店主靠实体商品销售的话，达到一钻需要付出多少的心血和时间啊！这位店主对这类商品定位可以说是很成功的。

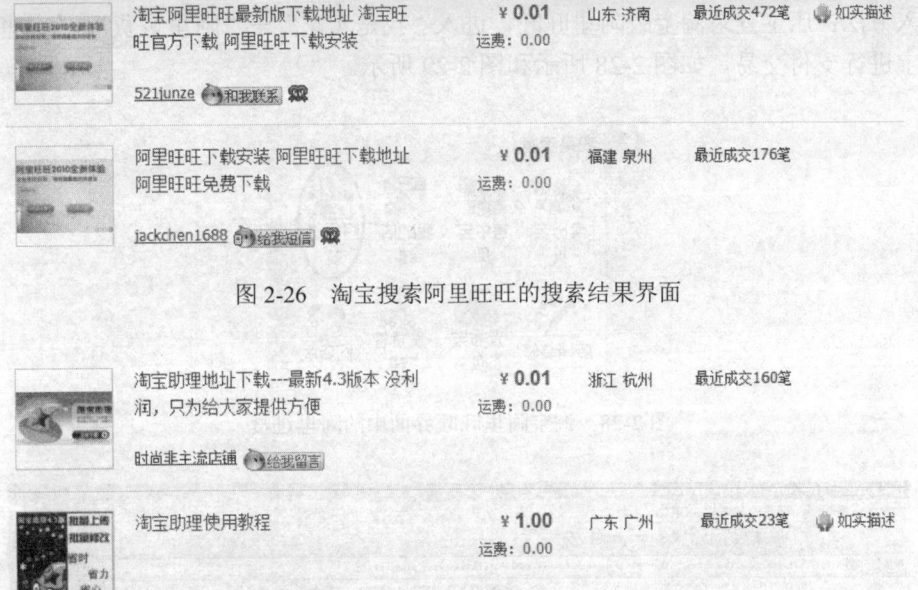

图 2-26　淘宝搜索阿里旺旺的搜索结果界面

图 2-27　淘宝搜索淘宝助理的搜索结果界面

在淘宝上销售商品要尽可能选择淘宝上有销售，顾客有需求，但目前却没有多少掌柜在销售的商品。具体是什么，很难说清楚，这也就是我们常说的市场洞察力。或许有人赚钱，有人亏钱，大都因为眼光不同，反应速度不同。怎么找到这一类商品呢？得依据我们自身的资源来确定。有些人，他的家人或朋友就是某某公司的员工，或者干脆就是自己办公司的，开实体店的等等，那他就有现成的货源，当然可以直接确定自己的店铺定位并销售现成的货源；有些人，有资金实力，本身又有做批发的经历经验，他当然可以凭自己敏锐的市场眼光，选中某一类商品批量进货来做。假如你都不是，你自己所有的资源就是有些多余的时间，既没有经商的经验，也没有现成的货源，这就需要你去找货源，通过专门提供代销的大厂家或经销商、批发商进货。

像一些大城市，都会有一些批发零售市场，我们可以试着从那里采购货源。既然是批发，那我们一次性采购的商品就不能太少。但在我们开店前，我们可能并不清楚哪个商品好卖，哪个不好卖，如果不好卖的进货太多，就会造成商品积压，给我们带来经济损失。但如果进货量太少，又不可能拿到优惠的批发价格。一般从批发商手中进货，可以采取一次性多采购商品种类的方式来弥补每类商品采购数量少的缺陷。根据开店的经验，如果不知道每件商品的热销程度，每件商品一次性采购3~5件就可以了。采购的时候，要多问几家批发商价格，在商品质量相当的情况下，选择最便宜的批发商。采购的时候，可以和批发商讲清楚今后还会继续从他那里进货，争取拿到最优惠的价格。一般来说，这种批发，不要一件一件去挑选，因为批发不同于零售。而好的批发商，也会允许你在以后货物出现问题的时候进行换货处理。开店者如果能和批发商维持好关系，拿到最优惠的批发价格，店铺经营也就有了一个良好的开端。

对于生活在小城市、乡镇中的人来说，如果在现实中没有合适的货源，也可以采用从网上进货的方式。淘宝提供了针对中小卖家的"阿里进货"的批发方式。

进入方法：店主登录淘宝版阿里旺旺，进入"我是卖家"—"阿里进货"，在这里可以利用支付宝进行支付交易。如图2-28所示和图2-29所示。

图2-28 淘宝阿里旺旺界面中的阿里进货

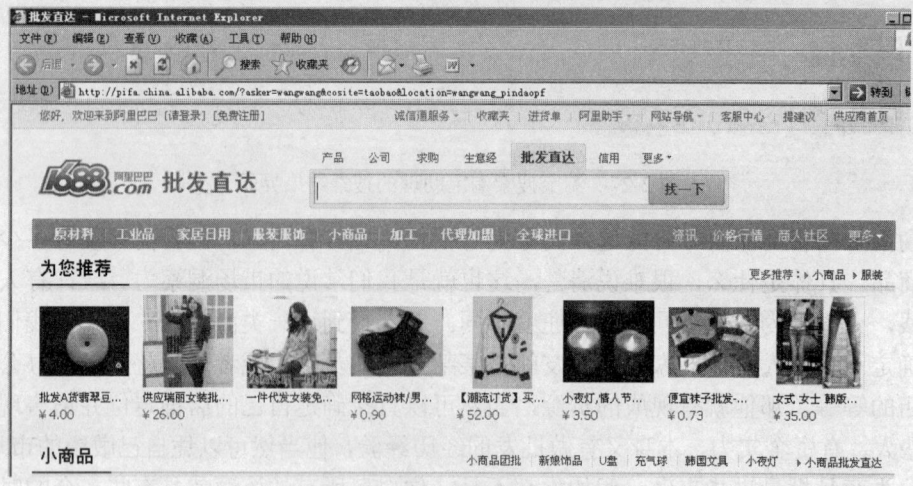

图2-29 阿里进货对应的链接页面

2.2.5 开店平台选择

现在网上的开店平台多种多样,有大众化的 C2C 平台,如淘宝、拍拍、易趣等,也有带专业特色的平台,如中国收藏热线、孔夫子旧书网等。

这些不同的网上开店平台的功能、服务、操作方式和管理水平相差较大,对于一个想在网上创业开店的人而言,到底应该选择哪一个平台呢?其实,理想的电子商务平台应该具有这样的基本特征:良好的品牌形象、简单快捷的申请手续、稳定的后台技术、快速周到的顾客服务、完善的支付体系、必要的配送服务,以及售后服务保证措施等。当然,还需要有尽可能高的访问量,具备完善的网店维护和管理、订单管理等基本功能,并且可以提供一些高级服务,如对网店的推广、网店访问流量分析等。此外,收费模式和费用水平也是重要的影响因素之一。

因此,如果是销售某一种具有特色的商品,而这种特色商品又有某一特定目标群体,那么可以选择面向这类特定目标群体的专业级开店平台。而大多数开店的人,销售的多是大众化商品,这样就应该先选择 C2C 平台。我们当然可以同时在多个平台上进行开店,但对于初学者而言,没有比较丰富的网店运营经验,开得太多,可能会牵扯自身更多的精力,反而做不好网店了。最好的方式是先选择一家平台,在销售业绩上去之后,再在其他网站上开网店。

对于大众化的 C2C 平台,首选就是淘宝网,这主要是由淘宝网在 C2C 平台中的地位决定的。截至 2009 年底,淘宝拥有注册会员 1.7 亿,2009 年全年交易额达到 2083 亿人民币,是亚洲最大的网络零售商圈。据艾瑞咨询调查显示,淘宝网占据国内电子商务 80%以上的市场份额。2008 年,"大淘宝战略"应运而生。秉承"开放、协同、繁荣"的理念,通过开放平台,发挥产业链协同效应,大淘宝致力于成为电子商务的基础服务提供商,为电子商务参与者提供水、电、煤等基础设施,繁荣整个网络购物市场。为社会创造 100 万个直接就业机会是大淘宝最重要的目标。截至 2009 年底,已经有超过 80 万人通过在淘宝开店实现了就业(国内第三方机构 IDC 统计),带动的物流、支付、营销等产业链上间接就业机会达到 228 万个(国际第三方机构 IDC 统计),目前每天全国三分之一的宅送快递业务都因淘宝网交易而产生。淘宝不仅仅提供销售平台,也为卖家提供了营销推广、支付、仓储运输等全套服务。

因此,如果准备在 C2C 平台上开店的话,淘宝是首选。

2.3 申请与开通店铺

下面以在淘宝网上开店为例进行讲解。

2.3.1 注册淘宝会员

首先,在开店之前,应该先成为淘宝网的注册会员。下面是注册淘宝网会员的方法。

(1)在浏览器地址栏中输入淘宝网的地址:http://www.taobao.com,进入到淘宝的首页。在首页的左上方,有"免费注册"的链接。单击它,进入注册页面,如图2-30所示。

(2)目前淘宝开通了两种注册方式:手机号码注册和邮箱注册。选择其中的一种即可,如图2-31所示。

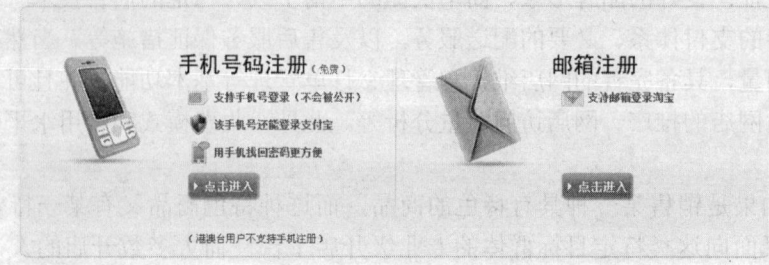

图 2-30 淘宝网首页

图 2-31 注册淘宝网会员

这里为了简便操作,可以选择手机号码注册方式。单击"点击进入",进入到填写会员信息的页面,如图2-32所示。

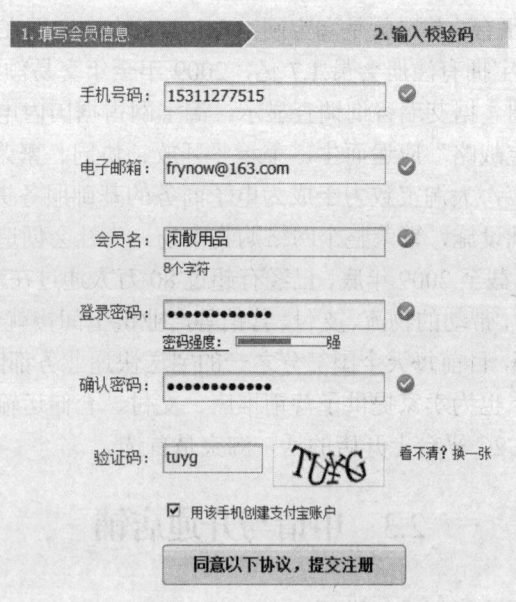

图 2-32 以手机方式注册淘宝会员

(3)先查看最下方淘宝网和支付宝的用户协议,在接受其协议的前提下,将自己注册的相应信息输入完毕后,单击"同意以下协议,提交注册"按钮。淘宝网会进入到验证页面。同时,对于注册者而言,注册时的密码一定不能忘记。此外,在申请时,输入的密码要复杂些,比如包含数字、字母以及一些特殊字符,这样不容易被不法之徒破解。

(4)淘宝网会通过短信的形式向注册的手机号码发送一条短消息,里面包含了进一步注册的验证码,将这个验证码输入到注册的下一个验证页面即可,如图2-33所示。

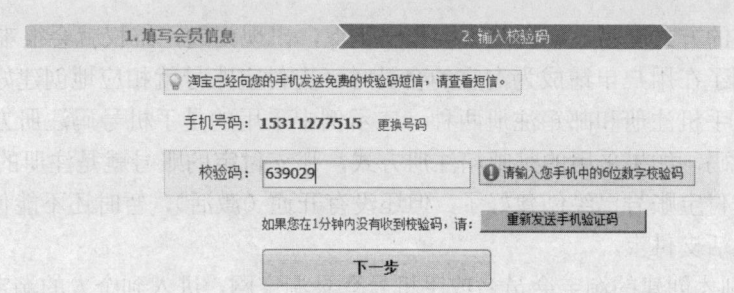

图 2-33　填写会员信息

（5）输入完手机中接收到的验证码后，单击"下一步"。注册成功，如图2-34所示。

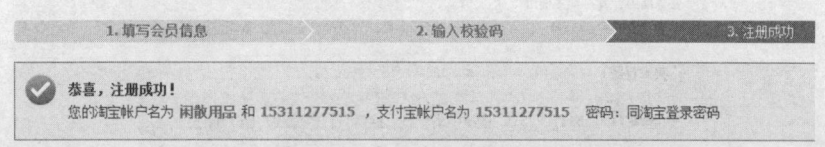

图 2-34　淘宝会员注册成功

手机注册方式成功后，登录淘宝网时会员名可以输入注册时的手机号，也可以使用淘宝账户名。作为注册者，一定不要忘记注册时的密码。采用手机注册，淘宝网会自动为该会员创建支付宝（支付宝的概念将在下一节中详细介绍）的账户名（即为手机号码），登录密码是淘宝网登录的密码。

到现在为止，淘宝网的会员已经注册成功了。但支付宝还未激活，这就需要进一步开通支付宝。

2.3.2　开通支付宝

支付宝是淘宝网的支付工具。那么，到底什么是支付宝呢？在支付宝的网站上，是这样定义支付宝的："支付宝（中国）网络技术有限公司是国内领先的独立第三方支付平台，由阿里巴巴集团创办。"支付宝其实就是一个独立的电子账户，我们可以通过网上银行将自己借记卡中的钱存储到这个账户中（这个操作在支付宝中称为充值），在交易的过程中，可以将自己支付宝账户中的钱转到对方的支付宝账号中（请注意，这个"转"的过程是暂时的，只有当买家收货确认后，这笔钱才真正支付给卖家）。有人可能会问："那如果买家收到货不确认怎么办？"按照淘宝网的规定，确认收货是有时间限制的，一般平邮的有效时间是 30 天，快递是 9 天。即根据运货方式，当到了最后有效时间后，买家没有提出退款的要求时，这笔钱就会自动真正地打入卖家的账号里，买家不能再索回。那有人又会问："如果买家收到货还要退款怎么办？"这个就属于交易纠纷了。网络上有淘宝网的交易纠纷处理规则，双方如果出现纠纷的话，可以申请淘宝的客服介入，最终按相关规则处理。

有人可能会问，我不使用支付宝行不行？淘宝网是强烈推荐使用支付宝支付的，这样可以防止拿货不给钱或拿钱不发货的欺诈行为。因为选择支付宝方式付款，就意味着受支付宝交易纠纷处理规则的约束。所以，淘宝规定每个店主上架的商品必须要支持支付宝，否则将会处理店主。如果客户不使用支付宝支付，那就只能采用银行转账、邮局汇款等方式，其购物的安全性就要大打折扣了。当然，如果是同城直接见面交易也可以避免欺诈行为。但只要是不使用支付宝的方式交易，淘宝就不会作出担保，出现问题，维权就会很难。

上一节提到了在用户申请成为淘宝的会员时，支付宝账号就相应地创建好了。前面曾介绍过，淘宝网有手机注册和邮箱注册两种，在示例中采用的是手机号码注册方式，其支付宝账号就是手机号码，如果采用的是邮箱注册方式，那支付宝的账号就是注册的邮箱名称。

虽然此时支付宝账号已经创建好了，但还没有开通（激活），暂时还不能使用。下面就来介绍一下如何激活支付宝。

（1）使用刚才创建的淘宝会员名或手机号登录淘宝网，进入到个人的淘宝首页（如果不是这个页面的话，可以点击淘宝网右侧上方的"我的淘宝"链接），如图 2-35 所示。

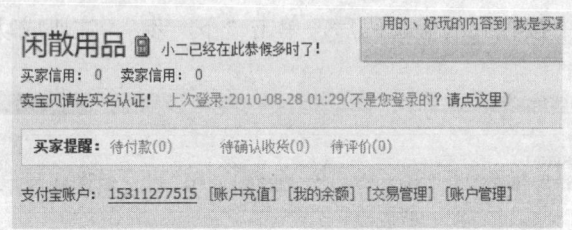

图 2-35　淘宝会员个人首页提示

注意到支付宝账户上有"账户管理"一项，单击它。

（2）进入到的页面如图 2-36 所示，请注意状态未激活，单击"点此激活"链接。

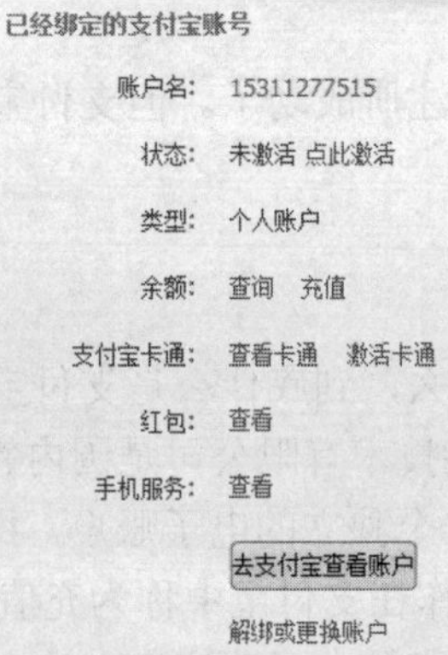

图 2-36　激活支付宝的操作

（3）此时支付宝启动激活向导。第一步是输入注册用的手机号码，如图2-37所示。

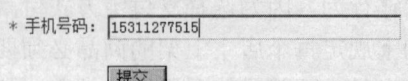

图 2-37　激活支付宝填写手机号码

（4）单击"提交"后，支付宝会向注册手机发送一条包含激活码的短消息，将发送来的验证码输入到出现的页面中，如图 2-38 所示。

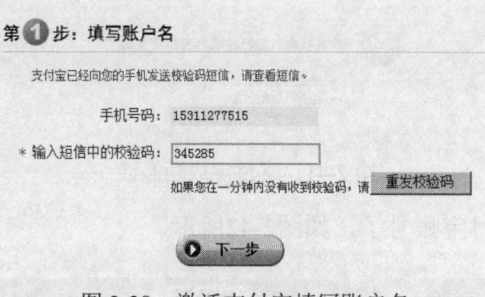

图 2-38　激活支付宝填写账户名

（5）单击"下一步"，进入到支付宝相关密码设定页面，如图 2-39 所示。

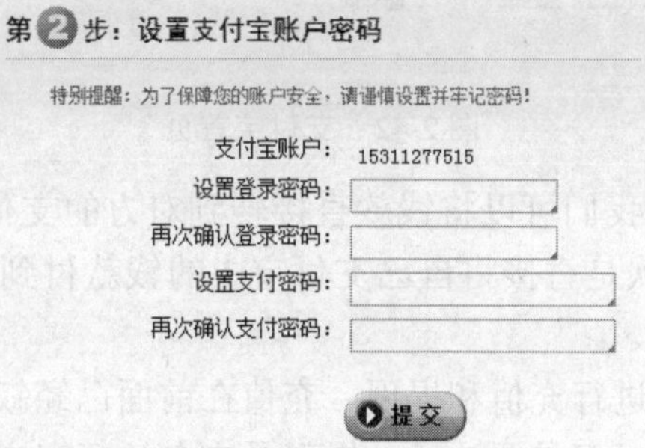

图 2-39　激活支付宝设置账户密码

在此页面中需要输入支付宝的登录密码和支付密码。请注意，这两个密码一定要设成不相同的，这样可以提高安全性。登录密码，就是我们今后在登录支付宝时需要输入的密码，支付密码，则是在付款和确认收货时的密码。

（6）提交后进入到补全支付宝账户信息页面中，如图2-40所示。

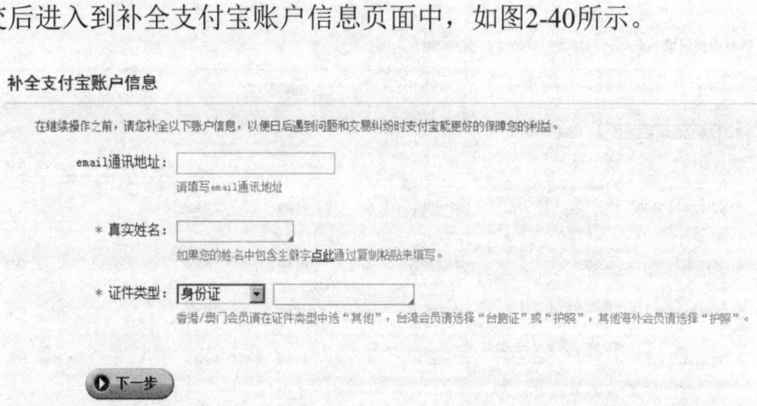

图 2-40　补全支付宝账户信息

这里要特别注意的是：准备开店的店主在这里一定要写自己的真实姓名和有效身份证号码。因为淘宝开店是实名制的，如果不是自己的信息，将来开店后管理店铺将会有很多意想不到的麻烦。

(7)输入完信息核对无误后,单击"下一步",系统会显示成功激活的提醒页面,如图2-41所示。

图 2-41　支付宝成功激活

此时可以登录进入支付宝账号了,如图2-42所示。

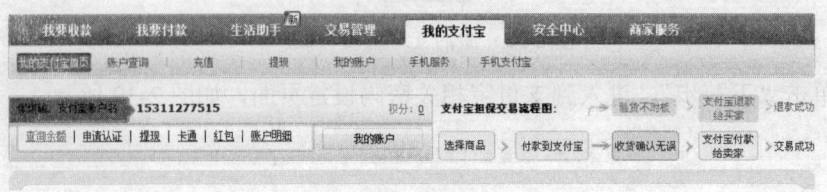

图 2-42　支付宝首页

在支付宝管理页面中,我们可以将钱款直接转到对方的支付宝账号中("我要付款"功能)。但要注意,这里的付款是直接将自己支付宝中的钱款付到对方的账号中,而不是像淘宝交易中那样收货后再确认。

在支付中,我们也可以进行充值和提现。充值在前面已经叙述过,提现则是将支付宝中的余额转到自己的银行卡中。但是要注意,提现是实名认证客户才能使用的功能。目前我们只是申请开通了支付宝,还没有进行实名认证,也就是说,不具备提现的功能。如何进行实名认证,将在下一节中介绍。

此外,在支付宝中还有一个功能就是交易管理。这里的交易包括买和卖的所有行为,只要是通过支付宝付款或收款,都会有记录。图2-43是笔者支付宝账号中的交易管理部分的信息。

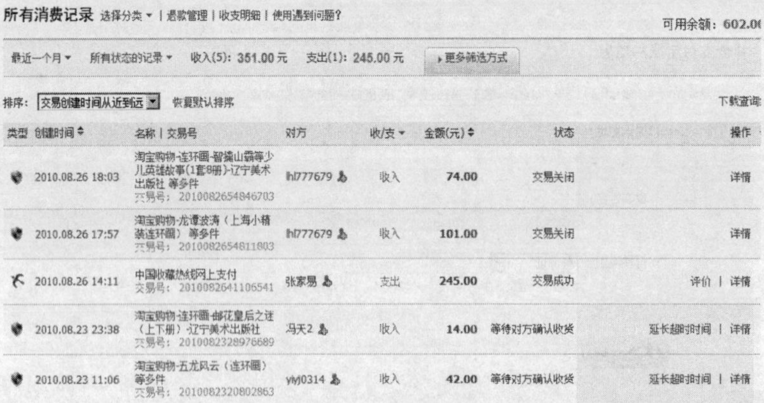

图 2-43　支付宝的消费记录

实际上,淘宝网和支付宝是两个不同的公司,但都是阿里巴巴公司创建的。在淘宝的交易中,采用的支付方式是支付宝,所以,在支付宝中进行操作并不完全等同于在淘宝中操作,但是,要在淘宝中开店,必须是实名制。实名制的认证办法,就是实名支付宝账号。因为支付宝账号是和淘宝网关联好的（淘宝网中称为绑定），这一点使用者一定要注意。

2.3.3 实名认证

上一节讲到了如何开通支付宝。作为想开店的会员，必须实名认证后才能开店。如何实现实名认证呢？

（1）重新以会员身份登录到淘宝网，单击"我的淘宝"链接，进入会员的首页（见图2-35）。注意会员信息下面"卖宝贝请先实名认证"的提示。单击"实名认证"链接。

（2）系统进入到实名认证向导页面。此时会发现，实名认证的是支付宝，而不是淘宝会员，如图2-44所示。

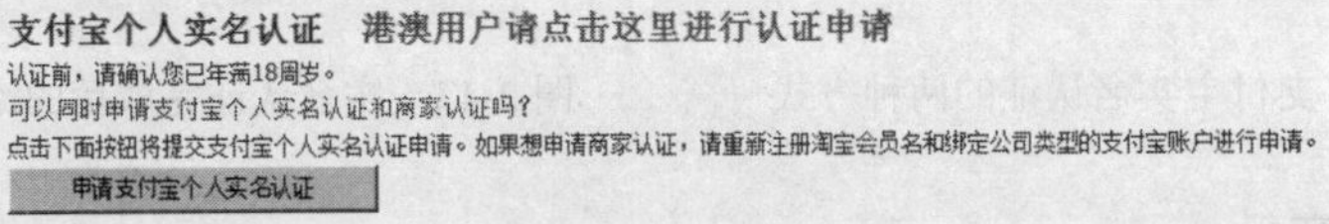

图 2-44 申请支付宝个人实名认证

这里讲的开店多是个人，一般只要申请支付宝个人实名认证即可。想要进行商家认证的会员，必须要有工商执照才可以。

单击"申请支付宝个人实名认证"，进入到下一步。

（3）这一步是签署实名认证的协议。我国公民必须要年满18岁才能实名认证。同意其协议后，单击"立即申请"，如图2-45所示。

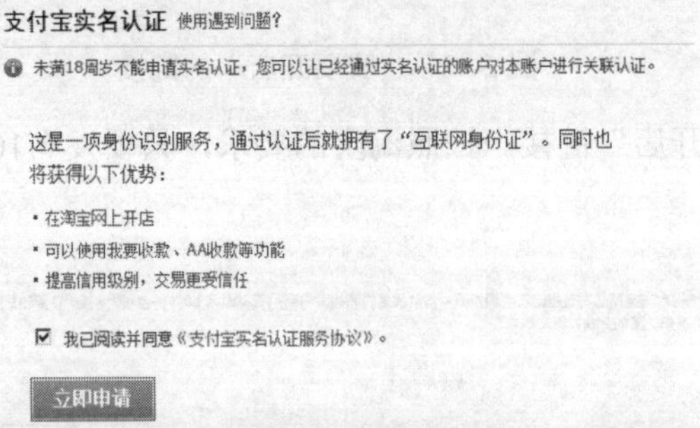

图 2-45 申请支付宝实名认证协议

（4）有两种认证方式，一种是通过银行汇款余额进行认证，另一种是申请支付宝卡通，如图2-46所示。

通过银行汇款余额认证的规则是这样的：由于现在银行都是实名制存款，所以只要在实名认证时提供自己的一个银行账号，支付宝会在1～2天内向该银行账号打入一笔钱并要求会员输入这笔钱的具体数额，当申请者查询到这笔钱时向认证系统输入具体的数额，输入的数额正确时，就表明申请者的身份是对的，实名认证也就完成了。

申请支付宝卡通进行认证的规则是这样的：到与支付宝合作的银行（如工行、建行等）申请办理一张专门的银行借记卡，这种借记卡比较特殊，称之为"支付宝卡通"。这是由于在填写开卡的信息时，需要填写支付宝账号。当这张借记卡开通后，支付宝公司也就同时更新了支付宝的数据库，相应的淘宝会员自然得到了实名认证。

无论哪种方式，申请者均要提供个人的真实姓名和有效证件号码。

具体过程不再详细介绍只要按照向导的提示操作就可以了。

当实名认证完成后，再次登录我的淘宝，如图2-47所示就表示该会员已经通过实名认证了。

图2-46　支付宝实名认证的两种方式　　　图2-47　实名认证完成后的淘宝网个人首页界面

2.3.4　发布商品

进行实名认证后就可以在淘宝上开店了。

（1）登录淘宝，进入到我的淘宝首页，如图2-48所示。

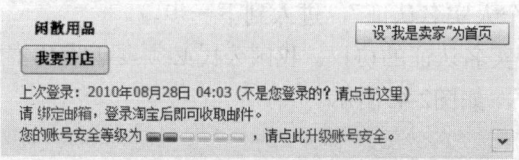

图2-48　"我要开店"的链接

单击这里的"我要开店"链接。按照淘宝的要求，只要发布10件不同的商品，就可以免费开店，如图2-49所示。

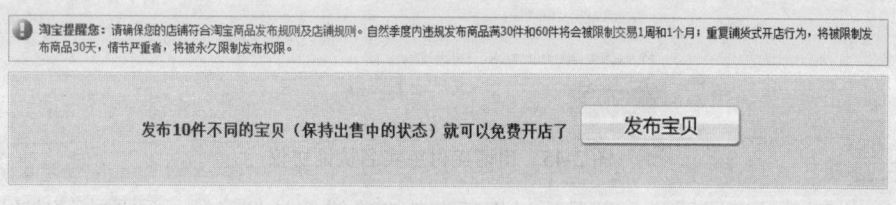

图2-49　"发布宝贝"的链接

（2）单击"发布宝贝"按钮，进入到发布商品的向导页面，如图2-50所示。

图2-50　发布宝贝的两种方式

淘宝网中的商品有两种发布模式：一口价和拍卖。一口价是由店主定好的价格，买家拍下即可买到。拍卖则是竞拍的方式，即店主规定一个初始价格和一定的加价幅度，在规定的时间内出价最高的买家最终得到此商品。一般来说，店主可以通过低起价拍卖的方式迅速提高人气。下面分别看一下这两种发布商品的方式。

（3）单击"一口价"，进入选择类目的页面。在这个页面中，需要选择所售商品的分类，不同的商品分属不同的分类，不同的分类中下面又有一级子分类。在这里，以出售一个双飞燕K3-220型8键鼠标为例，如图2-51所示。

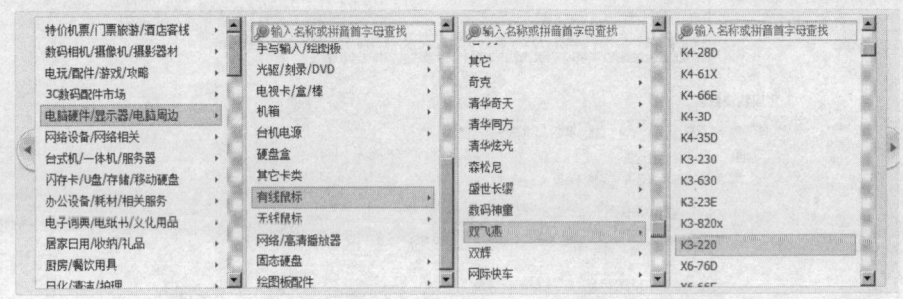

图 2-51　发布宝贝的类目选择

（4）选择好类目后，单击"好了，去发布宝贝"按钮，进入到发布商品的主页面。

将相应的信息填写齐全。商品描述（宝贝详情）尽量描述得准确丰富，上传照片时最好有实物的多个侧面图。填写完成后，单击"发布"按钮，即完成发布，如图2-52、图2-53和图 2-54 所示。

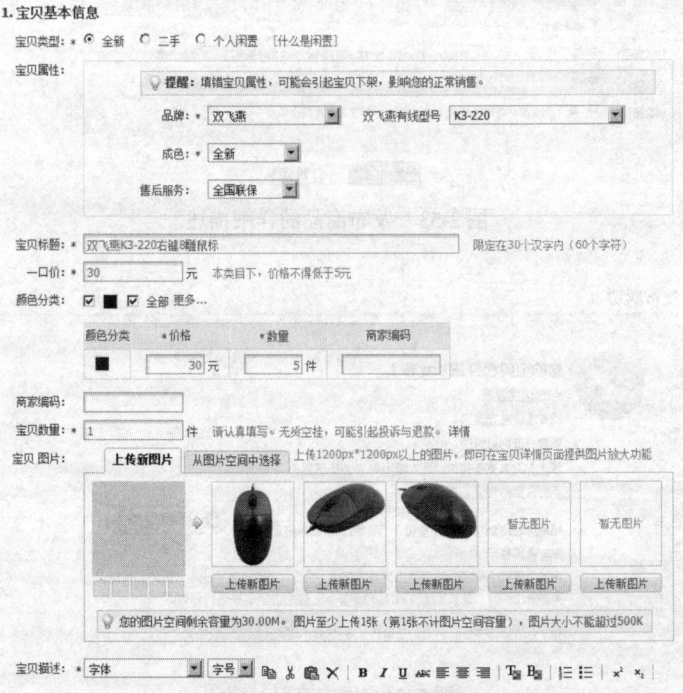

图 2-52　发布商品的基本信息

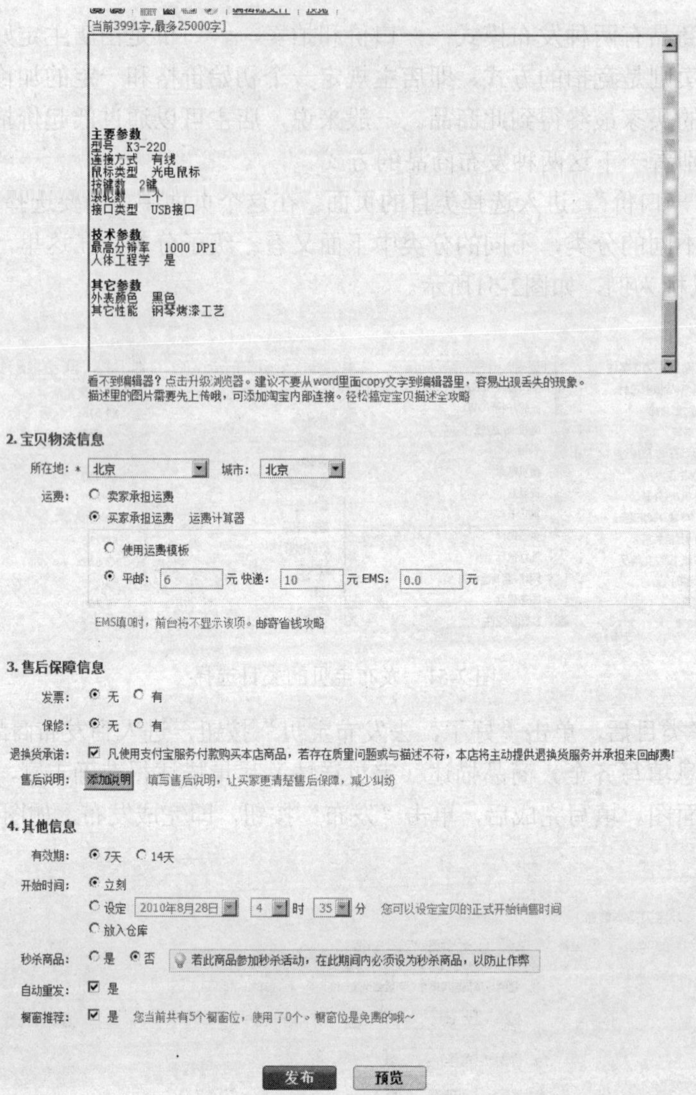

图 2-53　发布商品的详细描述

发布成功

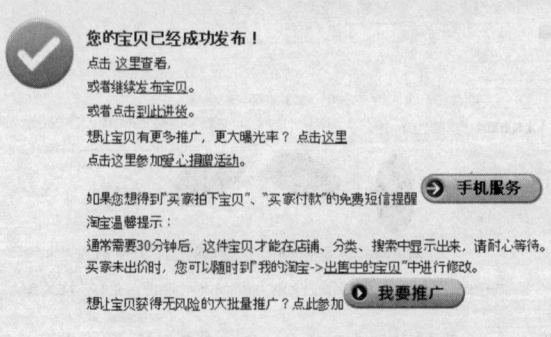

图 2-54　发布商品成功

单击"这里"可以查看刚才发布的商品，如图2-55所示。

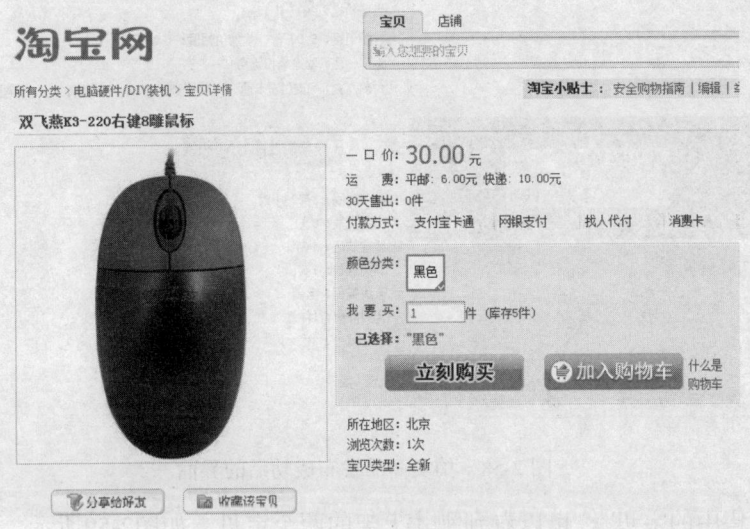

图 2-55　查看发布成功的商品

（5）如果要发布拍卖商品，回到"我的淘宝"—"已卖出的宝贝"，在"我是卖家"的页面中选择"宝贝管理"中的"我要卖"链接，再次进入到图2-50的界面中，选择"拍卖"链接。

（6）这次用来拍卖的是一个老的紫光U盘（型号F3-128M）。图2-56和图2-57所示的是填写拍卖商品的界面。

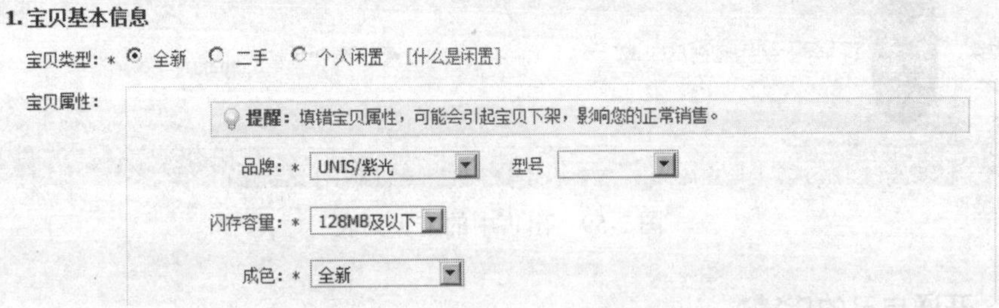

图 2-56　拍卖商品的基本设置

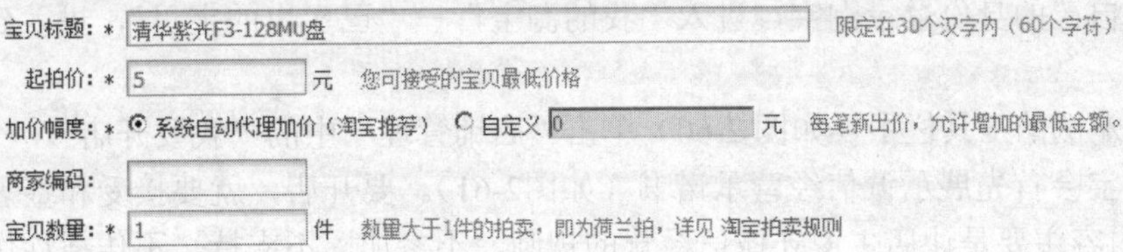

图 2-57　拍卖商品的价格设置

需要注意的是，淘宝规定拍卖的商品最终价格是包含运费的，店主在发布的时候一定要考虑到实际的运费，这样定起始价才不会出问题。

图2-58是发布完后的商品。

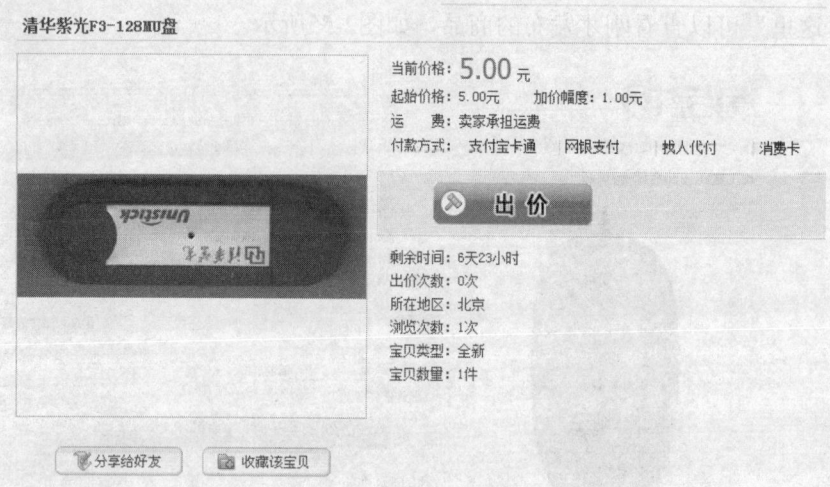

图 2-58　拍卖商品发布成功后的界面

单击"出售中的宝贝",可以看到刚才上架的两个宝贝,如图2-59所示。

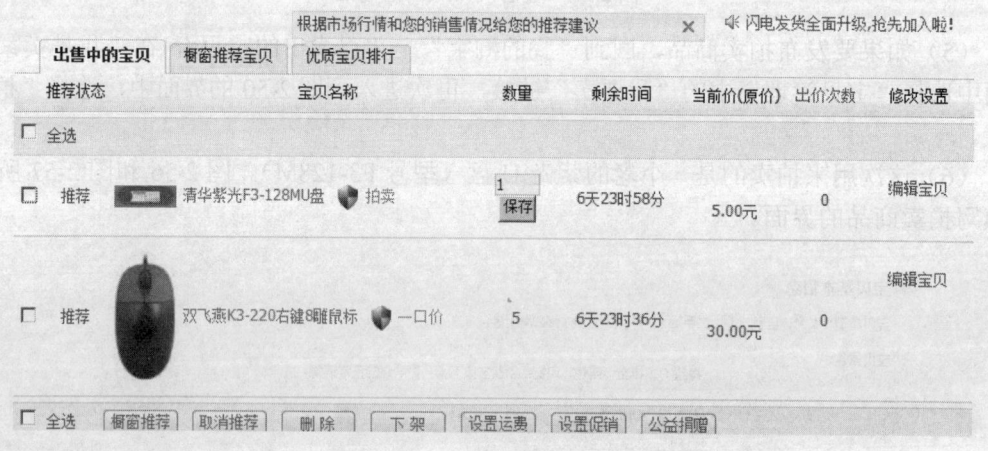

图 2-59　出售中的宝贝列表

2.3.5　开通自己的店铺

当上传的商品达到 10 件之后,就可以开通自己的店铺了。具体的操作步骤如下:

(1)以自己的身份登录淘宝,进入"我的淘宝"—"已卖出的宝贝",进入到"我是卖家"版块。

(2)在左侧的工具栏中(如图 2-60)单击"店铺管理"中的"我要开店"。

(3)淘宝会首先展示诚信经营承诺书(如图2-61)。要开店,就要接受和签署这一承诺书。其中的内容主要是让店主遵守诚信经营的规则,不参加、不支持、不传播炒作信用的行为,维护淘宝的信用评价体系。单击"同意"后淘宝进入到填写店铺基本信息的页面,如图2-62所示。

(4)需要填写的基本信息包括店铺名称、经营商品类品,店铺简介。填写完后单击"确定",店铺已经开通了,如图2-63所示。

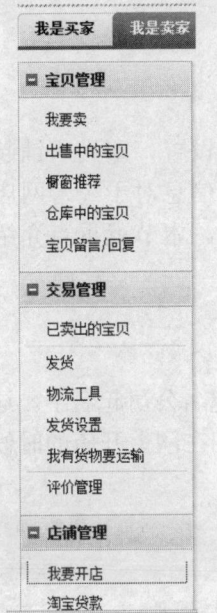

图 2-60　我要开店链接

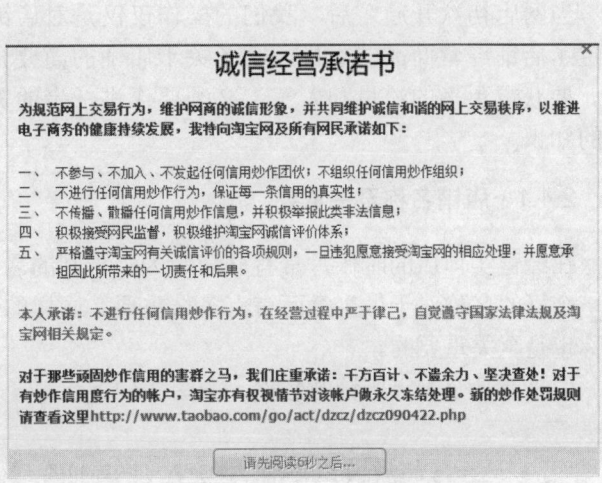

图 2-61　开店诚信经营书

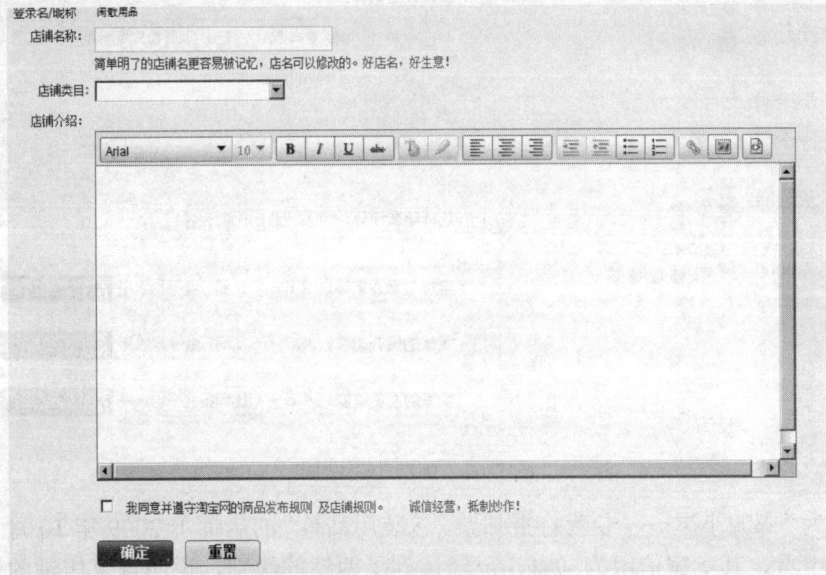

图 2-62　店铺基本设置

恭喜！您的店铺创建成功。

你的店铺地址:http://shop62591272.taobao.com

您还可以随时到管理我的店铺,对您的店铺进行设置

图 2-63　店铺创建成功

（5）此时单击"管理我的店铺"，就可以对店铺作进一步设置了。

2.4 网店的美化与布局

当网店初次开通之后,我们的操作仅仅是对店铺作了基本设置,即为店铺起了名字,确定了店铺经营商品的类目,写了关于店铺的简要介绍。这些信息对于经营网店还远远不够。要获得更多的流量和人气,必须要作进一步的美化和布局。本节就重点介绍美化和布局的知识。

2.4.1 店铺名称至关重要

在经营实体店的时候,常有开店者为了吉利的名字花钱请起名公司起名字。这种情况说明一个好的名称对于做生意而言有多么重要。同样的道理,我们在网上开店的时候,店铺的名称也是至关重要的。

先来看几个淘宝店铺的名称,如图 2-64 所示。

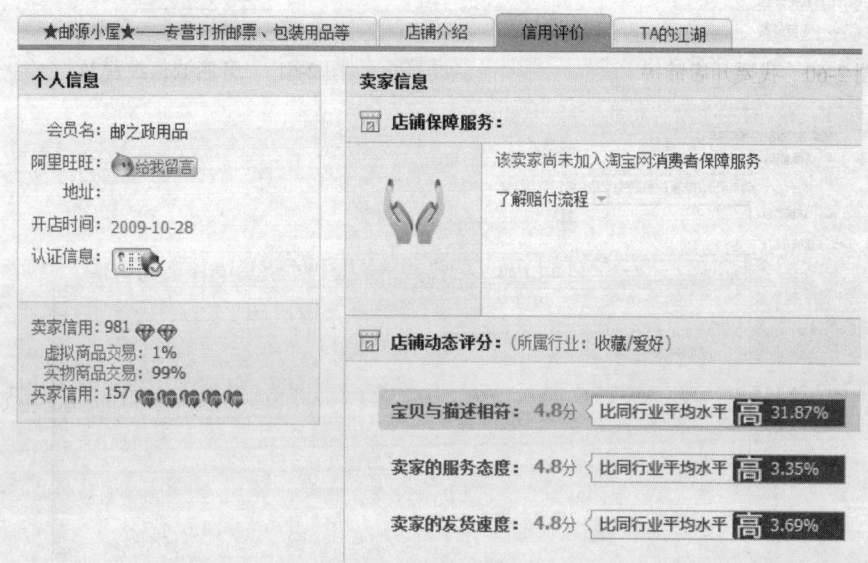

图 2-64 邮源小屋网店

这家名为"邮源小屋——专营打折邮票、包装用品等"的店铺于 2009 年 10 月 28 日开店,从评价体系中看,其卖家信用为 981,已经达到了两钻的级别,说明这家店铺的销售业绩还算中等以上的水平。店铺的名称有些长,但其实店名就是"邮源小屋",后面的文字是对小店主营业务的简介。"邮源小屋"让买家从名字上就可以看出这家店销售的是与邮品相关的商品,后面的补充说明更进一步说出主营业务:打折邮票、包装箱(袋)等商品。

再来看看这个店主的会员名"邮之政用品",这个会员名也反映出了店主主要经营业务的范围。总体来说,这个店名及会员名起得还是不错的,大家也能够体会到,这个店名是从经营商品的角度命名的。

图 2-65 是一家四钻级的店铺,名称为"中关村数字世界",从名称上我们一眼就可以知道这是家销售电子数码产品的店铺。

网上开店的过程　第2章

图 2-65　中关村数字世界网店

　　笔者的店铺名为"耀耀连环画",当初起这个名字原因有二:第一,耀耀是上学的时候同学对自己亲切的称呼(耀是我名字中一个字),这个昵称让自己感到有种温馨的感觉;第二,我经营的是连环画,当别人按店铺名搜索连环画的时候就可以很容易地找到我的店了。综合起来,这样的名字既简单好记又能让人明了店铺的经营业务,可谓一举两得。

　　当然,经营好店铺并不是起个好名字就可以的,但起好名字确实是做好业务的第一步。我认为,为自己店铺起名的原则在于:

　　(1)名字要简单明了,便于别人记忆。有些店铺名未必有什么含义,但因为名字听起来清新简单,也容易带来生意。

　　(2)名称可以直接反映主营业务,也可以与昵称相同。

　　(3)店铺名称可以采用谐音的方式,比如名为"衣衣布舍"的店铺卖衣服就很合适。

　　(4)当然店铺名也不一定越短越好,也有人在店铺名中加入主营商品业务名称、品牌名称、优惠价格等内容,也会有不错的业绩。比如"海泉索尼专卖(太平洋电脑网放心网店)"。

　　不过,为店铺起名字也有限制,下面是摘自淘宝网中对店铺名的限制规定。

　　店铺名的限制规则(摘自 http://service.taobao.com/support/knowledge-1001812.htm)

　　(1)未经淘宝许可,店标、店名、店铺公告及"个人介绍"页面禁止使用含有"淘宝网特许"、"淘宝授权"等含义的字词;

　　(2)店标、店名、店铺公告及"个人介绍"页面禁止使用淘宝网或其他网站信用评价的文字和图标;

　　(3)未经许可,严禁使用"淘宝网"专用文字和图形作为店铺宣传的文字和图形;

　　(4)店标、店名、店铺公告及"个人介绍"页面中禁止使用带有种族歧视、仇恨、性和淫秽信息的语言;

　　(5)店标、店名、店铺公告及"个人介绍"页面禁止使用不良言辞。例如,令人反感的词汇的多数字母或字(即 f**或 s**);

　　(6)店名、店标不得使用下列文字、图形:

　　1)同中华人民共和国的国家名称、国旗、国徽、军旗、勋章相同或者近似的;

　　2)同外国的国家名称、国旗、国徽、军旗相同或者近似的;

　　3)同政府间国际组织的旗帜、徽记、名称相同或者近似的;

　　4)同"红十字"、"红新月"的标志、名称相同或者近似的;

　　5)同第三方标志相同或者近似的,如:中国邮政、中国电信、中国移动、中国联通、中国网通和中国铁通等;

　　6)如用户或店铺不具有相关资质或未参加淘宝相关活动,不允许使用与特定资质或活动相关的特定含义的词汇，例如：台湾馆、香港街、淘宝商城、消费者保障计划、先行赔付等；

7）带有民族歧视性的；

8）夸大宣传并带有欺骗性的；

9）有害于社会主义道德风尚或者有其他不良影响的；

10）县级以上行政区划的地名或者公众知晓的外国地名，不得作为店标，但是，地名具有其他含义的除外，已经注册的使用地名的店标继续有效；

（7）店铺名不允许命名为**商盟。非商盟店铺不允许在店铺中使用商盟进行宣传；

（8）店铺公告及店铺"个人介绍"页面禁止使用下列文字、图形：

1）店铺公告及店铺"个人介绍"页面可以用于介绍卖家的业务，但不可以包含卖家个人网站的路径或链接。店铺公告及"个人介绍"中不能宣传淘宝上禁止销售的物品或具体宣传淘宝以外销售的物品，也不能包含将多个卖家的物品由共同的搜索引擎集合在一起的商业网站的链接；

2）含有不真实内容或者误导消费者的内容；

3）其他涉嫌违反法律的内容。

了解了起名规则才可以将店铺名称起得更好。如果在开店的时候还是拿不定主意，也可以多在网上搜索一些诸如"淘宝开店"、"淘宝装修"等相关的文字看看，里面会有一些很好用的、简单的装修技巧，从中参考，也一定可以获益不浅。

2.4.2 店铺 logo 独具匠心

店铺的 logo，在淘宝中称为"店标"。淘宝的店标显示在店铺首页的显眼位置，也可以作为头像显示在旺旺软件里以及论坛里。因此，如何做好自己店铺的店标，对于店铺的经营有着很重要的意义。

多在淘宝网上看看，有不少店铺的店标别具一格，看了就很吸引人。初开店的人如何制作自己的店标呢？

当然，设计店标离不开图像处理软件，如果自己会设计的话完全可以用 Photoshop 完成。但用 Photoshop 设计，本身就是一个艺术创意+美学+技术+广告学的综合过程，并非每个人都可以做好。

如果自己想不出合适的店标，也可以在淘宝网上购买。大家利用淘宝搜索，可以查到很多店铺专门从事这类生意，而且价格也不算太高，一般都可以承受得起。

在不会用 Photoshop 制作的前提下如果自己制作店标，可以将自己一些比较有吸引力的宝贝图片制成一个动态的 GIF 动画文件，然后将这样的图片作为店标使用，这样可以更好地宣传本店产品。这种制作动态 GIF 的工具软件有很多，下面用 iSee 来制作带有宝贝图片的动态店标示例。

iSee 是一款以看图为主的图像工具，可以在华军软件园、天空等网站下载到这款软件的最新版本。这个软件是一个免费软件，可以随意使用不受限制。

安装好 iSee 后就可以制作动态店标了。首先要将需要的宝贝图片准备好，这里以我店里的 8 册连环画的封面图片作为素材，存放在同一个文件夹中（注意，一般来说，宝贝的图片最好用其名称命名，这样查看起来非常方便），如图 2-66 所示。

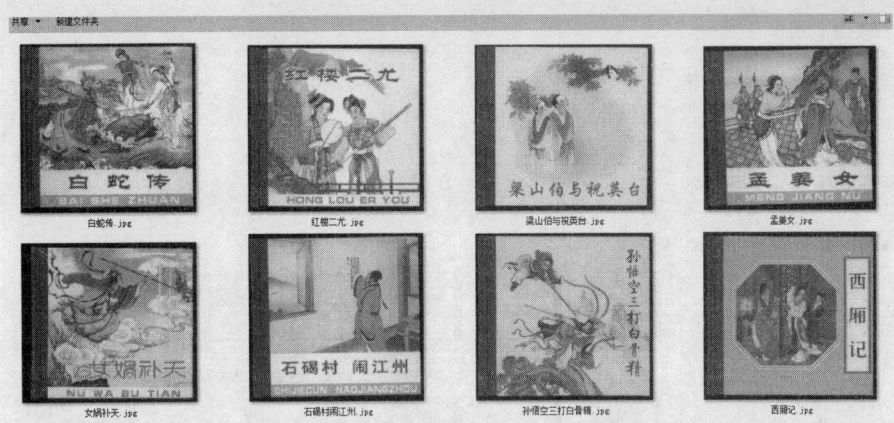

图 2-66　图片素材

在制作店标前必须要对淘宝的店标大小了解清楚。淘宝网规定，普通店铺的店标图片大小应在 100×100 像素之内，文件格式要求是 jpg、gif、png 类型，图片总大小不能超过 80KB。用数码相机或扫描仪生成的实物图片肯定要比这个要求的图片大得多，所以要先对这些图片进行处理一下。

（1）启动 iSee，从左侧的文件夹列表中找到这 8 张图片所在的位置，显示出所有的图片，如图 2-67 所示。

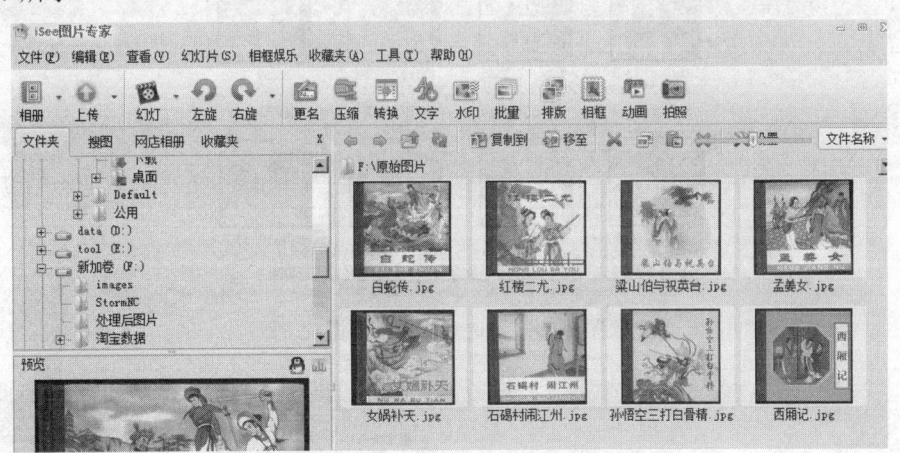

图 2-67　iSee 软件的界面

（2）单击工具栏上的"压缩"按钮，进入到批量压缩界面，如图 2-68 所示。

（3）在这种视图下，iSee 显示出这 8 张图片的像素大小、创建时间和名称。此时单击图右侧的"全选"按钮，将这 8 张图片全部选定，注意一下这些原始图片的像素大小和文件大小，此时 8 张图片全部被选中，如图 2-69 所示。

（4）在批量压缩窗口的左侧选择"处理后图片保存到指定文件夹"项，然后选择图片压缩后存放的位置，如图 2-70 所示。

（5）单击工具栏上的"压缩"按钮，弹出"压缩"对话框。在图像大小中选择"自定义"，然后将宽和高都设为 100，勾选"JPEG 转换文件限制"，将不超过的值设为 80KB，如图 2-71 所示。

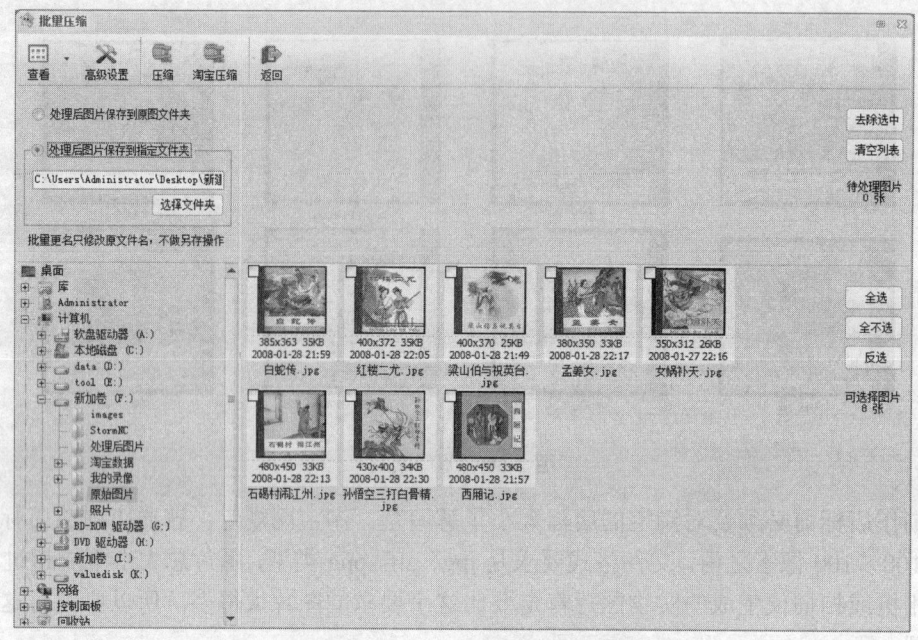

图 2-68　iSee 图片批量压缩

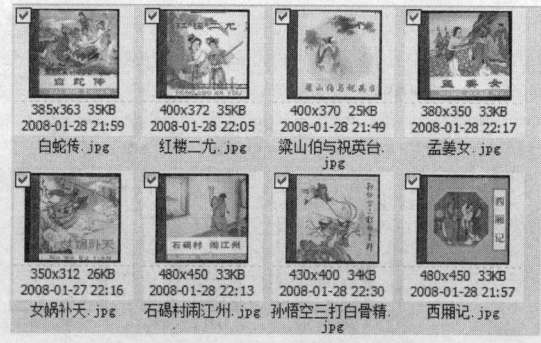

图 2-69　勾选参加压缩的图片

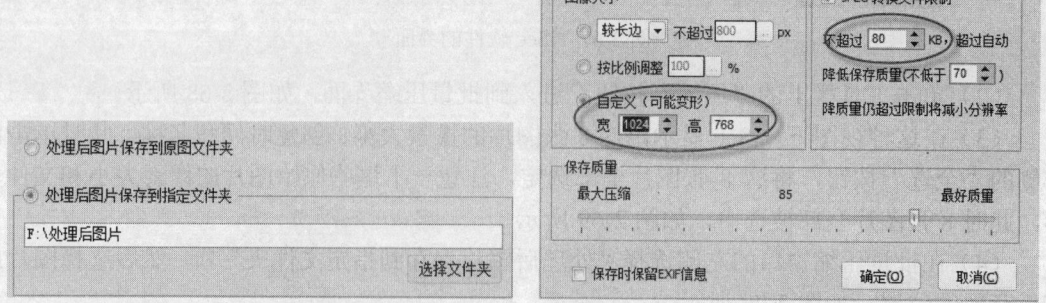

图 2-70　设置保存后的文件夹　　　　　图 2-71　限定文件大小

（6）设置完成后，单击"确定"按钮。批处理压缩开始，结束后新的图片都变为符合要求的 100×100 像素，大小也都在 10KB 以内，如图 2-72 所示。

白蛇传.jpg	类型: JPEG 图像 尺寸: 100 × 100	大小: 6.08 KB
红楼二尤.jpg	类型: JPEG 图像 尺寸: 100 × 100	大小: 6.53 KB
梁山伯与祝英台.jpg	类型: JPEG 图像 尺寸: 100 × 100	大小: 4.24 KB
孟姜女.jpg	类型: JPEG 图像 尺寸: 100 × 100	大小: 6.26 KB
女娲补天.jpg	类型: JPEG 图像 尺寸: 100 × 100	大小: 5.76 KB
石碣村闹江州.jpg	类型: JPEG 图像 尺寸: 100 × 100	大小: 5.13 KB
孙悟空三打白骨精.jpg	类型: JPEG 图像 尺寸: 100 × 100	大小: 5.09 KB
西厢记.jpg	类型: JPEG 图像 尺寸: 100 × 100	大小: 4.47 KB

图 2-72　压缩后得到的图片文件列表

（7）单击 iSee 工具栏上的"动画"按钮，选择"幻灯动画"，进入到动画制作的对话框。将动画大小改为 100×100，间隔时间可以调节（间隔是指一张图片显示的时间，单位是百毫秒，默认值是 10，即一秒钟换一张图片），如图 2-73 所示。

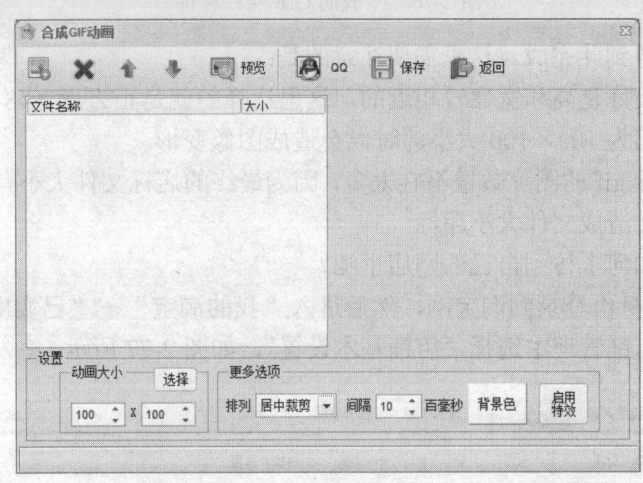

图 2-73　制作 GIF 动画

（8）单击"合成 GIF 动画"对话框中最左侧的工具按钮"添加图片"，在弹出的对话框中选择"全选"命令，然后单击"确定"按钮，8 张图片被添加进来，如图 2-74 所示。

图 2-74　添加合成 GIF 动画的源文件

（9）单击"保存"按钮，指定保存的位置和名称就完成了，如图2-75所示。

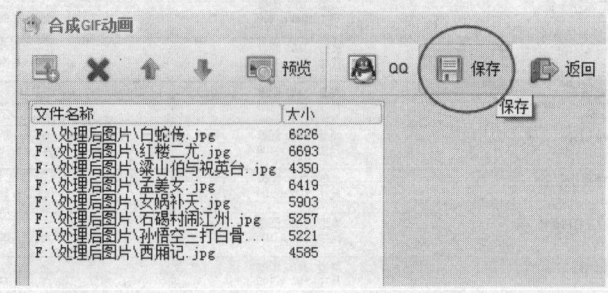

图2-75 保存选项

图2-76是最终的店标图片。

图2-76 生成的GIF文件属性

制作店标的任务到此完成。这里需要注意的是：
- 原始图片最好是高和宽比较相近的，这里选择的就是正方形（48开）的书的封面，否则在压缩为100×100大小的时候会造成图像变形。
- 加入到店标.gif的图片数量不宜太多，因为最终的店标文件大小有80KB的限定，图片多了就会造成文件大小超标。

店标制作好后如何上传到自己的网店里呢？

（1）以店主的身份登录到淘宝网，然后进入"我的淘宝"—"已卖出的宝贝"，在"我是卖家"导航栏的店铺管理中选择"店铺基本设置"，如图2-77所示。

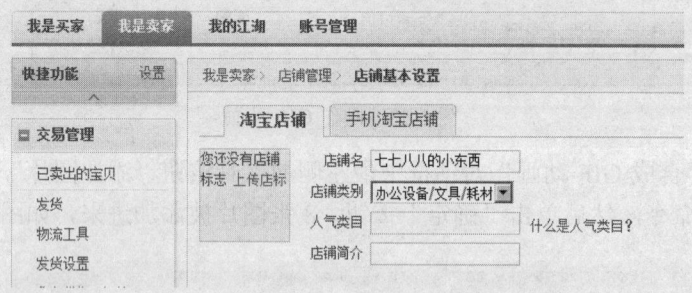

图2-77 上传店标

（2）在右侧淘宝店铺选项卡中单击"上传店标"，将刚才制做好的图片作为店标上传。

（3）店标上传完成。在这里可以对店铺的名称、店铺类别、店铺简介和店铺介绍等内容进行修改。

2.4.3 店铺公告一目了然

在前面介绍店铺前台的时候谈到了店铺公告。可以在这里将一些比较重要的事情用简短的几句话显示出来，让所有进店浏览的人都能看到。简明扼要是店铺公告应遵守的原则。有的店主把公告写得过长，这样会导致浏览者不想看下去。如果是需要买家注意的事项，而且文字又必须很长,建议不要放到店铺公告中,而是把这些内容写在店铺介绍里。

图2-78就是一家经营母婴用品的店铺公告。从公告中可以知道这家店铺的经营时间和发货时间。

图2-79是笔者店中的公告。文字上面的图片是一个计数器。

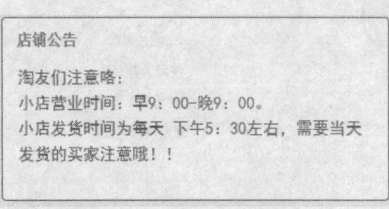

图 2-78　淘宝某网店店铺公告

图 2-79　笔者网店公告

有人会问,这个计数器有什么用?计数器可以让卖家了解一天内到底有多少人浏览过自己的店铺,同时这个图片式的计数器也给店铺增色不少。目前有很多网站都提供免费的计数器供店主使用,但我用的这个计数器并没有显示出访客的数量。这是因为我选择的是不显示计数的计数器(统计出的具体数值可以在计数器的提供网站中查到)。当然店主也可以选择显示数值的。这里有个问题,如果本身访问店铺的人数过少,可能会造成本想在店铺中购物的买家放弃在店中购买的欲望,因为大部分人都不喜欢到一个少有人问津的小店中购物。当然店铺每天访客很多的话,那就无需隐藏计数了,计的数越多越会让买家买得放心。

下面介绍一下如何在公告中加入计数器。这里以53统计网提供的免费计数器为例,如图2-80所示。

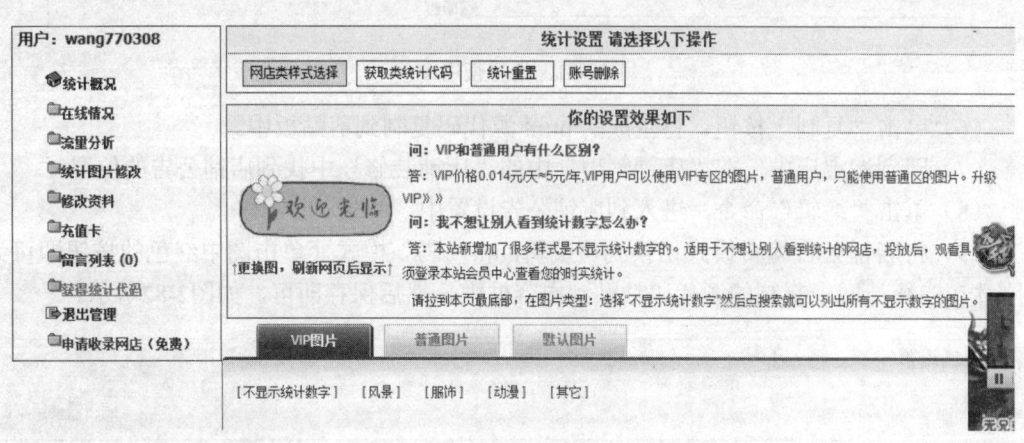

图 2-80　53 统计网

(1)进入53统计网:http://tj.53shop.com/。

(2)在53统计网中进行免费注册,注册时需要输入自己淘宝的店铺地址。

(3)注册成功后进入计数器栏目中,选择"进入管理",进入到个人管理页面。

(4)选择"统计图片修改",然后选择"普通图片"中的一个。这里注意,对于非 VIP 会员,只能使用普通图片,VIP 会员是要交费的,如图2-81所示。

(5)选择"确定使用上图"命令后,单击"获取类统计代码"。

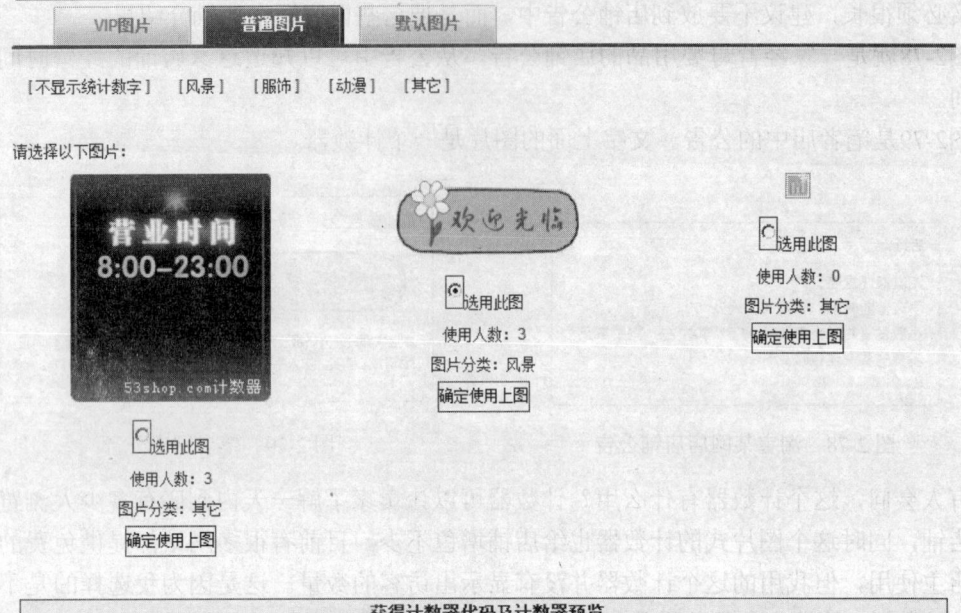

图 2-81　选择使用图片

（6）单击"复制"按钮，将生成的 html 源代码复制到剪贴板中。

（7）回到淘宝店中，在"店铺管理"中的"店铺装修"中找到店铺公告的位置。

（8）单击"编辑"命令，进入到店铺公告设置中。

（9）将店铺公告编辑模式切换到"编辑html代码"模式（单击图中红色的按钮即可），将刚才在53统计网中复制的源代码粘贴到内容框中，然后保存即可，如图2-82所示。

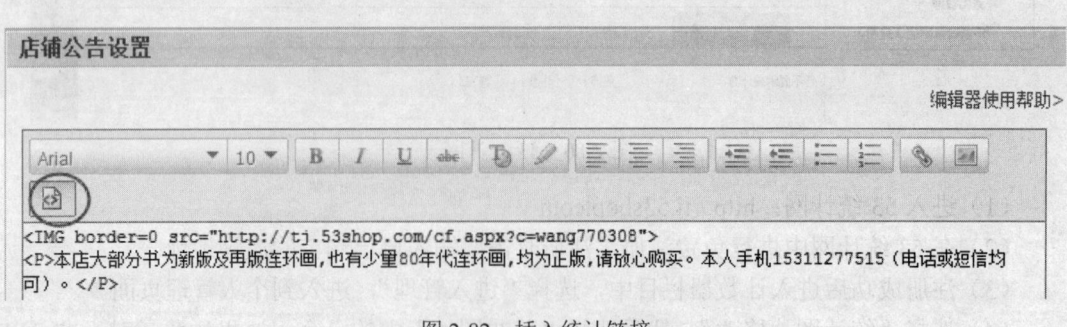

图 2-82　插入统计链接

（10）要想查看统计数据，需要登录53统计网，在进入管理后的"统计概况"就能看到当日的统计情况了，如图2-83所示。

统计概况			
统计账号：	普通父账号 永久使用 允许子账号数:2 升级VIP（5元/年）》》	增加VIP天数	
网站名称：	耀耀连环画		
站点地址：	http://shop34261857.taobao.com/ [Alexa排名查询] [历史网页回忆]		
开始统计于：	2010-8-29 0:39:15		
已统计天数：	0天		
平均每人访问页数：	8页		
在线人数：	1		
	访问量(独立ip)	浏览量(访问页数)	
总量：	2	16	
今日流量：	2	16	今天最高：1 IP (发生在：1时) 最低：1 IP (发生在：0时)
昨日流量：	0	0	昨天最高：0 IP (发生在：0时) 最低：0 IP (发生在：0时)
本周累计：	2	16	本周最高：2 IP (发生在：2010-8-29) 最低：2 IP (发生在：2010-8-2
上周累计：	0	0	上周最高：IP (发生在：) 最低：IP (发生在：)
本月累计：	2	16	本月最高：2 IP (发生在：2010-8-29) 最低：2 IP (发生在：2010-8-2
上月累计：	0	0	上月最高：IP (发生在：) 最低：IP (发生在：)
今年累计：	2	16	所有最高：2 IP (发生在：2010-8-29) 最低：IP (发生在：)
平均每日：			
预计今日：	27	221	

图 2-83　在 53 统计网上查看店铺流量统计

2.4.4　店铺留言与顾客交心

在前面一节中了解了什么是店铺交流区。店主可以在店铺交流区发帖通知进店浏览的人一些注意事项。而顾客也可以在此处发表自己的意见，店主则可以回复顾客的意见。店铺交流区的确是一个店主与顾客交流的地方。

图 2-84 是笔者店铺中的交流区。

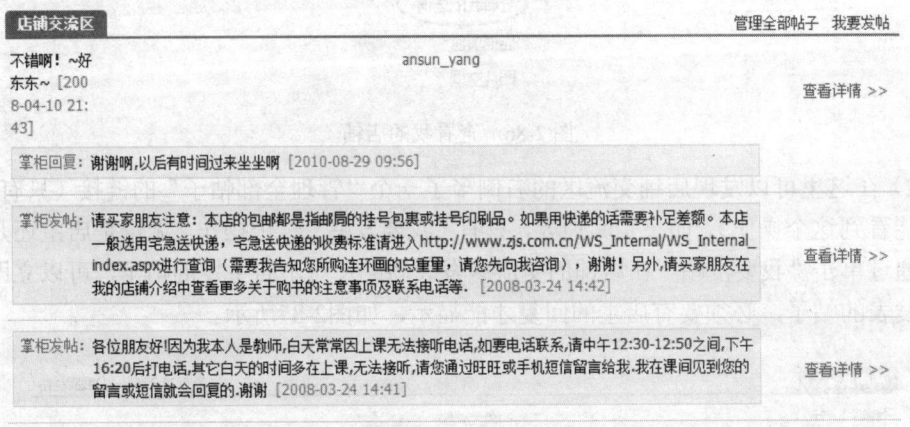

图 2-84　笔者店铺交流区

这里写了关于店内包邮的含义以及电话联系的时间，这样就有助于进入店铺的浏览者在店主不在线的时候选择正确的途径和店主商谈。

图 2-85 显示的是淘宝中一家名为"【北京商盟】美之缘－四皇冠信誉邮政纸箱/气泡袋/打折邮票/胶带"的四皇冠级店铺的交流区。

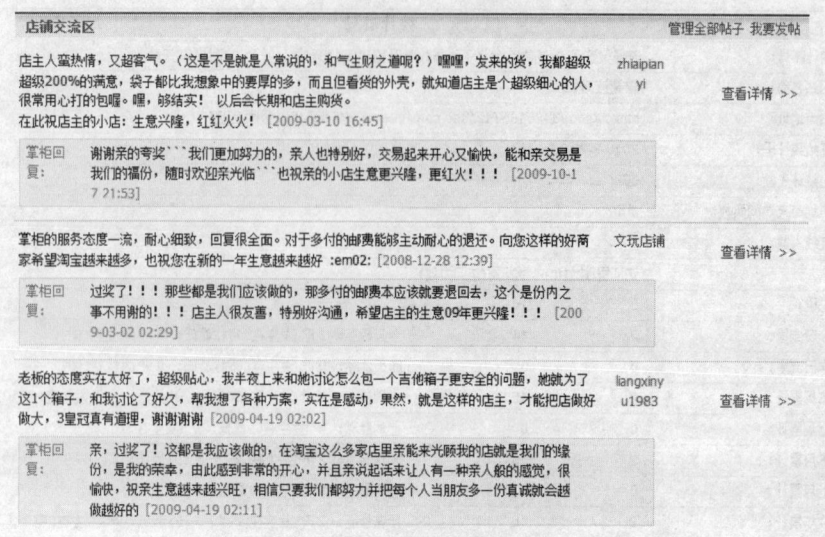

图 2-85 美之缘网店交流区

多浏览一些高信誉度的店铺交流区能够更好地体会到店铺留言所反映出的买卖之间那种融洽的关系。

作为开店的新手，如何管理店铺交流区呢？如何在这里进行回复的发帖呢？下面就来介绍一下。

（1）以店主的身份登录淘宝网，可以通过"我的淘宝"—"已卖出的宝贝"进入到"我是卖家"的页面。通过单击"查看我的店铺"进入到店铺，找到店铺交流区，如图2-86所示。

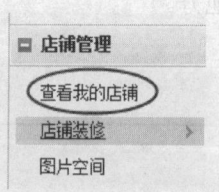

图 2-86 查看我的店铺

（2）在这里可以发现店铺交流区的右侧多了一个"管理全部帖子"的链接（只有店主的身份才能看到这个操作），如果是其他人，只有"我要发帖"一个操作。无论是店主还是顾客，都可以通过单击"我要发帖"在店铺的交流区发表新贴。对于店主发的帖子，可以立即显示，而客户发表的帖子，必须要有店主的回复才能显示，如图2-87所示。

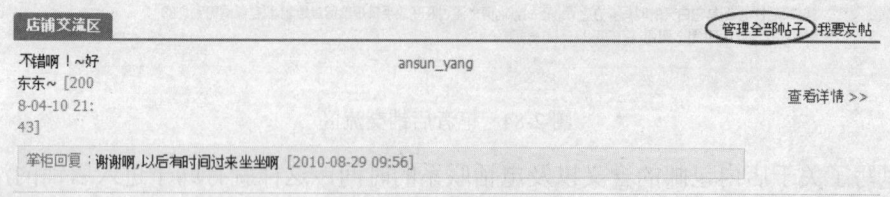

图 2-87 管理全部帖子

（3）单击"管理全部帖子"，就可以通过每个标题右侧的"删除"选项删除不需要的帖子，也可以通过顾客留言右侧的"掌柜回复"对顾客的留言进行回复。

（4）默认情况下，在店铺交流区显示的总帖数是3个，如果留言较多，则早期的帖子就看不到了。帖子的显示数是可以调整的。具体操作是这样的：在管理全部帖子的管理页面中右上方有一个"管理我的店铺"链接，单击它，如图2-88所示。

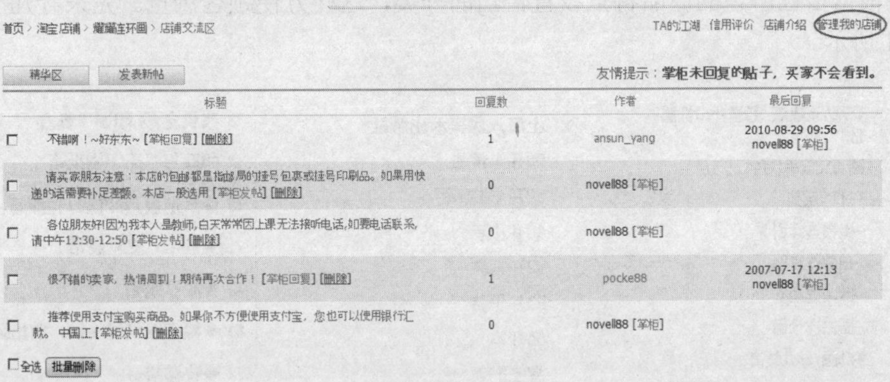

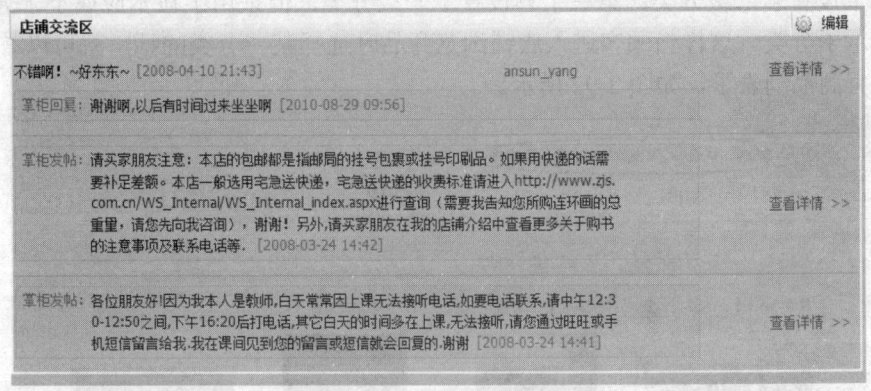

图 2-88　管理我的店铺

（5）在管理店铺的页面中重新找到店铺交流区，这时店铺交流区右侧有一个"编辑"按钮，如图2-89所示。

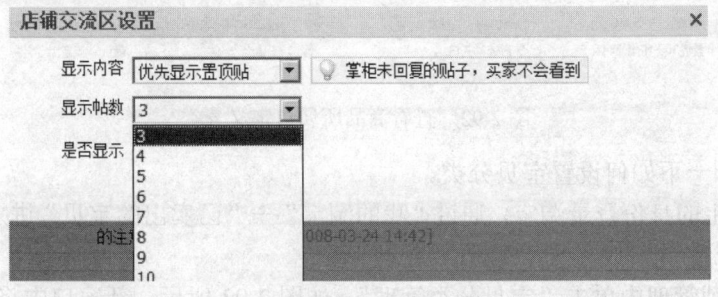

图 2-89　编辑链接

单击"编辑"按钮，系统将弹出"店铺交流区设置"对话框，在这里可以设置显示的帖子数，最少是3个，最多是10个，也可以隐藏或显示店铺交流区，如图2-90所示。

图 2-90　设置交流区帖子数

2.4.5 商品分类必不可少

如果店主上架的商品有很多，而店铺中没有自己的分类，顾客查看需要的商品时就会很麻烦（有时候可能自己并不一定明确自己需要的商品，单靠商品搜索就很难查找了）。作为店主，应该根据自己所售的商品特点设置恰当的分类，这样方便顾客浏览。先来看几个例子，如图 2-91 所示。

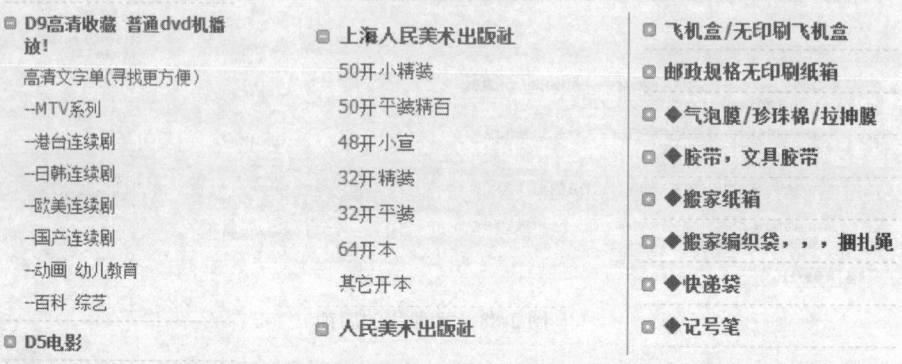

图 2-91　三家不同网店的自定义分类区

前两个设置了二级分类，第三个只设置了一级分类，但采用了在本应属于子分类前加◆的方式表示子分类。这样当顾客进入店铺浏览商品时选择某一分类的话，就可以看到属于该分类的所有商品列表了，如图 2-92 所示。

图 2-92　查看商品所属自定义分类

下面来介绍一下如何设置宝贝分类。

（1）以店主的身份登录淘宝，通过"我的淘宝"—"已卖出的宝贝"进入到"我是卖家"版块。

（2）在店铺管理中单击"宝贝分类管理"，如图 2-93 所示，新窗口中将显示宝贝分类。

可以通过左下方的"添加新分类"增加店内的商品类别（这个就是一级分类），如图 2-94 所示。也可以在添加好的一级分类右侧点击"添加子分类"，来建立二级分类，如图 2-95 所示。

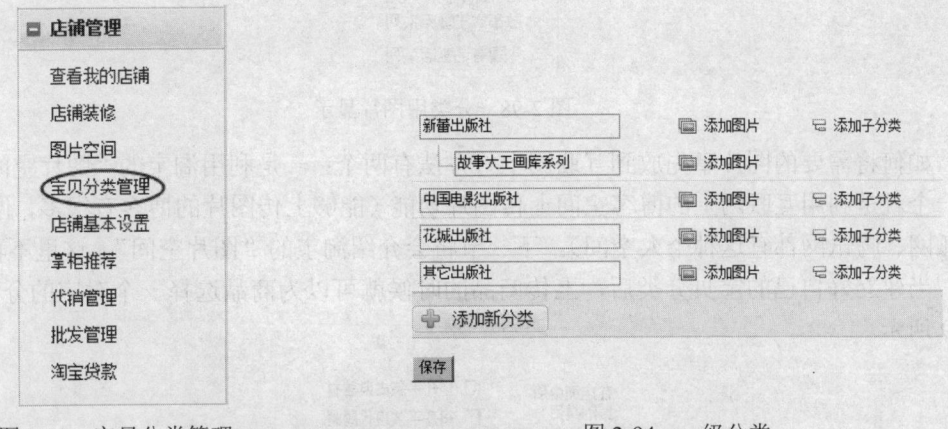

图 2-93　宝贝分类管理　　　　　　　　　　　　　图 2-94　一级分类

图 2-95　二级分类

也可以为分类添加图片。淘宝网中的添加图片功能要求图片必须是已经存在于互联网上的，如图2-96所示。

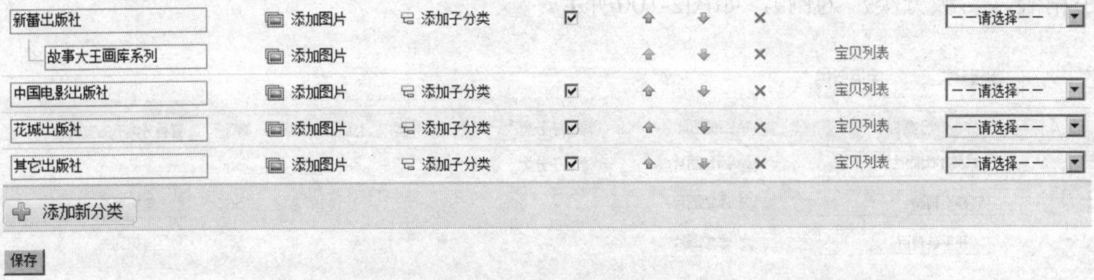

图 2-96　为分类添加图片

只要将已存在的图片地址输入到对应的文本框中单击"确定"就可以了，如图 2-97 和图 2-98 所示。

图 2-97　选择网上的图片

图 2-98　分类用图片显示

如何将需要的图片事先放到互联网上？办法有两个：一是利用淘宝的"图片空间"功能；另一个就是利用互联网上的博客空间上传图片功能（能够上传图片的博客有很多，像新浪网、搜狐网、腾讯网都有这种个人空间）。下一节将会介绍淘宝的"图片空间"，这里不再叙述。

当建立好自己的宝贝分类后，上传商品的时候就可以为商品选择一个对应的分类，如图2-99所示。

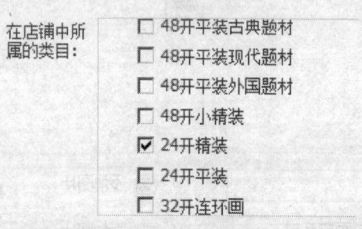

图 2-99　选择自定义分类

如果分类目录是在已经上传商品之后建立的，也可以再次编辑上架商品，对该宝贝所属目录进行修改。

如果在上架的时候把分类目录选错了，可以按照下面的方法进行修改。

（1）登录淘宝网，进入宝贝分类管理页面。在每个分类右侧有一个"宝贝列表"链接。单击需要修改的分类所对应的"宝贝列表"（这里以上海人民美术出版社〈一级分类〉中的50开小精装〈二级分类〉为例），如图2-100所示。

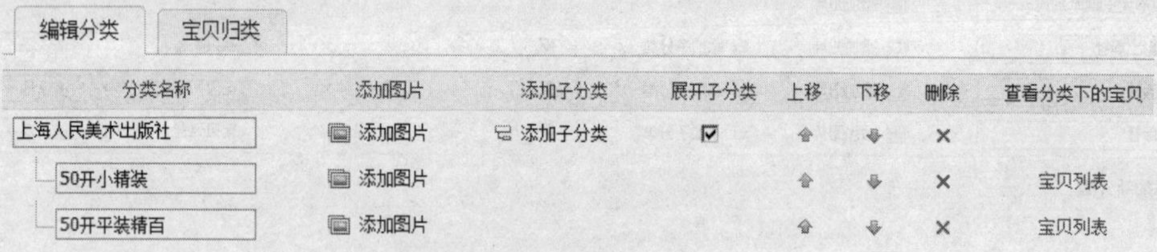

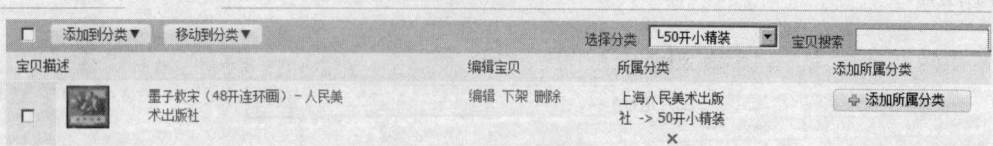

图 2-100　编辑分类

（2）在该分类中找到需要修改的商品名称（示例中的书是人民美术出版社的，明显所属分类错误），单击其右侧的"添加所属分类"按钮，选择正确的分类，如图2-101和图2-102所示。

图 2-101　修改商品的分类

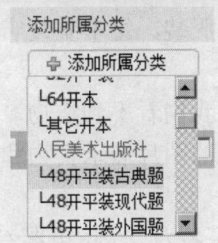

图 2-102　添加所属分类

（3）这时会发现该商品的所属分类有两个，将错误的那个分类删除就行了，如图2-103所示。

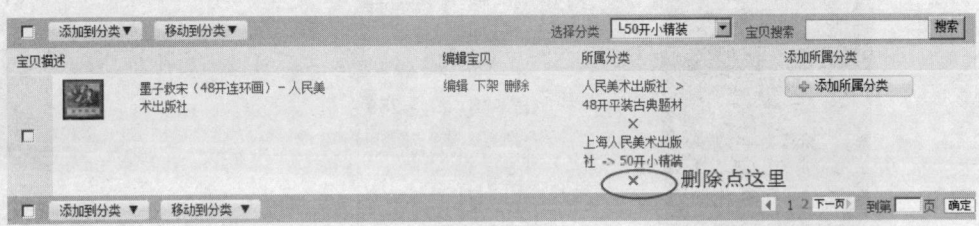

图 2-103　删除错误分类

如果某个二级分类不需要了，可以将其删除，但是该二级分类下如果有商品，则不能删除，必须将商品移走才能删除。如果要删除一级分类，必须先将其下面的二级分类删除掉，才能删除一级分类。

如果要修改分类名称，在编辑分类的状态下直接修改就行了，如图 2-104 所示。

图 2-104　修改分类名称

各个分类的顺序也是可以改动的。一般来说，应该将浏览量大的商品所在类目放在上面，浏览量小的放在下面。利用编辑分类列表右侧的"　　"按钮可以将分类显示的位置进行移动。在移动过程中，如果是移动一级分类，其下面的二级分类会随之移动。

2.4.6　多用图片文字介绍商品

在网店里销售商品，描述得越准确越详细越容易卖出去。如果店主比较懒，什么都不愿意写，那他的商品也肯定很难卖了。

我们都有在实体店购买商品的经验。首先会仔细看一下实物，如果商家允许，还可以试用一下,感受一下使用效果。特别是服装,每个服装店基本上都有试衣间,试穿了才知道合身不合身,效果好不好。

但是在网店中购物就不一样了。我们看不到实物,只能从图片和店主的描述中了解这个商品的性能。因此,用多张不同方位的图片展示实物和详细功能说明来描述商品,才更容易让顾客接受你的商品。

请看图 2-105,这是淘宝网上一家名为"沃达电器专营店"中上架的一个冷暖空调扇商品的展示图。

图 2-105　商品展示

在宝贝详情中,淘宝规定要填写的说明只有品牌、类型、控制方式、风类和空气净化技术这几项。如果在上架商品的时候只是填写了这几项,顾客肯定是不太会购买此种商品的。为此,店主下了不少力气来更详细地介绍这个商品。

我们来看一下店主是怎样描述的,如图 2-106 所示。

首先,店主展示了这款空调扇四个侧面的图片,让使用者对这款商品有一个整体的认识。为了更能说明问题,店主还展示了十多幅细节的图片,如出风口的样子,并加注了出风口的大小尺寸,按键的样子等。最后,店主从产品的使用说明书中摘录了该款机器的性能和特点描述说明,从而让购买者对该产品有了一个完整的认识。

相信大多数想要买这款商品的买家见了这样的描述,即便没有见过实物,也能了解这款产品是否符合自己的需要了。

下面再来看另外一个例子。这是一家卖饰品的淘宝店,图 2-107 是其店中的一个上架商品。

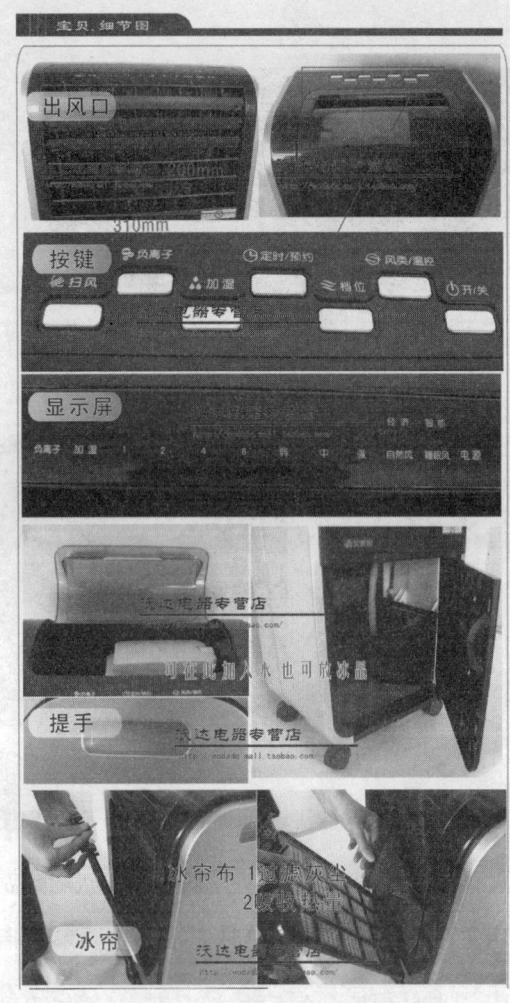

产品型号：CFH03
艾美特冷暖两用扇基本参数：
冷暖两用，四季享受；
上下置冰晶，双重制冷；
90度循环水幕净风技术；
15小时预约开机+定时关机；
柜式易拉门，方便加水及清洗；
LED星光显示屏；
超大风窗劲风量；
强、中、弱3档自然风、睡眠风选择；
负离子清新空气；
远距离遥控；
移动万向轮

图 2-106　宝贝详细描述

图 2-107　商品展示图

在宝贝描述中，店家首先实拍了几张效果图，如图2-108、图2-109和图2-110所示。

图2-108　商品描述中的细节图

图2-109　商品描述中的细节图

图2-110　进制商品描述中的细节图

店主在介绍这个珍珠链时先描述主要参数指标，如图2-111所示。

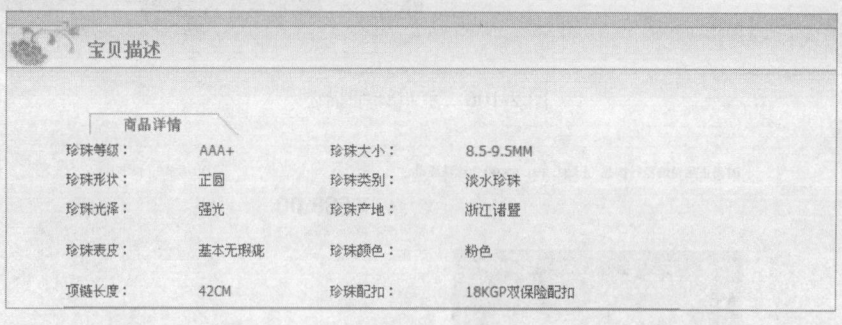

图2-111　产品详细描述

然后作出了等级说明，如图2-112所示。

图 2-112　珍珠等级说明

最后，对店内销售产品的售后服务作出了进一步的说明，如图 2-113 所示。

图 2-113　售后说明

通过以上的示例，大家就能体会到一个上架的商品要很容易地销售出去，店主是要下很大功夫对这些商品进行描述和说明的。描述、拍照、图片处理、上传，这要花费店主很大的心血，付出很多的劳动，这是每一位想把自己的店铺做大做强的店主必须提前做好的心理准备。

下面笔者就结合自己的体会谈一谈上架商品的问题。

（1）商品名称命名有规则。

顾客在网店浏览或在淘宝上搜索商品时，都是根据商品名称来确定的。由于不同的商品有不同的特性，在上架商品时的命名就要根据自身的特点来定义。这里先拿笔者店中销售的连环画为例。

购买连环画的顾客，一般关注的是连环画的名称、绘画的作者、开本大小、出版社等信息。因此，如果在上架的时候将这些信息都能展示出来的话，那这个商品被别人发现的几率就要大得多了。

图2-114是上架王叔晖大师的作品《生死牌》的截图。

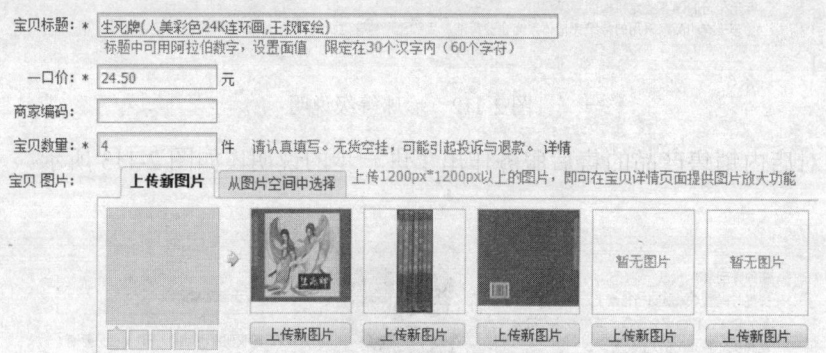

图 2-114　上架商品名称

在宝贝标题中是这样写的：生死牌（人美彩色 24K 连环画，王叔晖绘）。这样，当顾客看到这个标题的时候就马上知道这本书的名称叫《生死牌》，是一本 24 开本的彩色连环画，出版社是人美（人民美术出版社），绘画作者就是王叔晖大师。

其实这样写标题，好处不仅仅在于能够让顾客了解宝贝的情况，还在于能够提高被检索出来的几率。比如，有人喜欢搜索的时候针对人民美术出版社，当他输入"人美"时，这本书是可以被搜索出来的；如果他搜索王叔晖，也是可以找到这本书的；当然，如果他只搜索《生死牌》这本书，更可以被搜索出来。这样起名字，可以说是一举两得。

再来看些商品的上架名称，如图2-115所示。

图 2-115　三个上架的商品名称

上面的截图是某店铺上架的数码产品的商品列表。店主在起名的时候包括品牌、型号，每个商品都会强调正品行货和全国联保，然后还有该款相机比较杰出的特点（如高清摄像、广角等）。

图 2-116 销售的是打折邮票。在商品名称中有特价、打折邮票、原价、打折价等内容，还特别强调了该店的信誉等级（双皇冠）以及有实体店等信息。

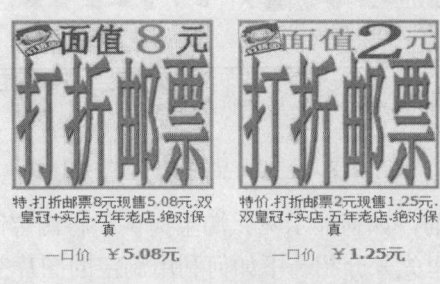

图 2-116　两个上架的商品名称

通过这两个例子可以体会到，给出售的商品起名字的时候一般可以用"品牌+型号+商品特性+促销+店铺优势特征"的形式，当然也可以根据需要删除其中的某几项。不管怎样起名，最终的目的都是同样的，就是吸引顾客，同时让商品容易检索，并让顾客知道本商品的价格优势和在本店购物具有的安全优势等。

在这里要特别注意，上架的商品不要有错别字，特别是商品名称本身更是一点儿都不能错。否则，可能会因一字之差，让顾客无法搜索到这个商品。而且，当顾客看到店主连字都打错的话，顾客对店主的信任感也会大大降低。

（2）描述商品要详细，多用图片展示和文字介绍。

在上面的空调扇示例中，我们已经看到店主详尽的图片和文字介绍了。根据这个案例的店示体会到：对于文字介绍，关键是要把顾客需要了解的信息全部写出来，特别是模糊不清的地方，作为店主，应该向顾客解释清楚；在商品描述中，有时只用文字是无法写清楚的，要配上相应的细节图片进行解释。这种图片一定要清晰，如果涉及到尺寸大小的，应该在图上标注出，切忌一味地夸大效果。

下面继续以《生死牌》这本书为例，看一下如何为售中商品展示更多的图片和文字介绍。

在上架商品的时候淘宝允许上传最多 5 张图片。这里分别上传了该书的封面图、书脊图和封底图，另外，将内页的两张图片也一起上传。这样，顾客在浏览此书的时候不仅仅知道了书的封面、封底，还了解了内页的绘画，如图 2-117 所示。

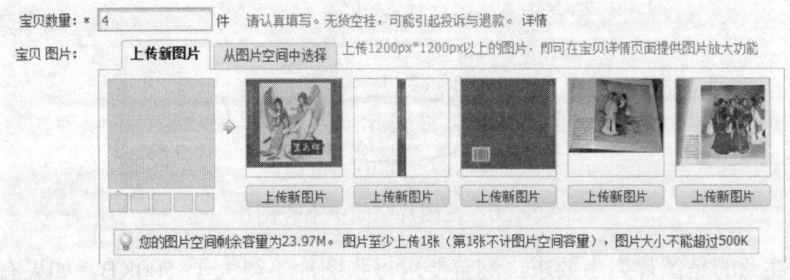

图 2-117　上架商品的图片说明

仅有这些还是不够,其他的图片可以显示在宝贝详情中。

首先在下面的宝贝描述中将顾客关心的细节信息描述清楚。有些人可能还不知道《生死牌》这个戏剧故事,因而对故事情节不太了解。作为店主,有必要向顾客介绍。这本书的开始就有情节介绍,可以将之扫描出来作为图片显示出来,如图2-118所示。

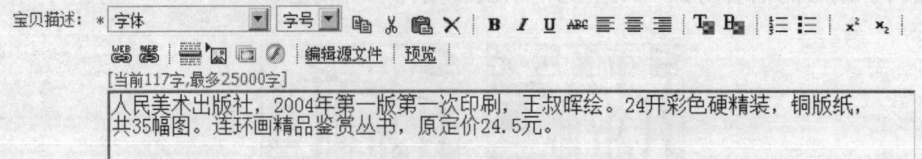

图2-118　上架商品的宝贝详细描述

但这里是无法上传图片的,如何显示呢?淘宝提供了将淘宝图片空间或其他网站的图片链接显示出来的功能。在这里先来介绍一下如何利用淘宝的图片空间上传图片。

1)以店主的身份登录进入淘宝网。通过"我的淘宝"－"已卖出的宝贝",进入到"我是卖家"版块。

2)单击"店铺管理"栏下的"图片空间"链接,系统将会弹出"淘宝网图片空间"页面,在这个页面的左上方有如图2-119的选项,下面则是上传过的图片。

图2-119　图片空间

3)单击"上传图片",淘宝图片空间会显示出图片空间的使用百分比。单击图2-120所示方框中的"添加图片"按钮,在"添加图片"对话框中将需要上传的图片勾选上(一次可以上传多张),然后单击"选好了",如图2-121所示。接下来一步系统会询问是否为图片加水印(所谓给图片加水印就是在图片上加上自己店铺的名称),根据需要选择后单击"立即上传",系统即将图片上传。

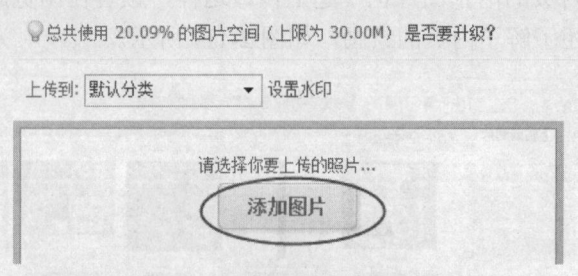

图2-120　在图片空间中上传图片

这里值得注意的是图片大小要求。淘宝要求每张图片不得大于500KB,如果有超过500KB的图片,一定要先压缩到500KB以下再进行上传。图片像素在规定之内值越大越清楚。

图 2-121　选择上传图片

4）图片上传完毕后系统会给出提示。如果不再上传，选择"完成"即可。

5）系统会返回到图片空间的首页，这时刚才上传的两张图片已经显示出来了，如图 2-122 所示。

图 2-122　上传的图片

6）将鼠标的光标移到第一张图上，这时在图片下方会出现两个选项，如图 2-123 所示，如果删除就单击"删除"。现在要把当前这张图显示在宝贝描述中，那么单击"复制链接"按钮，IE 浏览器会弹出"是否允许使用剪贴板"的提示，如图 2-124 所示，选择"允许访问"。

图 2-123　复制链接

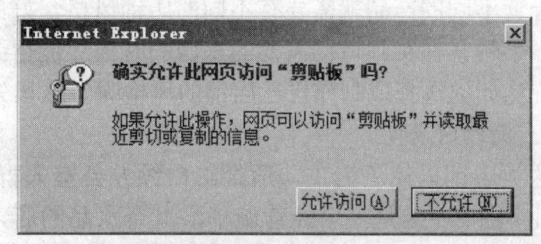

图 2-124　允许使用剪贴板的提示（IE 高版本）

7）回到刚才上架《生死牌》的那一页。先将光标放到简介的文字下方，然后单击"插入图片"命令（如图 2-125 中的红圈处）。

8）在"插入图片"对话框中粘贴刚才复制的链接地址，然后单击"确定"，如图2-126所示。这时这张图片已经出现在宝贝描述当中了，如图2-127所示。

图 2-125　插入图片链接

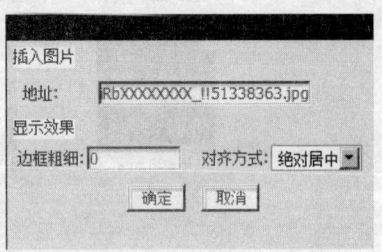

图 2-126　插入图片

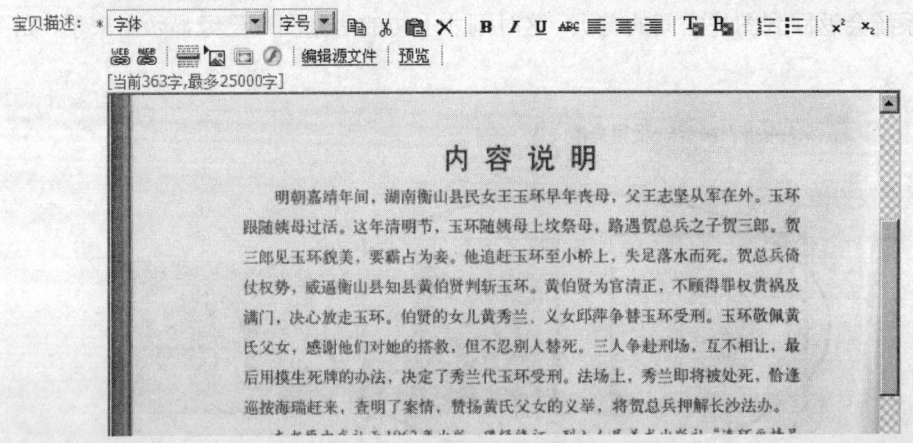

图 2-127　宝贝描述中的图片

9）如果再加入其他的图片，只需要将光标放到这张图的下方，继续重复刚才的操作就可以了。

淘宝的图片空间有限，大小是 30MB，如果图片太多，空间就装不下了。当然淘宝的图片空间可以升级增加空间，但这样是要付费的，这点需要店主注意。像这种存在于描述中的图片，店主也可以上传到其他的图片网站上去，然后同样可以显示在宝贝描述中。

2.4.7　店铺模板风格适应销售

经营不同的产品就需要有不同的店铺风格，好的店铺风格能提升店铺的流量及成交量。试想如果顾客在买到自己需要的东西的时候还能得到一份美的体会，那购物心情肯定特别愉悦。究竟如何选择或制作自己店铺的风格呢？这里先列举几种常见的风格类型。

1. 简约时尚型

这类店铺以淡色为主，适合给白领办公室人群看，适用于服装、美容护肤、家居用品等行业。图 2-128 是一个经营施华洛世奇水晶的店，这样的清新典雅风格特别适合水晶这类产品。

网上开店的过程 第2章

图 2-128 简约时尚型网店

2. 商业型

促销产品位置明显，直截了当，适合给中性偏男性人群看，适用于虚拟产品、手机、数码产品、家具等行业。如图 2-129 中这家专门经营数码产品的店铺就是典型的商业型装修，里面绝大部分都是一些促销信息和店铺介绍，一目了然并且不失信誉。

图 2-129 商业型网店

3. 冷色调型

这类店铺适合给大学生或者男性白领人群看，适用于彩妆、男士用品、文体用品、户外用品等行业。如图 2-130 是经营虚拟产品的店铺，这种格调非常适合喜欢玩游戏的大学生们。

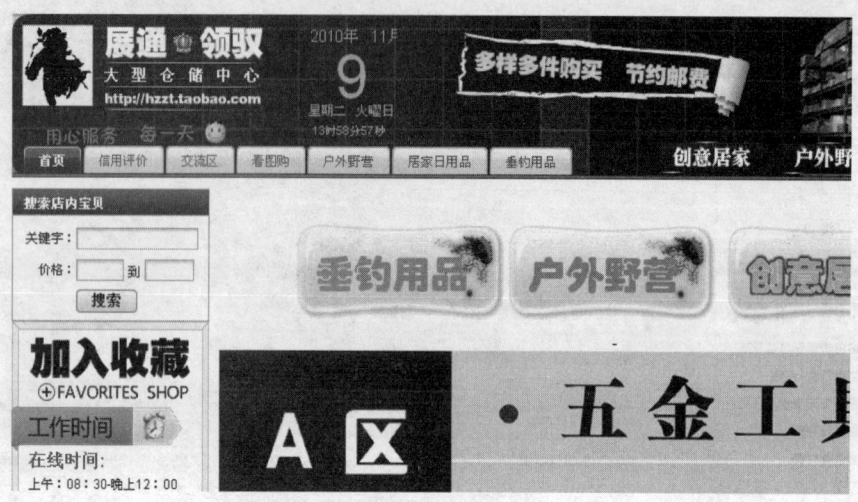

图 2-130　冷色调型网店

4．卡通型

以卡通图案或者动物花草为主，暖色调，适合的小女生人群看，适用于饰品、毛绒玩具、居家日用、鞋子等行业。如图 2-131 是一个卖日韩化妆品、保健品的，他们面对的人群是那些小女生，所以使用了一些卡通图案，整体也是用的粉色系，很讨小女生们喜欢。

图 2-131　卡通型网店

5．特色型

如高雅的奢侈品，民族风之类的产品适用采用这种店铺风格，适合某类特定人群。如图 2-132 是一个做民族手工设计产品的店，非常有特点，以手工设计的商品做店标，民族衣服画做公告栏，整个气氛非常有感觉，第一眼就能吸引住来访者的眼球，而且很快就能了解店铺的风格特点。

图 2-132　特色型网店

以上是常用到的几个大类。当然也可以创造出属于自己的个性店铺，最好是根据自己产品的特性以及服务的人群来设定店铺的风格。如果店主本人对于店铺风格不是很清楚（不是每个人都有很强的审美能力），也可以在网上请别人来帮忙设计。利用淘宝搜索"店铺装修"或者"店铺风格"可以找到很多提供这样服务的淘宝网店，把自己的店铺定位和需求告诉他们，他们就可以设计出特有的店铺风格了。

如果自己设计装饰店铺的话，采用什么样的颜色对于店铺风格有着很重要的影响。下面是几种常见的颜色在店铺中代表的风格，可以借鉴一下。

橙色：具有明亮、华丽、健康、欢乐的色感，通常会给人一种朝气活泼的感觉。橙色象征着爱情和幸福，充满活力的橙色会给人健康的感觉，因此，饰品、家居、运动品等店铺都适用。

黑色和灰色：黑色可以代表时尚，与各种颜色搭配都会显得酷感十足，而高级灰也是品质的象征，因此，音乐、男士用品、汽车用品等店铺都适合采用黑色和灰色。

蓝色：蓝色会使人很自然地联想起大海和天空，使人产生一种开阔清凉的感觉，同时它还能够表现出和平、淡雅、洁净、可靠等多种感觉，因此，适用于化妆品、电子产品的店铺。

绿色：具有青春、健康、自然、亲切的感觉，因此，食品、鲜花、化妆品、儿童用品、家居用品等店铺适用。

粉色：是女性的颜色，给人以温柔、温馨、亲切的感觉，因此，女装、化妆品、母婴用品、家居用品等店铺适用。

紫色：代表着神秘和尊贵，因此，高品质的女装、工艺品、饰品等店铺适用。

红色：容易引起人的注意，也容易使人兴奋、激动、紧张，而店铺风格中提供的是低亮度的红色，带给人冷静、稳重的感觉，可以营造出古典的氛围，因此，珠宝、化妆品、时尚用品、婚庆用品等店铺适用。

黄色：黄色的光感最强，给人以光明、辉煌、轻快、纯净的印象，黄色可以带给人崇高、智慧、神秘、华贵的感觉，因此，儿童用品、装潢、家居用品等店铺适用。

褐色：通常用来表现原始材料的质感，如麻、木材、竹片、软木等，或用来传达某些饮品原料的色泽及味感，如咖啡、茶等，因此，茶、咖啡等食品店铺适用。

2.5　淘宝交易过程及相关辅助软件的应用

2.5.1　淘宝交易过程

淘宝的交易过程是由买家和卖家共同完成的。作为卖家，自然要熟悉自己的操作，但对于买家如何购物的操作我们也要熟悉，因为有时买家是新手，并不了解具体过程，这样就需要店主进行操作上的指导，帮助他们完成交易。淘宝交易的完整过程可以归纳如下：

买家在淘宝上搜索查找自己需要的商品→买家拍下该商品（或将商品暂时放入购物车，待选好多件商品后一起下单）→卖家修改价格→买家通过支付宝付款→卖家发货→买家收到货后确认收货并进行评价→卖家对买家进行评价

1. 买家搜索商品

买家在淘宝上买东西，多是利用淘宝的搜索功能进行搜索。

对于卖家而言，要想让自己的商品尽可能卖出去，就要想法设法让自己的商品排名靠前。排名靠前的方法主要有以下几方面：一是选择商品的类目要正确；二是商品的名称起名要讲究方法；三是要参加淘宝的各种促销和推广活动。前两条在本章已经讲过了，第三条在第 5 章中会具体讲到。

2. 买家搜索到需要的商品后进行购买

这时下单有多种方式。第一种方式，买家直接单击商品中的"立即购买"按钮，将商品生成订单，如图 2-133 所示。

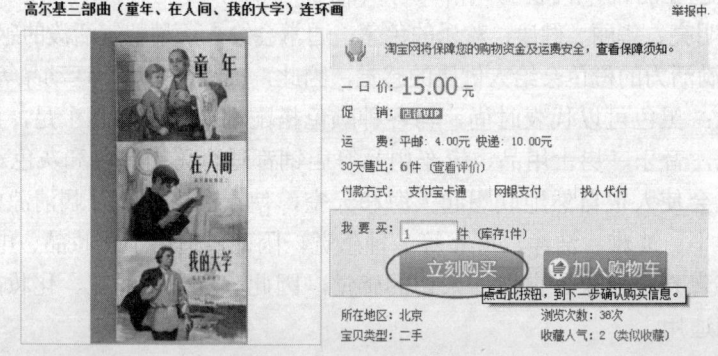

图 2-133　购买商品

在生成订单前还需要确认买家的收货地址、姓名等信息，并选择购买数量、运送方式，也可以给卖家留言。当一切都选择好后，单击"确认无误、购买"按钮即生成了订单，如图 2-134 所示。

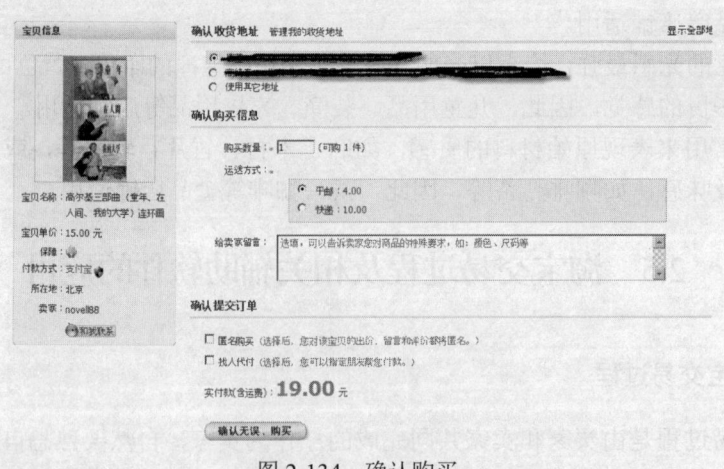

图 2-134　确认购买

生成订单后买家转跳到付款的界面。如果还需要卖家修改邮费或商品价格，此时可不付款，等到卖家将价格改完后再一起付款，如图2-135所示。

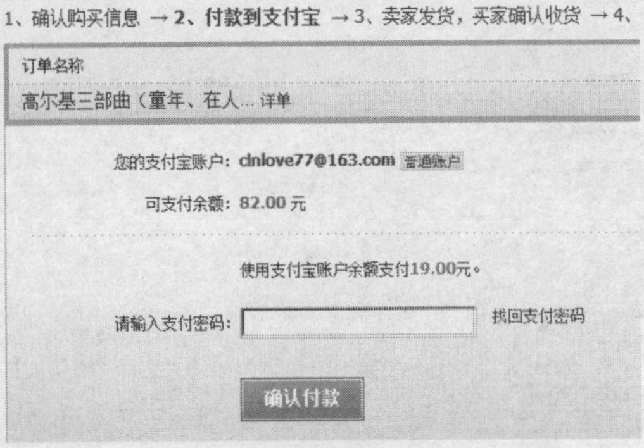

图2-135 买家付款

对于买家一次性在同一家店铺购买多件商品的情况，为了双方都减少操作，卖家最好让买家将准备购买的商品放入购物车后再生成订单。

如图2-136将准备购买的商品"放入购物车"，这样一次一次操作，直到把所有需要的商品都放入购物车。这时可以对购物车中的商品进行删除或修改数量，确定后单击"立刻购买"，如图2-137所示。

图2-136 加入购物车

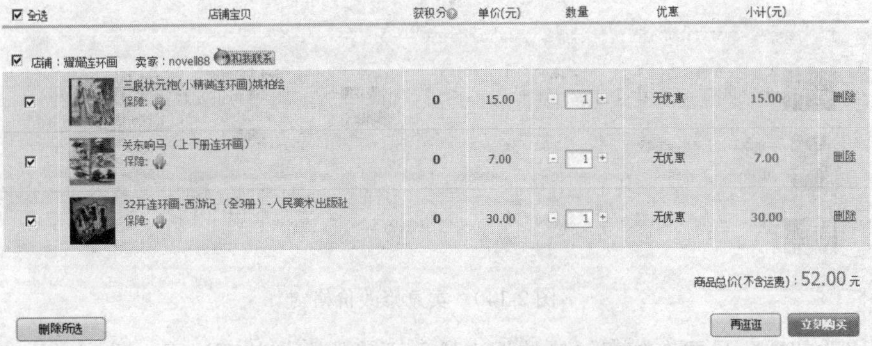

图2-137 修改购物车

此时系统会弹出如图 2-138 的确认页面。这个页面与图 2-137 类似，只不过列出的商品是所有放入购物车中的商品。单击"确认无误、购买"，生成订单，如图 2-139 所示。

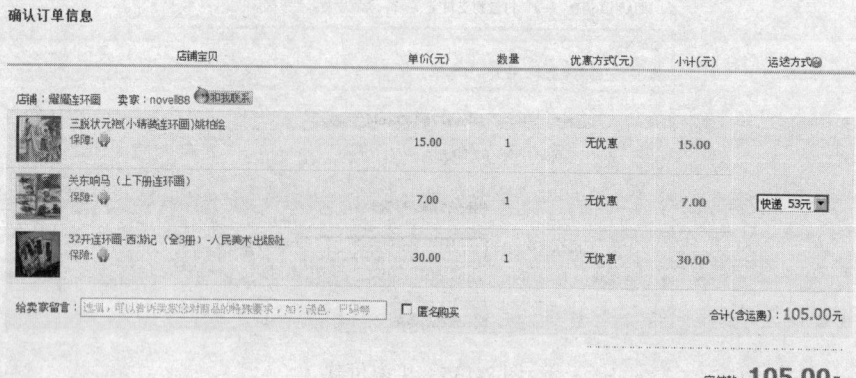

图 2-138　确认订单信息

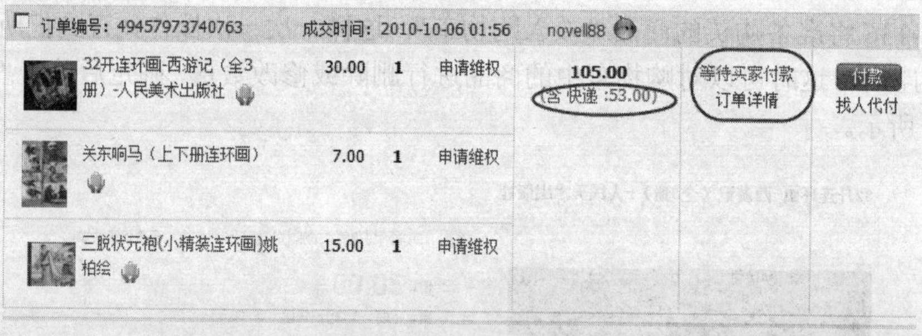

图 2-139　生成订单

通过这种放入购物车的形式生成的订单一定要与店主协商好邮费，让店主修改邮费后再进行付款的操作，因为放入购物车，实质上是生成了购买多个商品的订单，而根据淘宝的规则，购多个商品时，邮费是叠加在一起的（如图 2-139 中显示的快递费用）。

3. 卖家修改邮费或商品总价

卖家进入到"已卖出的宝贝"中，在需要修改价格的这笔交易中单击"修改价格"链接，如图 2-140 所示。

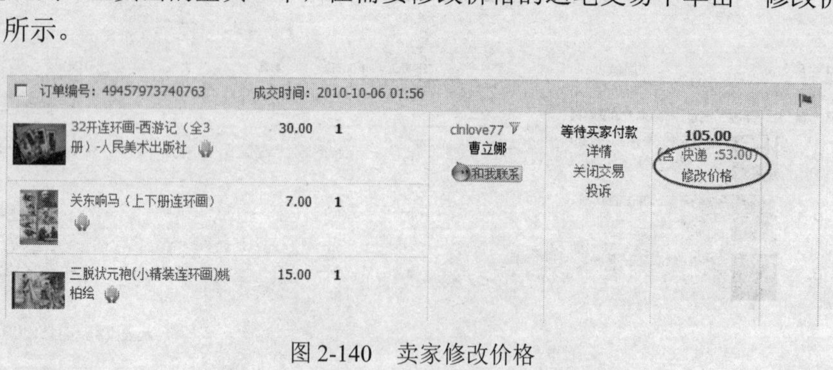

图 2-140　卖家修改价格

可以修改邮费，只要在邮费对应的框中输入正确的数值就可以了。也可以修改商品的单价，在每个商品折扣前面的框中输入一个折扣数字（1～9 之间的整数），代表在原价上打几折(数越小,给的优惠越多)。如果要增加成交价格(比如买家买下几件商品后又想再加一件,但不想再拍了,可以让店主把对应商品的价钱直接加到已经拍好的订单中),只能算在邮费当中,如图2-141所示。

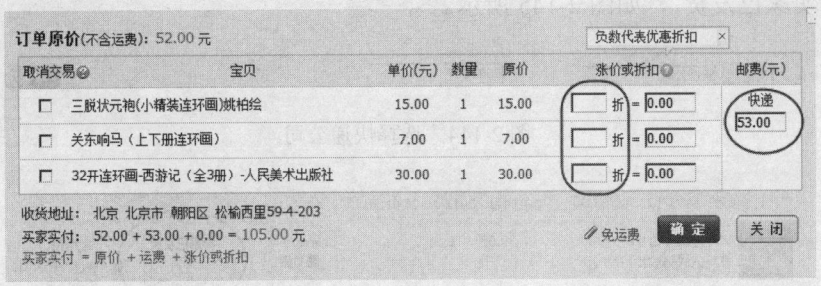

图2-141 修改价格

改好价格后单击"确定"按钮,价格修改成功。当买家再次进入到"已买到的宝贝"中查看时,就会发现该订单的价格已经修改好了,如图2-142所示。

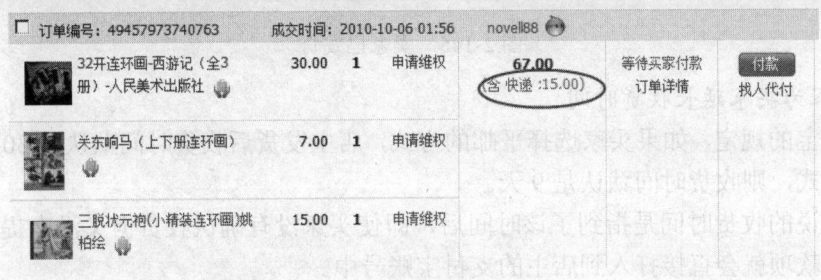

图2-142 重新生成订单

此时,无论是买家还是卖家,订单中显示的订单状态都是"等待买家付款"。

4 买家付款

使用支付宝进行付款操作(支付宝的使用将在4.1节中介绍)。

当买家付完款后,该订单的状态就变为"买家已付款",如图2-143所示。

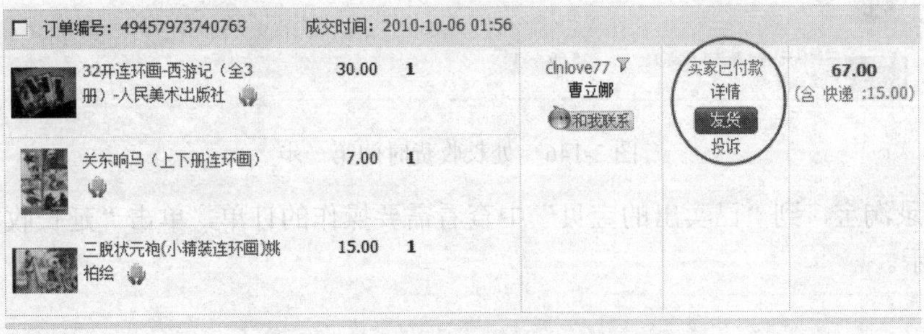

图2-143 买家已付款

5. 卖家发货

当卖家看到买家已付款的提示后,就表示买家已经将相应的货款支付给支付宝了。卖家需要做的就是按照买家选择的运送方式将商品运送到买家手中。

当卖家对商品进行了发货处理后,需要在订单中进行发货的操作。此时卖家单击"发货"

链接，将发货的单号填写在相应的位置即可，如图 2-144 所示（注：在淘宝中发货，一定要选择交付发货凭证的方式，像快递、EMS 都是给付凭证的，而平邮必须是挂号的形式，否则所寄物品将无法查询，意味着店主就没有证据证明自己发货了）。当卖家发完货后，该订单的状态变为"卖家已发货"，如图 2-145 所示。

图 2-144　选择快递公司

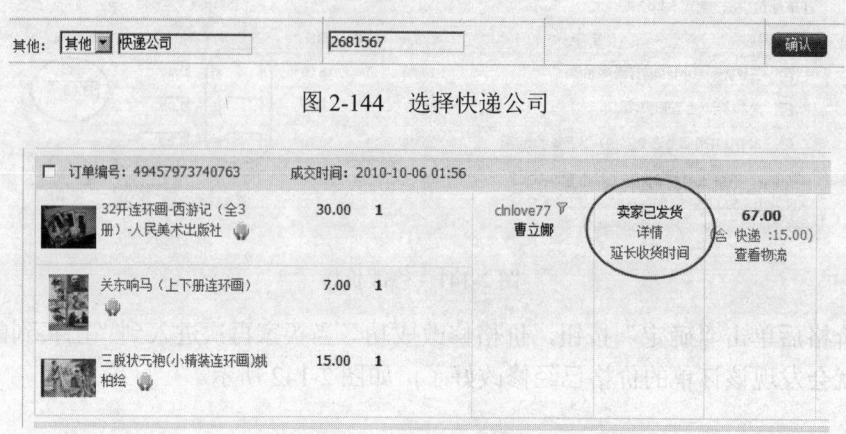

图 2-145　卖家已发货

6. 卖家为买家延长收货时间

按照淘宝的规定，如果买家选择平邮的方式，店主发货后收货时间默认是 30 天，而如果是快递的方式，则收货时间默认是 9 天。

这里所说的收货时间是指到了该时间后，即使买家没有确认收货但又没有提出退款申请时，该购物款项就会直接打入到店主的支付宝账号中。

有时买家会因种种原因在规定的时间内未收到货物，这时作为卖家，有责任为买家延长收货时间，如图 2-146 所示。

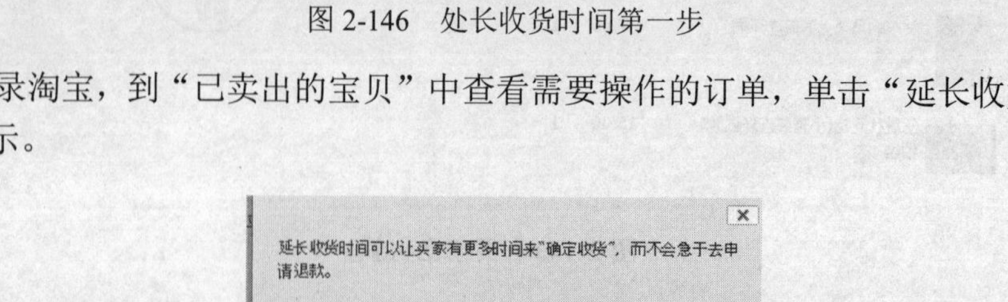

图 2-146　处长收货时间第一步

店主登录淘宝，到"已卖出的宝贝"中查看需要操作的订单，单击"延长收货时间"，如图 2-147 所示。

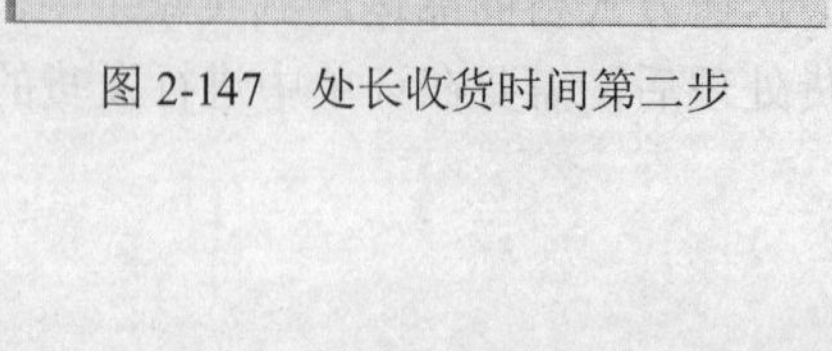

图 2-147　处长收货时间第二步

可以一次性为交易延长 3 天、5 天、7 天和 10 天。如果要延长更长的时间，则可以多次进行此项操作。

7. 买家收到货物付款

买家收到货物后经验收合格，就可以确认收货了。买家在该交易中单击"确认收货"，然后输入支付宝的支付密码进行确认即可，如图 2-148 所示。

图 2-148　买家收到货物付款

当买家确认收货后，订单状态将变为"交易成功"。

如果卖家的商品有问题，需要退货的话，则需要与卖家协商好，然后单击"申请退款"，如图 2-149 所示。作为卖家，只要同意即可（如不同意，单击"拒绝本次退款"）。

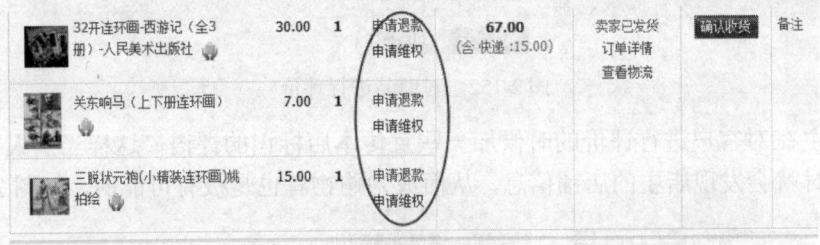

图 2-149　申请维权

8. 双方进行评价

当买方支付完货款后，系统就自动给出要求给对方评价的提示，如图 2-150 所示。

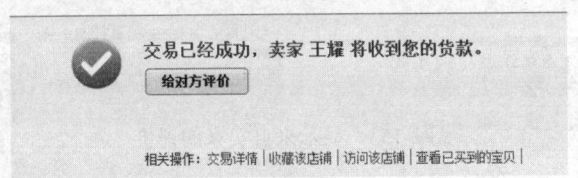

图 2-150　买家支付成功界面

也可以到"已买到的宝贝"对应的订单信息中进行"评价"，如图 2-151 所示

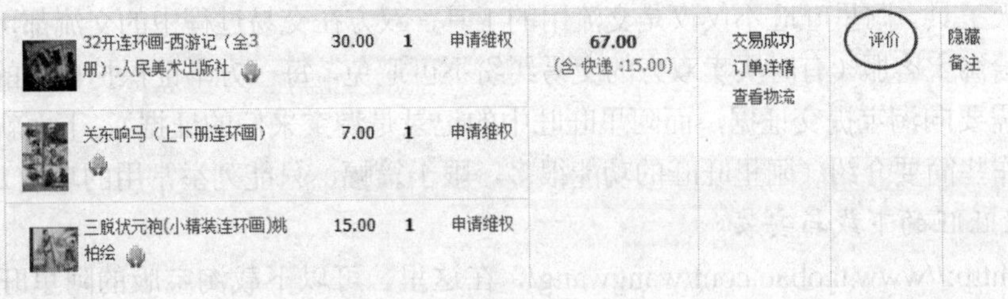

图 2-151　双方进行评价

淘宝会让双方对每一件交易成功的商品作出评价，如图2-152所示。

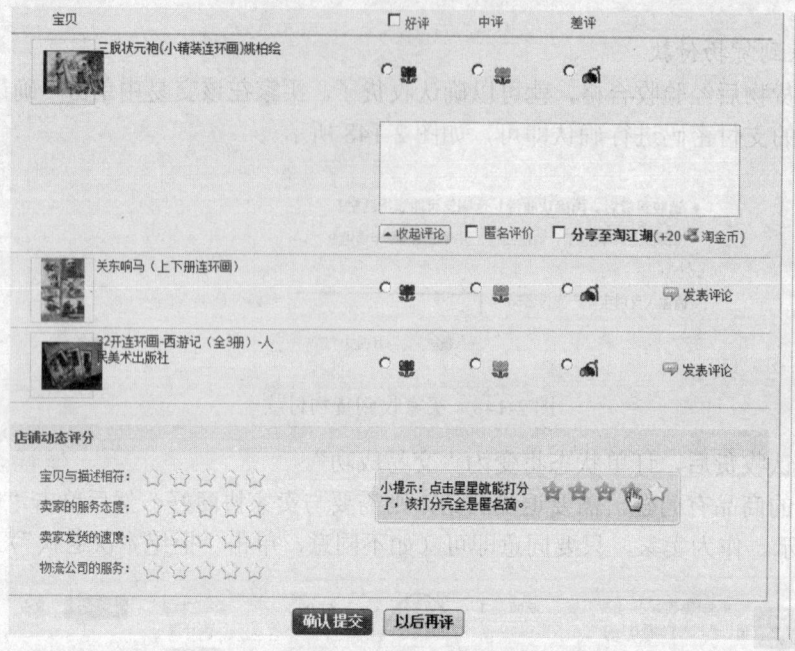

图 2-152 对商品进行评价

建议店主在对客户进行评价的时候加一些宣传本店标识的评语，这样当别人在查看买家的信用评价时就会发现店主的店铺信息，从而成为购物者也是极有可能的，如图2-153所示。

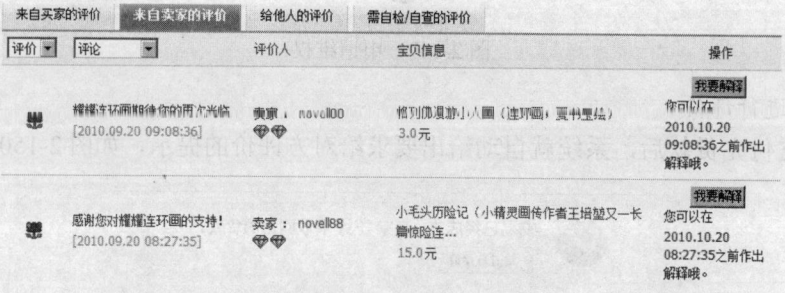

图 2-153 显示来自卖家的评价

2.5.2 阿里旺旺软件的使用

在淘宝中购物，少不了交易双方要进行协商和交流，阿里旺旺就是这样一个可以满足双方交流需求的聊天工具。阿里旺旺不仅仅是交流用的工具，双方在交易过程中的交流都可以作为有效的证据提供给淘宝客服（有时买卖双方的交易纠纷不可避免，每一方举证保护自身的合法权益不受侵害，就需要向淘宝提交证据，而阿里旺旺中的记录是淘宝采信的证据）。下面就阿里旺旺常用到的功能作些简要介绍（阿里旺旺的功能很多，限于篇幅，只能列举常用的功能）。

1．阿里旺旺的下载与安装

进入到http://www.taobao.com/wangwang/，在这里，可以下载淘宝版的阿里旺旺软件。淘宝提供了两种版本：淘宝买家版和淘宝卖家版，两种版本功能各有侧重。作为开店者，需要安装淘宝卖家版阿里旺旺。

安装的过程比较简单，双击安装文件后按照向导一步一步操作即可。阿里旺旺的启动界面如图 2-154 所示。

图 2-154　阿里旺旺启动界面

在这里，如果电脑是自己私用的电脑，在输入用户名、密码后，应该选择"记住密码"、"自动登录"两项。这样，阿里旺旺每次都会随 Windows 操作系统以输入的会员名自动登录，省去不少麻烦。

2. 阿里旺旺的提示功能

当有顾客与店主进行交流的时候，就会有对话框在任务栏中闪烁，如图 2-155 所示。

图 2-155　阿里旺旺提示

闪烁的对话框会标出顾客的会员名。店主只要单击该对话框，就可以看到顾客的留言内容了，如图 2-156 所示。

双方可以在这里进行沟通交流。在旺旺对话框中下面的框中输入想说的内容单击"发送"按钮或直接按回车键都可以让对方看到，如图 2-157 所示。

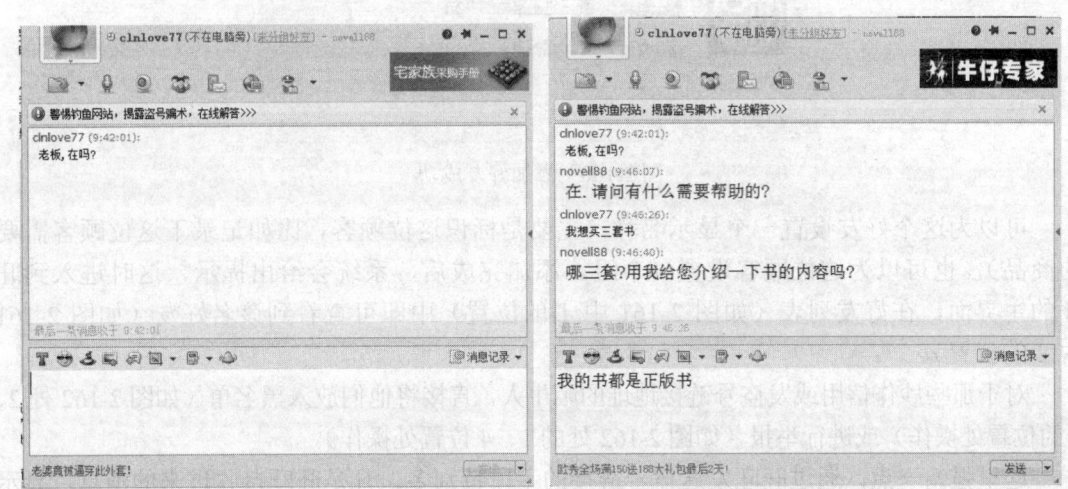

图 2-156　顾客留言显示　　　　　　　图 2-157　阿里旺旺交流对话框

使用阿里旺旺还有另一好处，就是在买家拍下商品、付款、退款、评价或卖家修改价格、发货后，阿里旺旺都会给出提醒，如图2-158所示。

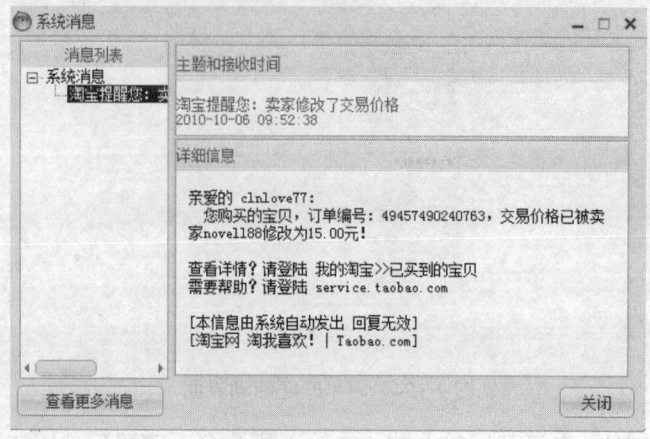

图2-158　提醒窗口

3. 添加好友或加入黑名单

对于通过旺旺交流的顾客，应该将其加入好友列表（操作命令位置如图2-159所示）。

图2-159　添加好友按钮

单击这个命令后，弹出如图2-160所示的对话框。

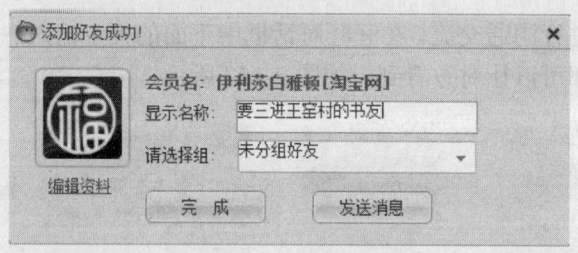

图2-160　添加好友成功

可以为这个好友设置一个显示名称（主要是标识这位顾客，比如记录下这位顾客需要的商品），也可以为这位顾客设置一个组。添加完成后，系统会给出提示，这时进入到旺旺的主界面，在好友列表（如图2-161中1的位置）中即可查看到该名好友（如图2-161中2的位置）。

对于那些炒作信用或发盗号链接地址的陌生人，直接将他们放入黑名单（如图2-162处2、3的位置处操作）或进行举报（如图2-162处的1、4位置处操作）。

这里强调一点，通过旺旺发送盗号链接的手段特别多，凡是旺旺接收过来的消息，显示无法判定该链接的安全性的地址，一律不要点击，以防被盗号者在系统内植入木马程序导致资金损失。现在又有新的盗号方法，即把盗号链接放入淘宝网的博客当中，这样使阿里旺旺无法检测。作为店主，多在论坛中查看一下关于盗号方式的公告，就不会上当受骗了。

图 2-161　好友列表

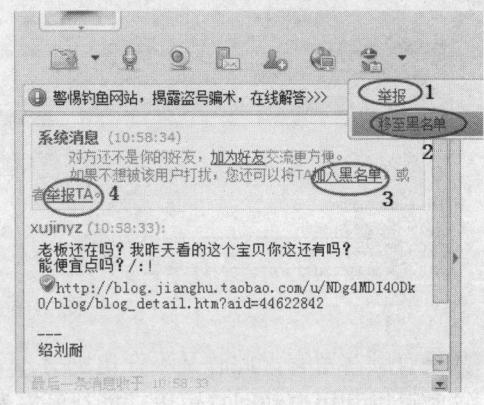

图 2-162　举报可疑信息

4. 提升服务质量

通过在旺旺中的设置，可以有效地提升服务质量。在旺旺中需要设置的主要有两处：一是旺旺的个性签名；二是设置自动回复短语，如图 2-163 所示。

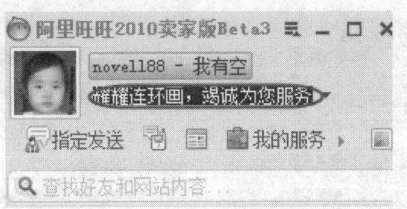

图 2-163　个性签名

在旺旺的状态显示处的下方即可设置个性签名，也可以利用旺旺的菜单栏进行设定：单击旺旺的菜单栏处（图 2-164 中 1 处），然后选择个性签名（图 2-164 中 2 处），再选择"增加/修改个性签名"（图 2-164 中 3 处）。通过新增命令添加新的个性签名，或修改已有的签名、删除不需要的签名，如图 2-165 所示。签名最多只能设置 5 个。

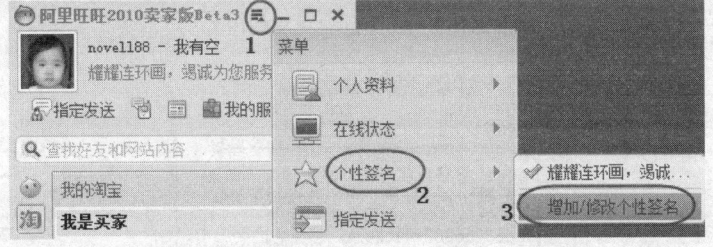

图 2-164　"增加/修改个性签名"命令

设置好的个性签名会出现在好友列表中或在交谈时可以看到，如图 2-166 所示。

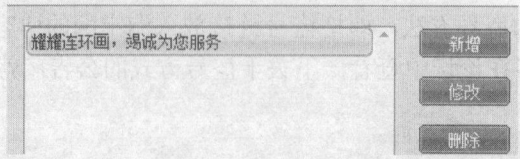

图 2-165　个性签名

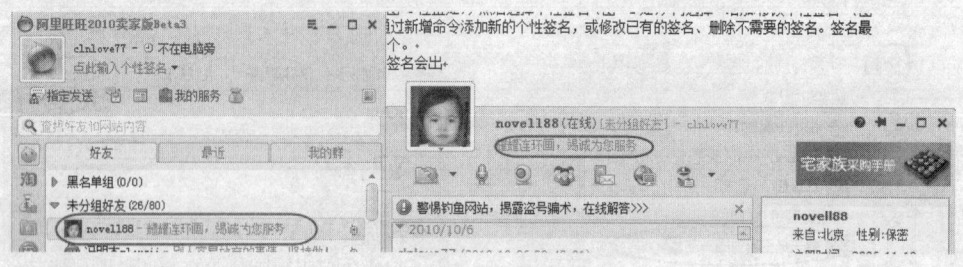

图 2-166　个性签名

如果有顾客留言，此时又不在电脑旁，若不能及时回答顾客的留言，就可能丧失一笔生意。这时可以利用自动回复短语功能让旺旺和顾客交流。

在旺旺的菜单栏（图 2-167 中 1 处）选择系统设置（图 2-167 中 2 处），然后选择"自动回复、快捷短语"（图 2-167 中 3 处），然后在"自动回复"中单击"新增"（图 2-167 中 4 处），输入要回复的留言（图 2-167 中 5 处），最后单击"保存"。这样，当别人留言，旺旺就会自动回复，如图 2-168 所示。

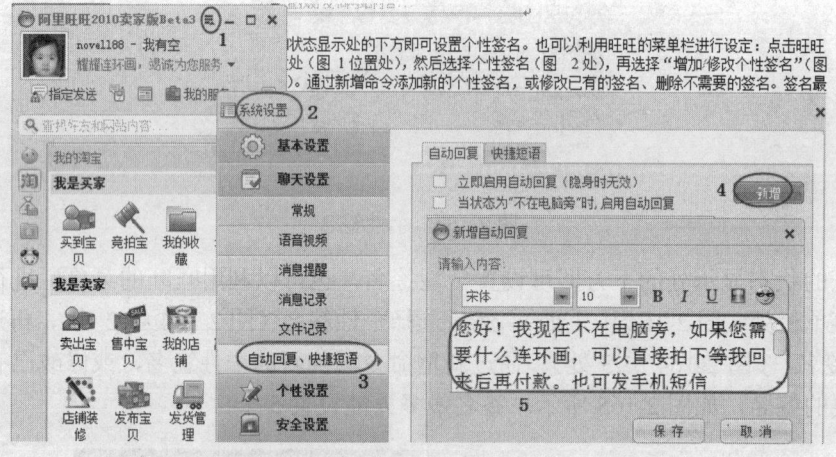

图 2-167　设置自动回复的内容

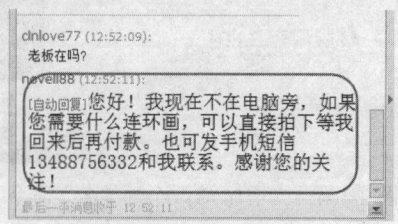

图 2-168　自动回复

5. 利用旺旺管理交易及商品

阿里旺旺的淘宝管理页面中提供针对买家或卖家身份的更快速的管理入口，如上架新商品（"我是卖家"中的"发布宝贝"链接）、管理交易（卖出宝贝或买到宝贝）、发货操作（发货管理）以及登录支付宝等操作，如图2-169所示。

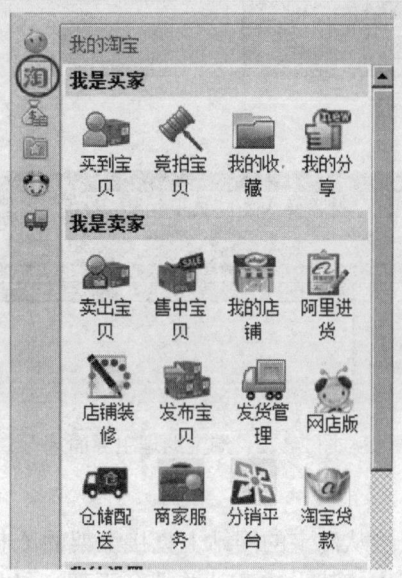

图2-169 淘宝管理页面

交易管理将在后面章节中作具体介绍，这里不再一一列举。

2.5.3 淘宝助理软件的使用

在淘宝上销售商品，卖家除了发货处理外，很重要的一项就是商品的管理，包括上架和下架。淘宝从2010年开始实行了新的规定。当店里的某个商品浏览量很低，在90天内没有交易记录并且没被店家修改的话，商品会自动放入历史宝贝记录中。

作为历史记录，这些商品将不能再次自动上架（只能重新登记该商品的信息）。对于一两件商品来说，重新填写上架信息还可以承受，但如果量大，如有的店铺几百上千件的商品都这么做，那工作量太大了。

所以，作为店主，必须学会使用淘宝助理来管理商品的上架，这样为以后减少了很多工作量。

1. 淘宝助理软件的下载和安装

登录http://www.taobao.com/tbassistant/，下载淘宝助理软件。淘宝助理软件也在不断地更新，目前最新的版本是V4.4 Beta 1版（2010-9-16更新）。将下载到的文件双击按照向导进行安装。

安装完毕后系统会提示登录。输入店主的会员名、密码（图2-170，如果是自己私用的计算机，则可以选择"保存密码"项），单击"确定"按钮。因为是第一次登录，系统会进行身份认证（图2-171），选择"是"，淘宝助理进入后会进行更新数据的操作，耐心等待一会儿就进入淘宝助理的主界面（图2-172）了。

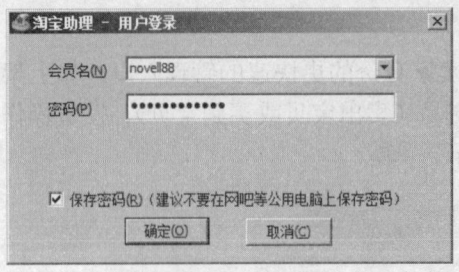
图 2-170 用户登录

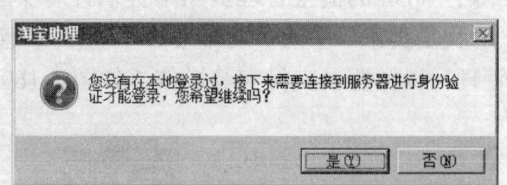
图 2-171 提示对话框

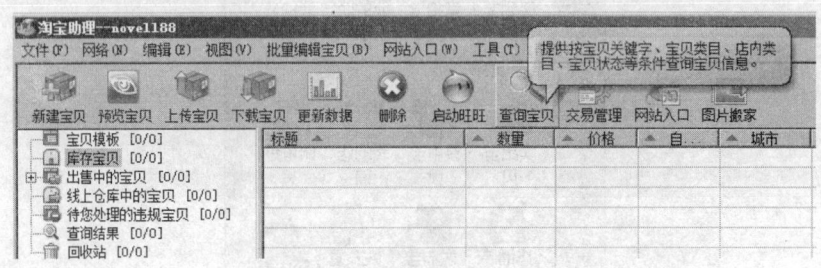
图 2-172 淘宝助理主界面

2. 下载宝贝

如果以前上架的商品是直接从淘宝的网站上直接上架的（未使用淘宝助理），现在可以将已上架的商品下载到淘宝助理中（架上的商品并不会下架，只是数据显示在淘宝助理中，并可以在淘宝助理中进行编辑修改）。

单击主界面中的"下载宝贝"按钮，系统弹出"下载宝贝"页面。如果需要将所有架上的商品都下载到淘宝助理中，只要选择宝贝的时间范围（图 2-173）就可以，为了防止因遇到下载失败的情况而造成下载停止，可以将"强制下载"复选框勾上，然后单击"下载"，下载操作就开始了。下载的时间长短取决于架上商品的数量。下载的时候有进度条实时显示下载的百分比，如图 2-174 所示。

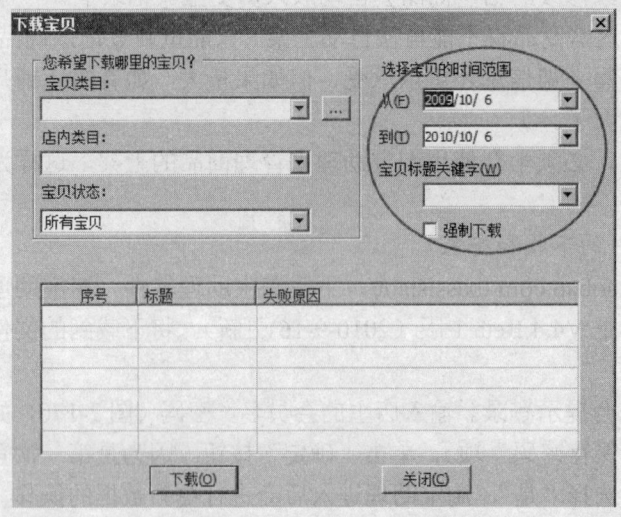
图 2-173 下载宝贝

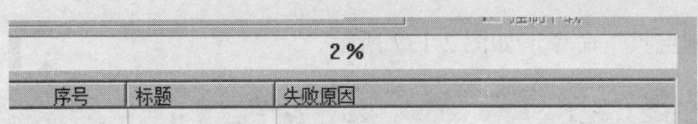

图 2-174　下载百分比

下载完成后，系统会给出提示，这时可以查看到出售中的宝贝数量是和店中一致的。而从出售的宝贝中可以查看到所有在架上的商品，如图 2-175 所示。选中其中的某一个商品就可以对它进行编辑了，如图 2-176 所示。

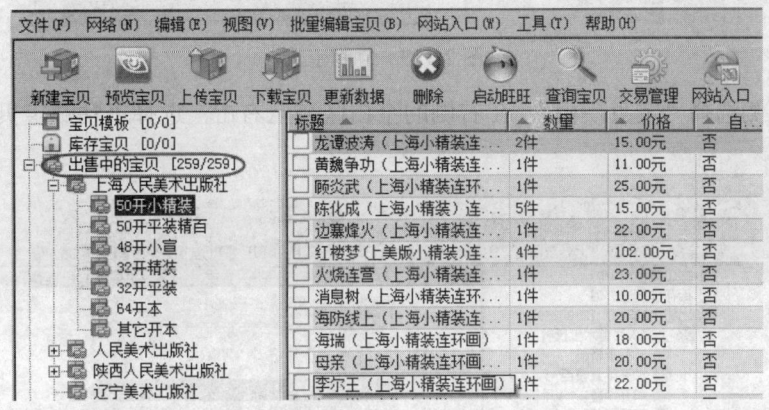

图 2-175　出售中的宝贝

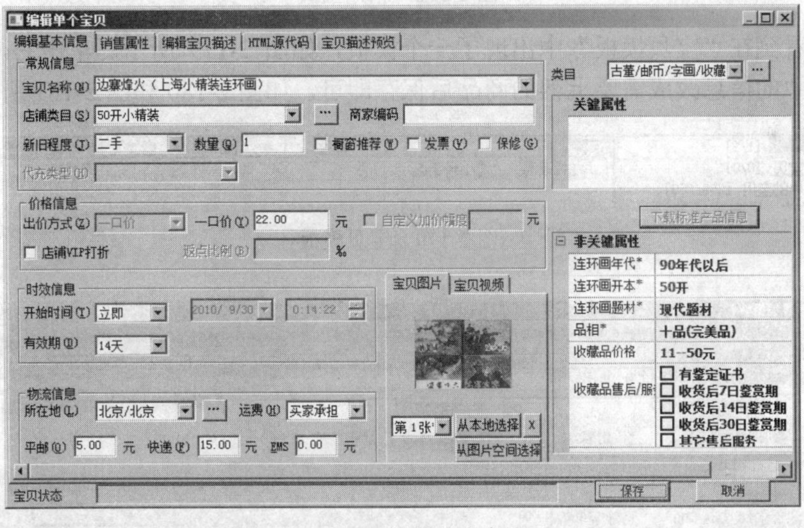

图 2-176　编辑单个宝贝

这里的编辑商品主要是"编辑基本信息"和"编辑宝贝描述"两项。具体的编辑项目和在淘宝网上直接上架的项目是一致的（下面会介绍添加新商品，编辑与添加类似）。编辑好的商品可以再次以更新的方式上架（后面会介绍）。

3. 添加新商品

（1）已经有类似商品在架上。对于已经有类似商品在架上的情况，添加新商品变得很简单。找到已经在出售中的宝贝中的类似商品（这里以"龙潭波涛"这本书为例），在该商品上右击，选择"复制宝贝"命令，如图 2-177 所示。

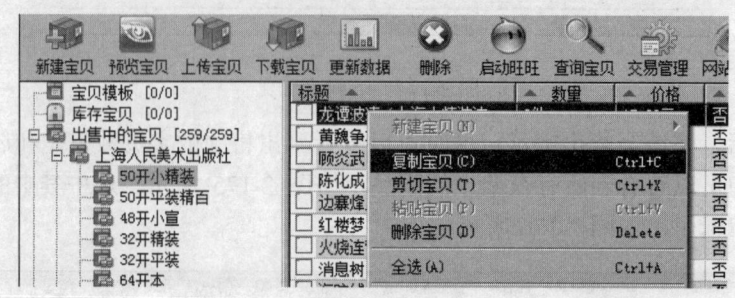

图 2-177　复制宝贝

然后在左侧选择"宝贝模板"。在右侧的空白区域上右击，选择"粘贴宝贝"命令，如图 2-178 所示。

图 2-178　粘贴宝贝

这时会看到在"宝贝模板"中出现了一个模板，如图 2-179 所示。单击它，进入编辑状态。将模板中的信息改成需要上架的商品后保存即可，如图 2-180 和图 2-181 所示。

图 2-179　宝贝模板

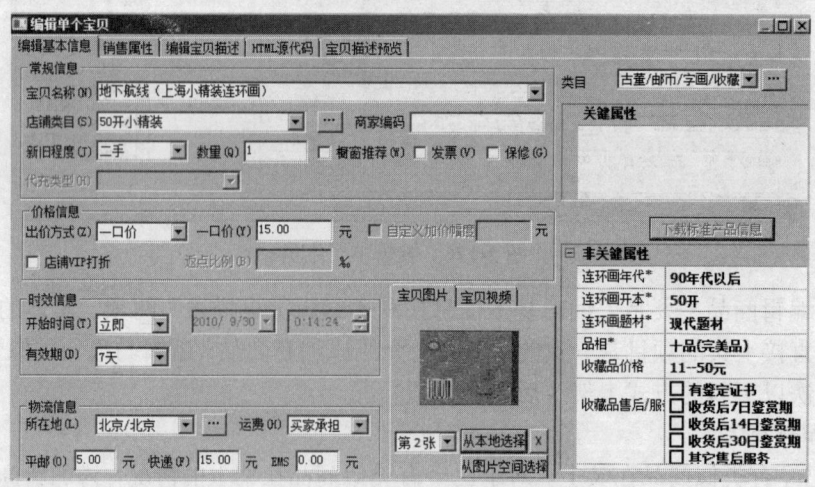

图 2-180　编辑宝贝页面

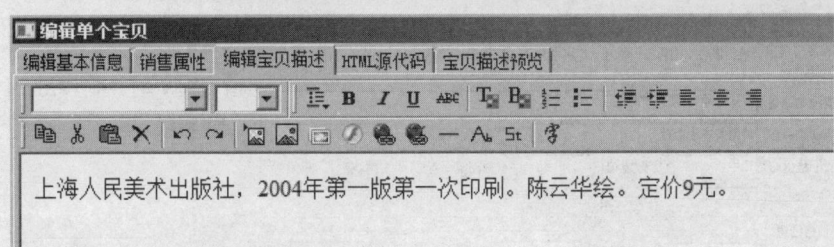

图 2-181　编辑宝贝描述

注意：刚才一直强调类似商品，即模板中的商品与要上架的新商品有很多属性都是一样的。这里为例的两个商品在基本信息中只需要更改书名、宝贝图片两处，宝贝描述中也只是修改出版时间、绘者、定价这些不一样的地方。

（2）添加没有类似模板的商品。这种商品可以认为是全新的商品，只能重新录入。单击"新建宝贝"—"空白模板"，如图 2-182 所示。淘宝助理显示的将是一个空白的宝贝界面（图 2-183），需要录入者一项一项录入进去（图 2-184 和图 2-185）。宝贝描述中的写法和在淘宝网上传商品时是一样的，也可以插入图片。商品录入后单击"保存"命令，该新添加的商品将作为模板出现在"宝贝模板"列表中。

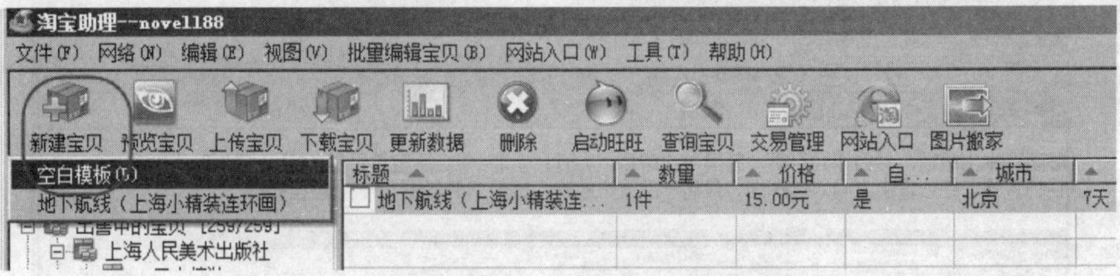

图 2-182　新建宝贝

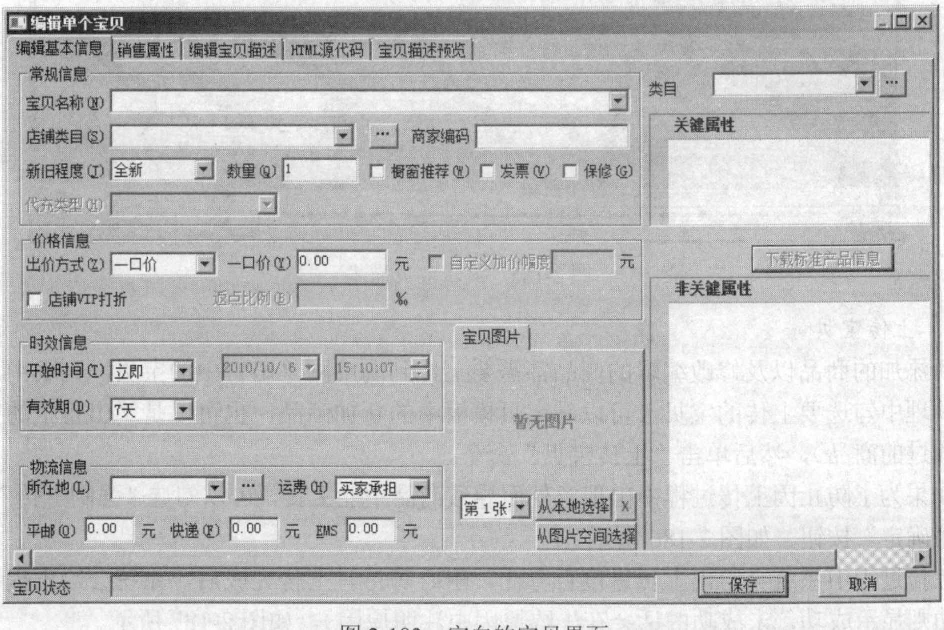

图 2-183　空白的宝贝界面

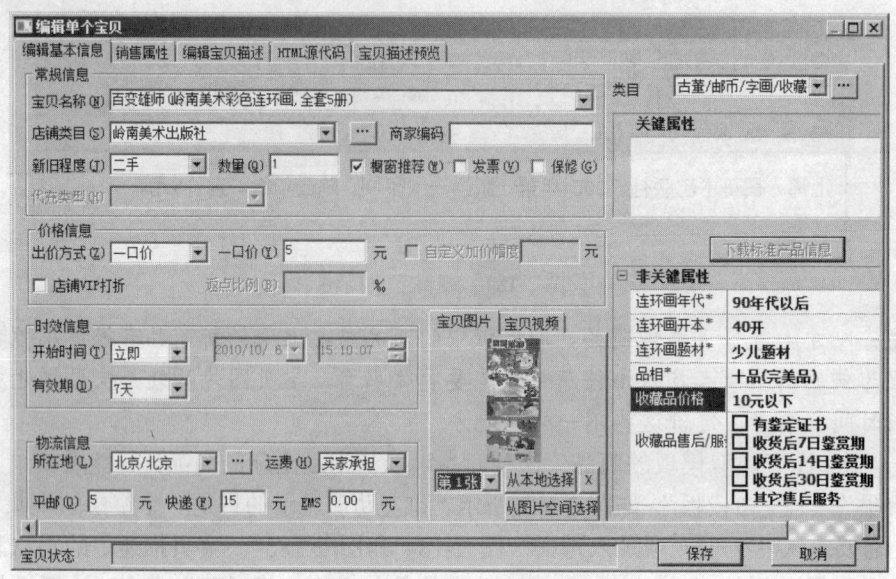

图 2-184 录入信息

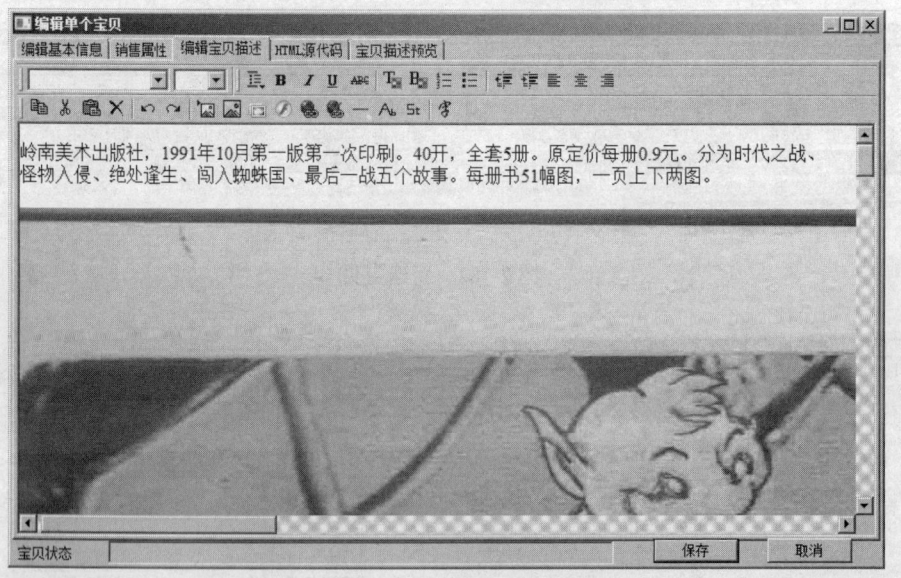

图 2-185 编辑宝贝描述

4. 上传宝贝

新添加的商品以及修改编辑的商品都需要上传到淘宝网"出售中的宝贝"列表中。先在淘宝助理中勾选要上传的宝贝（可以是宝贝模板中的新加商品，也可以是"出售中的宝贝"中修改过的商品），然后单击"上传宝贝"命令。

如果为了防止因上传过程中出现意外而导致商品不能上传，可以勾选"强制上传"，然后单击"确定"按钮，如图 2-186 所示。

上传过程中系统会给出上传进度百分比，耐心等待。上传完成后，系统会给出提示（如果成功则显示成功，未成功的话会在失败原因中注明原因），如图 2-187 所示。

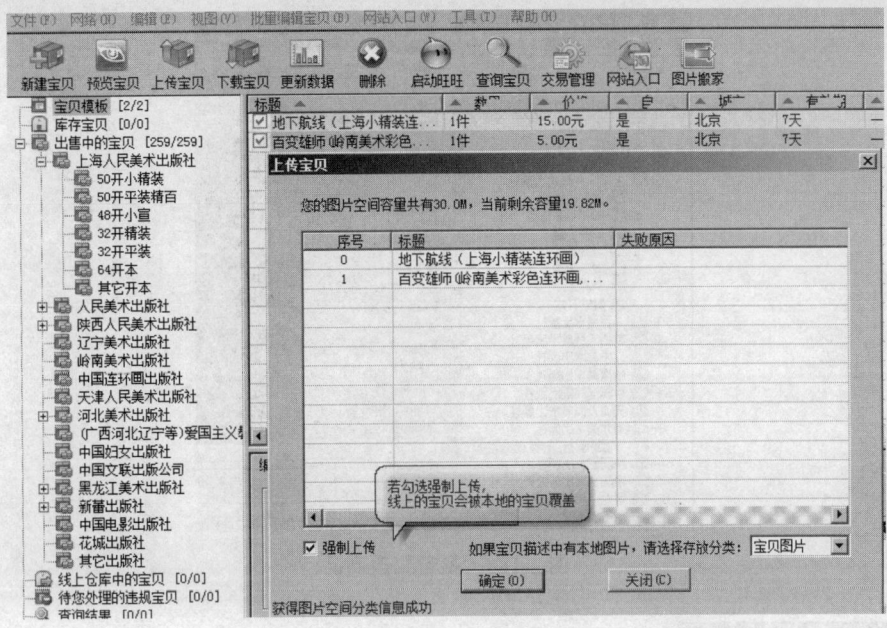

图 2-186　上传宝贝

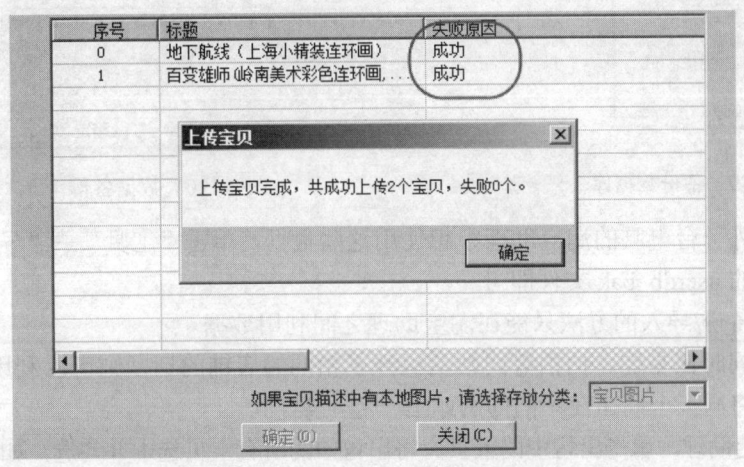

图 2-187　上传成功

这时，登录淘宝网查看网店中的商品，就会发现新上架的这两个商品了。

5．批量修改商品

在淘宝助理中勾选所有需要批量修改数据的商品，然后单击"批量编辑宝贝"菜单，修改需要批量修改的属性，如图 2-188 所示。

6．数据库备份

淘宝助理中的数据是以数据库的形式存在的。可以将保存好的数据备份，以便于这些数据将来在另外一台电脑中也可以使用。

在"工具"菜单中选择"备份数据库"（图 2-189），系统会弹出数据备份的对话框（图 2-190），通过浏览命令，指定备份的位置（最好不要放在操作系统所在的分区上），备份的文件名 userdb_bak（默认名称），单击"确定"即可。

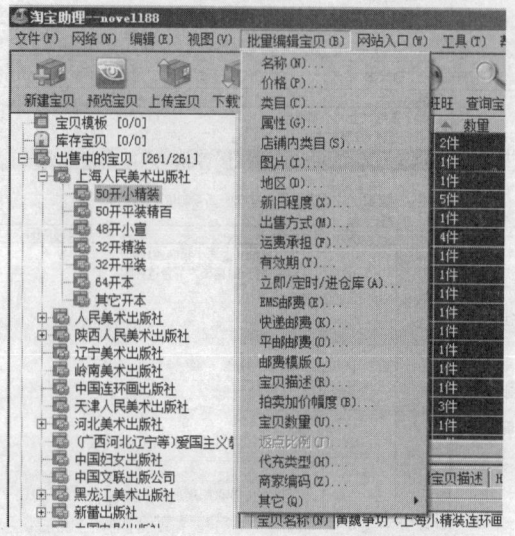

图 2-188　批量修改商品

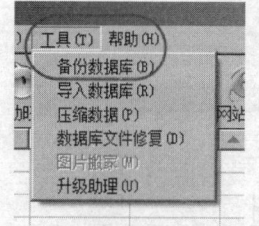

图 2-189　备份数据库

图 2-190　数据备份

如果在另外一台电脑的淘宝助理中想使用这些数据，单击"工具"—"导入数据库"，选择刚才备份好的 userdb bak 文件即可。

这样通过备份/导入的方法只能在淘宝助理之间利用数据。

如果店主同时在易趣、拍拍等网站上也开了相同的店铺的话，则可以利用淘宝助理、拍拍助理等工具将同一个商品在不同的网站上一起上架。

进入到淘定助理，单击出售中的宝贝。将出售中的所有宝贝选中并勾选，如图 2-191 所示。

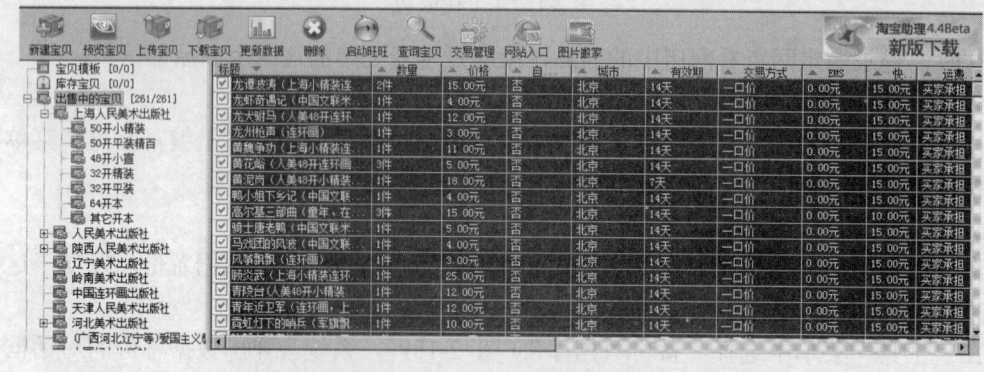

图 2-191　选中要导出的商品

在选中的宝贝上右击，选择"导出到 csv 文件"，如图 2-192 所示。

在接下来弹出的"另存为"对话框中指定保存位置，并为该文件起一个名称（文件扩展名为*.csv），然后单击"保存"即可。

淘宝助理会自动保存一个 csv 格式的文件（可用 Excel 打开），另外一个与文件同名的文件夹里存放的是所有商品的对应图片，如图 2-193 所示。

使用淘宝助理、拍拍助理等软件的用法类似，就是可以将这个 csv 文件中的所有商品导入进来。如果是淘宝助理，可以在模板中右击，然后选择"从 CSV 文件导入"，选择这个 csv 文件即可将备份的商品记录导入到助理中了。导入后的商品可以直接上架。

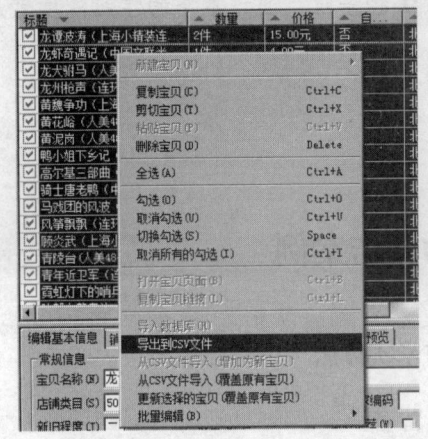

图 2-192 导出到 csv 文件

图 2-193 csv 格式的文件

本章小结

（1）平时个人开网店，多用的是 C2C 电子平台。

（2）开店的心理准备工作最为重要。很多人盲目开了店，最后却因心理压力而放弃经营。如果没有足够的心理准备，开网店是很难坚持经营下去的。

（3）开网店的操作并不是难题，技术上并没有太复杂的问题，关键是经营运作。因此，商品选择和定位将直接决定着一个人开店的成败。依靠自己的兴趣和实力、借助于畅通的渠道和敏锐的市场观察力，努力提高自身的服务水平和意识，网店创业也就成功了一大半。

（4）熟练掌握开店的辅助工具软件，将给店铺运营节省大量的时间。

问题与思考

2-1 注册域名需要什么条件？

2-2 网上开店需要做哪些准备？

2-3 了解 happy001 开心购物网站，分析该网站的优点和缺点在哪里？如果你是第一次访问该网站，你会购买该网站的商品吗？

2-4 如果你建一个网店，应该注意哪些内容？

2-5 请说说网站上计数器的作用。

第 3 章　网店的营销推广

本章学习目标

本章将详细介绍网店营销和推广的常用方法和手段。通过本章的学习，读者应掌握以下内容：

- 了解网上购物顾客的心理和行为分析
- 掌握网店营销的常用手段
- 掌握网店推广的形式和方法

引例　网上成功开店案例

从网店到 600 平方米实体店

人物：阿坚和玲玲　　广州贝贝妇婴用品店经营者

筑网时间：2006 年 5 月

网主印象：阿坚和玲玲原先都是朝九晚五的办公室职员，不过，和甘于平凡的上班族不同，这小两口平日里却十分关注身边的潮流动向，并且极有敢于尝新的精神。

2006 年，玲玲身边一群 20 世纪 70 年代后期、80 年代左右出生的好友们纷纷喜欢上了网上购物新方式。玲玲脑子转得快，便和老公阿坚商量着自己是否也在网上开一家网店，至于网店卖什么，这可难不倒擅长策划的玲玲。她一下子便想到了，因为这几年身边怀孕生孩子的年轻妈妈们特别多，漂亮且价格便宜的童装一定能得到这些习惯于网上购物的年轻妈妈们的喜爱。玲玲的想法马上得到了阿坚的支持，于是，小两口便开始筹划他们的网上童装店了。

从星期一到周末，阿坚和玲玲便开始在广州各大儿童服装批发市场了解行情，寻觅合适的货源，同时，小两口也开始在淘宝网上注册了一家名叫"六一童装店"的网店，着手了解并给货品拍照、传输上网、定价、网络售卖以及售后服务等一系列程序。

最初，两人都对网络生意没底，只是兼职做做。虽然如此，这小两口一开始就将网店做得有声有色，玲玲擅长策划，总是能想出许多招徕顾客的促销方式，比如经常做童装特价促销，赠送妈妈喜欢的小礼品等。这一系列措施赢得了不错的收益。而阿坚则着重做品牌策划，把握小店的发展方向，小两口合作无间，童装店的生意也一天天红火了起来。网店才做了几个月，阿坚和玲玲便干脆双双辞职，专心经营他们的网络生意。

不过，对于阿坚来说，他的"野心"可不仅满足于在网上做散客的童装生意那么简单。碰巧，在做了几个月网店生意之后，阿坚与番禺市桥的一位经营妇婴用品店的老板合作，用"铺货"的形式将网店内经营的货品放到实体店来售卖。不到半年，阿坚参与经营的实体店成为市桥颇有影响力的 600 平方米妇婴用品专卖店。与此同时，阿坚和玲玲的网店生意也继续下去。

> 经验之谈：
> ①网络上的网店众多，最好想些办法突出自己的店，让消费者可以方便地搜索到。
> ②网络是一个开放的平台，网店店主也经常会在网络下举办一些经验交流会，多参加此类聚会，将自己的疑问和困难提出来探讨，对于第一次尝试网店经营的"菜鸟"们来说十分重要。
> ③网店内的货品一定要够清晰，拍得够吸引人，为此，玲玲曾经专门请来专业摄影师拍照，虽然花了不少钱，但是效果的确不错。
> ④网店的口碑很重要，一旦遇到投诉，一定要认真对待，否则网络传播很快，会对网店信誉造成不好的影响。

3.1 网上购物顾客的心理和行为分析

在开自己的网店前，学习网上购物顾客的心理和行为分析对于制定网店的商品定位、销售策略、推广方法和形式起着指导作用。能否了解和掌握消费者的心理，对于网店的销售业绩有着关键性的影响。

3.1.1 购物类型

一般可以将消费者的网上购物类型分为以下6种：

（1）网络参与型。这类购物者认为网上社区是最好的购物和讨论购物的场所。这一类型的人是忠实的网购一族，他们在购物时会首先选择网购。这类人大多患有"网购症"，也就是上网购物成瘾了。对于这类顾客，采取网上发帖等形式进行店铺推广就非常有必要了。

（2）隐私规避型。这类购物者欣赏网上购物不需要在大庭广众之中购买那些比较隐私的商品。这种购物类型使得不少销售成人用品的网店业绩喜人。

（3）价格折扣型。这类购物者非常在意商品价格，其上网购物主要是为了寻找价格低的商品。为了吸引这类人群来网店购物，网店就要经常开展促销、送礼品等活动，上架的商品标题也要注明高的折扣率。

（4）商品浏览型。这类购物者只在网上查看商品，而在网下购买。我们没有实体店，也可以支持当面交易，这样就有可能吸引本地的顾客来网店中购物了。

（5）贪图方便型。这类购物者认为网上购物最大的好处就是可以不出家门，方便快捷。对于网店来说，应采取快递、EMS等送货较快的方式来完成这类人群的递送方式。

（6）网上淘宝型。这类购物者主要购买在网下很难买到的商品，如有的收藏品或当地不出售的商品。如果我们正好经营的是这类商品的话，就应该多做推广，让这类人群了解自己的店铺。

3.1.2 影响网络消费者购买的主要因素

1. 产品的特性

并非任何商品都适合网上销售。只有适合网上销售的商品进行网络销售才能取得好的效果。对于需要购买者体验后才能决定购买行为的商品应该同传统营销活动相结合，比如在网上进行宣传和展示，而销售依然在网下进行。

2. 产品的价格

对于网上销售的产品，价格越低越具有吸引力，因为网购的一个决定性因素就在于网购价格低廉。

3. 购物的便捷性

消费者选择网上购物，很大程度上要考虑时间和地点的便捷性，如不受营业时间的约束和足不出户就能收到货物。

4. 安全可靠性

在网上购物，使付款和收货分离开，这样就会造成一些不安全的隐患。因此，如何培养消费者购物的信心，对交易各环节进行安全控制就很重要。目前，网购中采用的货到付款、交易中心支付等形式可以解决"拿货不给钱"和"拿钱不给货"的问题。

3.2 网店营销的常见手段

经营网店就是为了多卖东西获取相应的利润。如果只是开个店铺而不做任何宣传，只坐等顾客上门的话，那店铺的生意肯定清淡。因此，开展适当的网店营销活动，才能提高店铺知名度和交易量。究竟如何做好自己网店的营销？一般而言，现在C2C平台本身都提供了许多帮助店主进行营销的增值服务。比如淘宝网提供了直通车、淘宝客、钻石展位、淘宝旺铺、抵价券等营销服务。但是，这些都是增值服务，是要收取费用的。作为刚刚开始从事网店或只是兼职从事网店的卖家而言，可能对网上销售本身并不是很熟悉，马上投资启用增值服务，可能还会有顾虑。而且，因为不熟悉营销的方法，投入了资金也未必能取得很好的效果。因此，并不建议从未开过网店的新手在开通淘宝网店的时候就花钱使用这些增值服务。

那对于新手如何开展网店营销呢？下面就来介绍一些免费而又有效的营销手段。

3.2.1 在淘宝门户社区中发帖增加销量

淘宝门户社区（http://bbs.taobao.com/），其实就是我们经常说的论坛。在这里，主要是买家和卖家探讨购物或经商心得体会的地方。当然，只要是论坛，就不乏灌水娱乐帖，如图3-1所示。

图3-1 淘宝社区首页

但切莫仅把这里当作娱乐区。作为店主，要利用自己的专业知识，引导消费者进行正确的购物选择。如果每一位店主把论坛资源用好了，就可能挖掘出更多的潜在顾客，为自己的店铺带来更多的人气和销量。

首先，应该了解淘宝社区中的分类（图3-2）。因为只要是论坛，就有其规则，最根本的一条，发帖要有对应的主题分类。因此，了解分类是正确发帖的第一步。

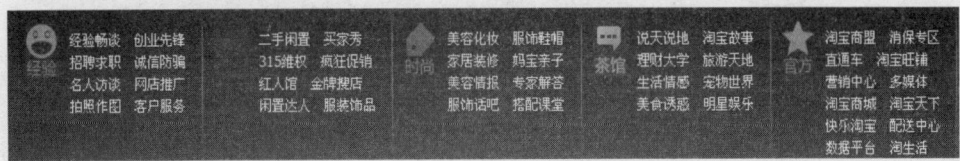

图3-2 淘宝社区分类

淘宝的论坛中主要有五大版块：经验、消费、时尚、茶馆和官方，每个版块中又有若干子类。发帖前，应该熟悉这些分类。发帖的时候要根据自己帖子的内容选择恰当的分类。注意，千万不要选错分类，因为作为每个版块的版主，其主要任务之一就是审核帖子内容是否符合主题，乱发帖的后果就是"帖子杀无赦"，更为严重的后果是ID可能被封号。

充分利用淘宝门户社区，在其中发高质量的帖子进行销售，应该是新手店主首先学会的营销手段。发帖销售，并不意味着就是要在论坛中发个帖子说"我出售XXXX，价格XXX"。当然，也不排斥在论坛中直接发帖销售。但这样做的话，所售的商品应有某种区别于别人的优势，在用语方面，也要有一定的吸引力。

图3-3的帖子截图（原帖地址：http://bbs.taobao.com/catalog/thread/454001-12820917.htm）就是一个被加为精华的促销帖，大家可以查看原帖体会一下。

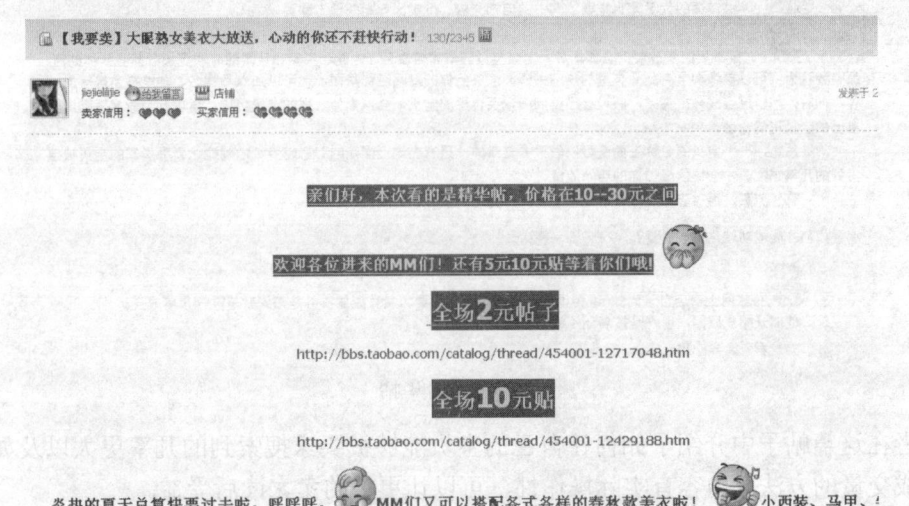

图3-3 销售帖

对于直接发的销售帖，多数情况下可能并不会引起太多人的关注，结果就是帖子很快"沉"了，而出售中的东西依旧没有多少人问津。

说到这里，可能有人会问，发什么样的帖子能增加销量呢？其实，多数情况下，发帖主要是增加了店主的知名度，特别是一些知识性、观点性强的原创帖，可以让店主获得更多的"粉丝"，赢得更多人的信任，而这些支持和信任最后汇聚的结果就是店铺销量的提升。

下面通过一些发表在淘宝社区中的精华帖来体会如何发帖。

在每一个版块中，都会有一个专门的精华帖区，如图3-4所示。

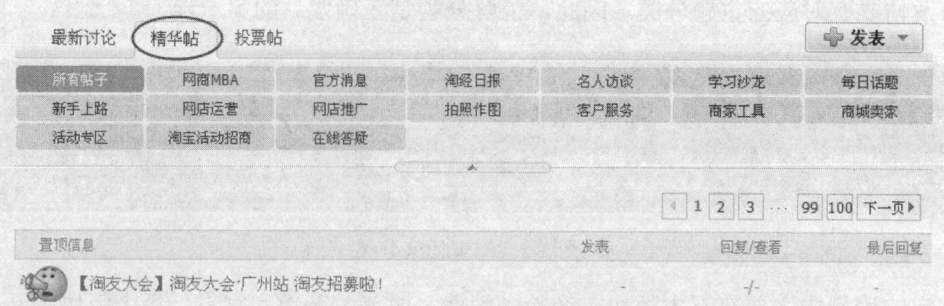

图 3-4　精华帖的位置

精华帖区的帖子全部是被版主加为精华的帖子，有一定的参考和借鉴价值。

图3-5的内容是一篇发表在"经验畅谈居"栏目中的精华帖（原帖地址：http://bbs.taobao.com/catalog/thread/154503-6704802.htm，标题：《让你的店铺第一个被买家发现的秘诀！！！》）的一部分。

图 3-5　精华帖

作者在这篇帖子中介绍了如何让自己的宝贝能够被买家搜索到的几率更大以及如何将流量转为成交量的方法。内容有实际操作性，可以让更多的卖家读后受益。

对于刚刚经营网店的朋友，可能不会有上面这位店主的宝贵经验。那也不要紧，发帖并非都要有经营店铺的经验，也可以将自己擅长的知识发挥一下，写篇自己比较精通的领域的文章用来吸引大家。下面这篇名为《基础篇：教你如何制作PS动态文字图片》的帖子（原帖地址：http://bbs.taobao.com/catalog/thread/154503-5345671.htm）就是一个不错的例子，如图3-6所示。

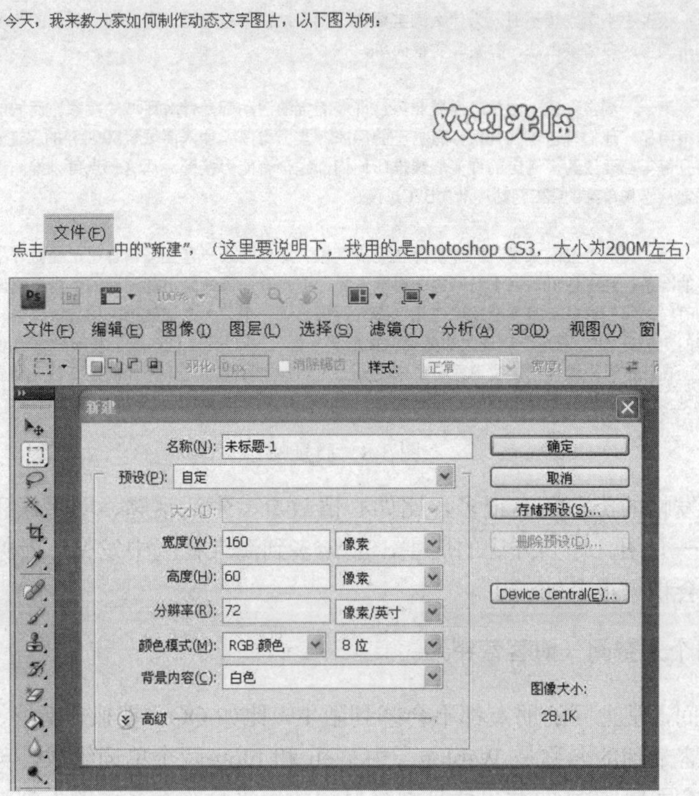

今天，我来教大家如何制作动态文字图片，以下图为例：

欢迎光临

点击 文件(F) 中的"新建"，（这里要说明下，我用的是photoshop CS3，大小为200M左右）

图 3-6　Photoshop 应用技术帖

下面的这个帖子（原帖地址：http://bbs.taobao.com/catalog/thread/510528-7546824.htm）也并非开店心得，店主将五一假期大理丽江之游的感受写了出来，一样获得了无数喜爱旅游的朋友们的喜爱，如图 3-7 所示。

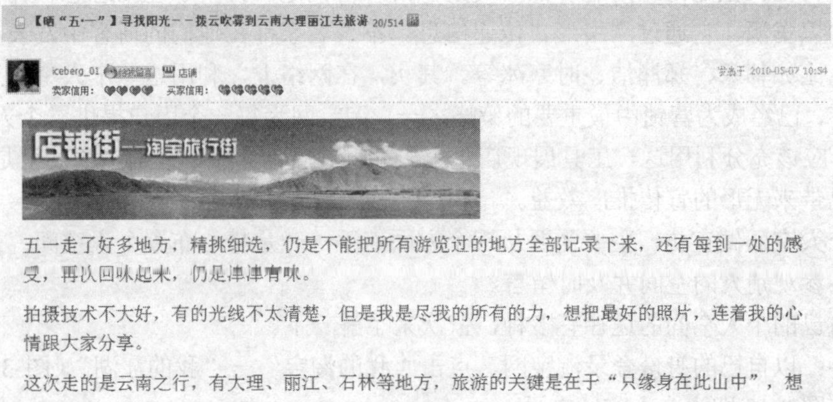

图 3-7　旅游观光帖

当然在淘宝发帖并不一定非要是对淘宝的赞美，下面的这个帖子《马云的【淘宝网】还能存活多久？疯掉了》（原帖地址：http://bbs.taobao.com/catalog/thread/154503-11113695.htm）则提出了对淘宝未来发展方向的质疑声音，如图 3-8 所示。

很多中小卖家想不通，为什么淘宝要这样做？站在阿里集团，淘宝网，马云的角度来分析淘宝网多诸多做法，答案其实很简单。

第一，淘宝现在大力推广商城业务，许多淘宝的活动都是针对商城的卖家。商城的优势很明显，他们有自己的公司，有自己的厂家，实力雄厚。加入商城要5000元的保证金，而且每年都要续约，淘宝的许多烧钱推广他们都完全有能力接受。从这一点可以推测出：淘宝从当初单纯的C2C网站逐渐向B2C过度。

第二，对淘宝网来说，同样要面临经济危机。即使马云一直在强调自己已经做好了过冬的准备，经济危机对阿里对淘宝的影响不大，但是有些事情是不能回避的。当面临压力的时候，我们这些卖家就会发现变化，淘宝网推出了一个又一个烧钱推广的方法。当初淘宝的定位是"淘宝网是全球最大的免费中文购物平台"，并以此定位击退了易趣的统治地位，在现在看来这样的定位已经有些软弱无力了。淘宝网也要过冬，如何过冬？已经显而易见。

图 3-8 质疑帖

在淘宝社区发帖的类型还有很多，比如心情故事、生活话题、明星娱乐等。由于内容太广，这里不再一一介绍。作为开店的店主，应该多到淘宝社区中发帖、看帖、学习经验，时间长了，自然就会积累很多知识了。

3.2.2 利用个人空间（博客营销）

提到个人空间，常上网的朋友都不会感到陌生，比如 QQ、搜狐、新浪、网易、开心网的个人空间等。博客最初的名称是 Weblog，由 web 和 blog 两个单词组成，英文单词为 BLOG（WEB LOG 的缩写），按字面意思就是网络日记，后来喜欢新名词的人把这个词的发音故意改了一下，读成 we blog，由此，blog 这个词被创造出来。伴随着这些个人空间数量的迅速增长，博客（日志）以及相册成为网络时代最大众化的内容。博客这种网络日记的内容通常是公开的，自己可以发表自己的网络日记，也可以阅读别人的网络日记，因此博客可以理解为一种个人思想、观点、知识等在互联网上的共享。由此可见，博客具有知识性、自主性、共享性等基本特征。正是博客的这种性质决定了博客营销是一种基于包括思想、体验等表现形式的个人知识资源，它通过网络形式传递信息。不少名家都在他们的博客中发表文章，而且人气极高，比如韩寒、郑渊洁、时寒冰等。其实，在网络上，利用这些个人空间进行店铺、商品的推广，已经成为营销中最重要的策略之一。淘宝网为每一个用户提供了个人空间服务。作为店主，应该充分利用这一工具展现店主个人情况、店铺介绍、营销文章甚至是发布广告，从而为自己带来无形的宣传推广效益。

利用个人空间做宣传，主要需要从三个方面着手：一是精心布置个人空间；二是发表日志；三是多参观别人的空间并及时留言。

进入自己的个人空间的途径有多种，依次来了解一下。

第一种：以自己的身份登录淘宝网，点击"我的淘宝"—"我的江湖"（图 3-9）即进入个人空间。图 3-10 即为个人空间首页。

图 3-9 我的淘宝

图 3-10 淘宝的"我的江湖"

第二种：单击"账号管理"—"博客（个人空间）"直接进入，如图 3-11 所示。

第三种：如果使用的是阿里旺旺软件，通过进入"我的淘宝"界面，在"我的社区"版块中选择"我的江湖"即可，如图 3-12 所示。

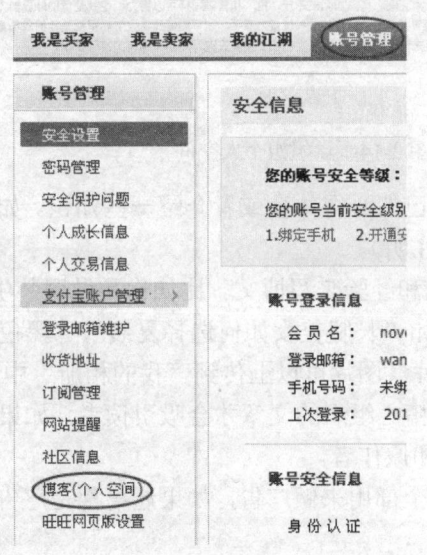

图 3-11 账号管理中的博客入口　　　　图 3-12 阿里旺旺中"我的江湖"入口

通过单击"预览我的主页"可查看个人空间的首页。

图 3-13 可以看到，个人空间中主要有"他的江湖"、"他的好友"、"他的日志"、"他的相册"等内容。"他的好友"中列出了所有的好友。作为店主，应该把自己的客户都加为好友。这样当别人在进入我们的个人空间后，在查看我们的好友时就可以通过好友的"淘分享"查

看到他们的购买信息，这样，顾客购买的店中的商品信息就会对浏览者有一定的引导作用。"他的日志"就是常说的博客，这里也是我们主动进行营销的重要阵地。在这里，可以通过发表类似于日记的博文来做店铺的营销推广。图3-14是淘宝ID岚姐姐的日志首页。因为岚姐姐是淘宝大学的讲师，对于营销推广有着丰富的经验，她的个人空间有着一定的指导作用。结合她的空间可以得到以下几点经验：

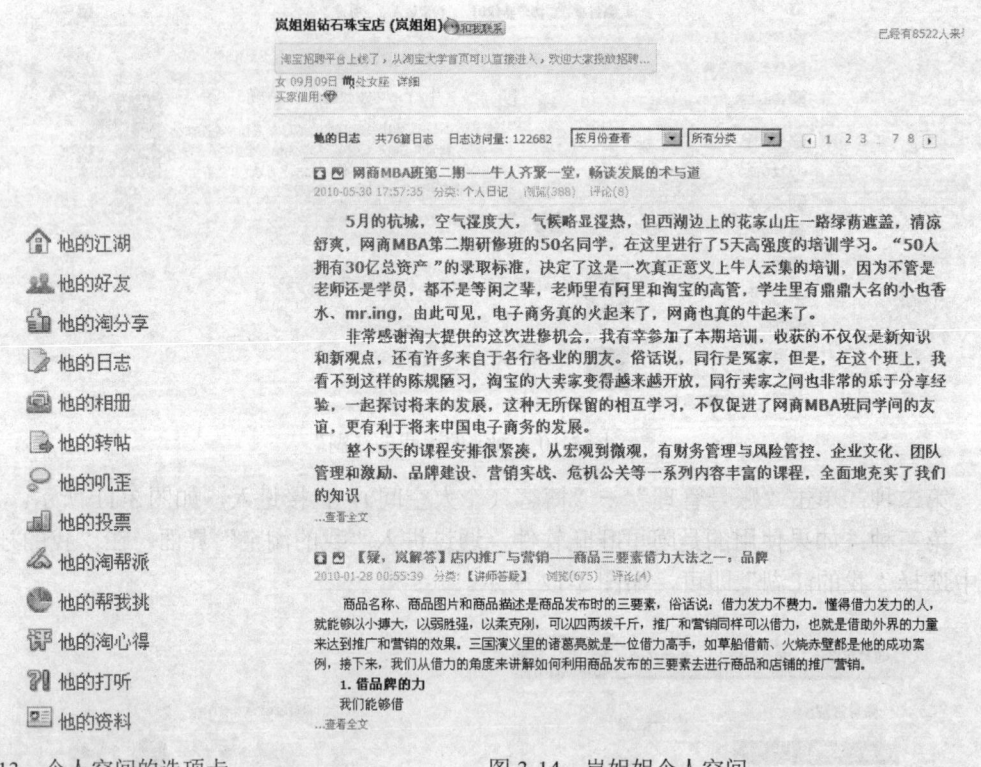

图3-13　个人空间的选项卡　　　　　　图3-14　岚姐姐个人空间

（1）博客内容要及时更新，应该经常写些自己的心得体会或者介绍一些知识。如果自己最近实在没有什么心得，也可以转帖（转帖应该注明）。

（2）销售什么产品，就选择产品周边的资讯和经验来写博文。比如你是做服装生意的，可以将主题定义为女性打扮或者化妆类，写些诸如"长腿美女如何选择夏装"、"黑色毛衣引领今冬时尚"这样类似的文章。博文可以插入图片（图片可以上传到"我的相册"中）。

（3）博文尽量要原创，只有内容新鲜、经过精心组织的文章才会吸引读者。如果别人写的文章也不错的话，可以转帖。转帖要注明出处和原作者。

（4）博文中可以有自己店铺的广告，但不要全部用来做广告，如果通篇都是广告，将不会有人再关注你的空间了。

最后谈一下个人空间的装饰。首先，应该在个人空间中完善自己的基本资料。进入"我的江湖"，单击"设置"，即可对"个人资料"、"个人兴趣"、"学校信息"、"工作信息"、"我的头像"、"空间DIY"、"隐私设置"进行设置。有些内容可以不写，一些隐私方面的内容，比如联系方式等，可以选择只有好友才可以看见的形式，如图3-15所示。这里强调几项内容：

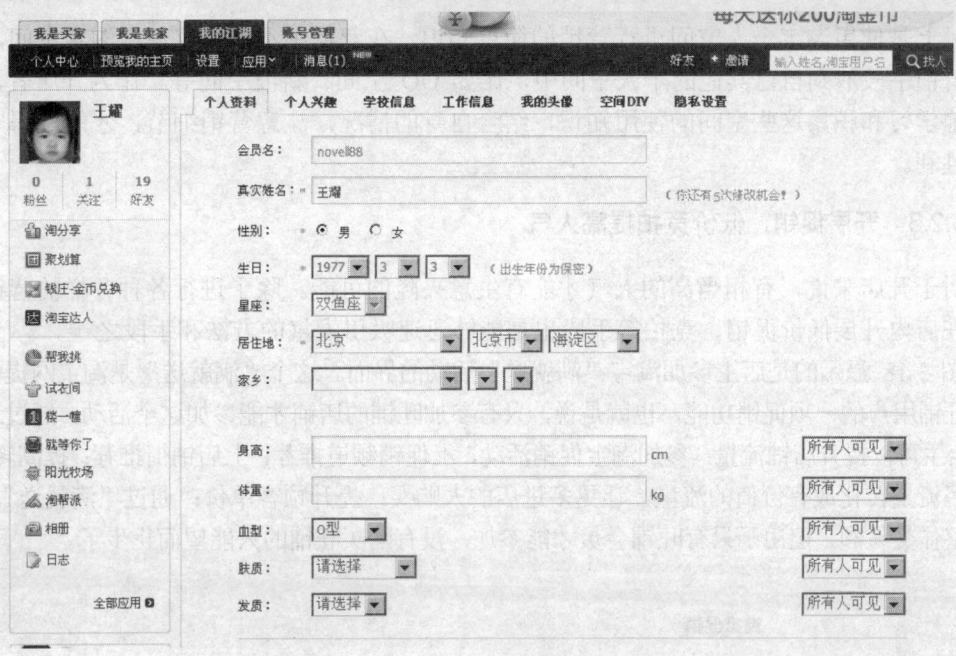

图 3-15　个人空间资料

（1）真实姓名：个人空间中显示的是你的真实姓名，这是因为在淘宝中开店是实名制的，即开店必须进行实名认证。因此，这里显示的就是店主的真实姓名。

（2）我的头像：我的头像中的图片可以修改。头像是显示在"我的江湖"首页左上方的图片。在设置头像后，阿里旺旺的头像也将采用同一图片显示，如图3-16所示。

图 3-16　阿里旺旺的头像

（3）空间 DIY：可以为我的空间名起别名。一般来说，应该将自定义空间名定义为店的名称，这样具有一致性，如图3-17所示。

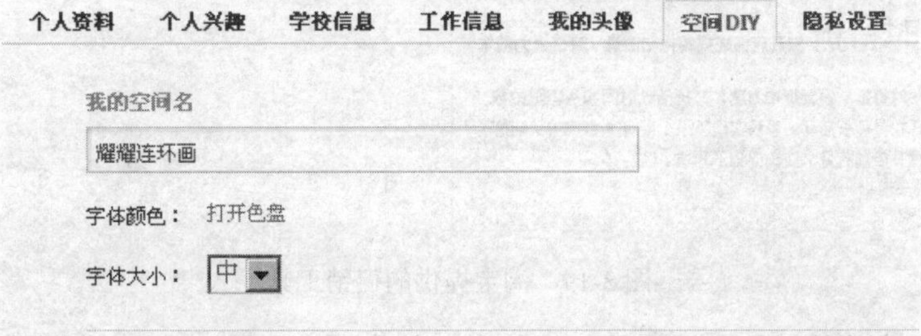

图 3-17　空间 DIY

以上是使用淘宝个人空间进行营销的简单知识。在营销中不能仅仅使用淘宝空间，还应该将营销手段放到自己其他的个人空间中，比如 QQ 空间、新浪空间等。作为开店者，只有不断地学习和积累这些空间的使用知识，结合自身的情况，注意营销细节，才能取得空间营销的胜利。

3.2.3 开展促销、低价竞拍提高人气

对于开店来说，有相当高的人气才能有生意兴隆的可能。除了进行各种各样的营销活动外，在店内开展低价促销、竞拍等手段也是能够迅速吸引人气的方法和手段之一。

图 3-18 显示的是店主参加淘宝"满就送"活动的界面。这个"满就送"是淘宝网提供给非商城旺铺用户的一项促销功能，也就是说，只有参加旺铺的店铺才能参加这个活动。通过这个活动，店主可以提升店铺流量：参加淘宝促销活动，上促销频道推荐，上店铺街推荐；提高转化率：把更多流量转化成有价值的流量，让更多进店的人购买；提升顾客单价：通过"满就送"，提高店铺整体交易额。但由于只有旺铺会员才能参加，没有购买旺铺的只能望而止步了。

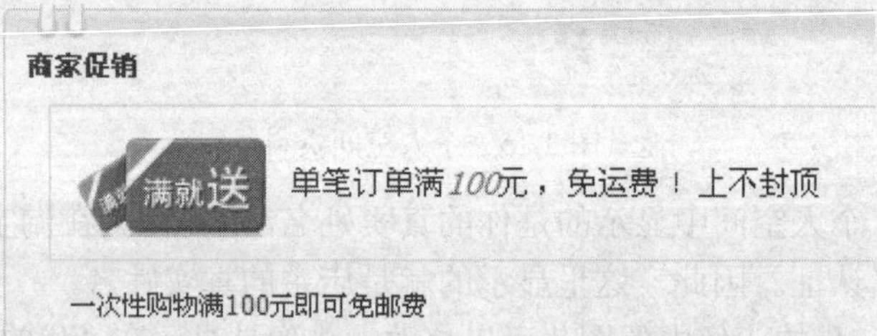

图 3-18 满就送

除"满就送"活动外，淘宝还有"限时打折"、"搭配套餐"的促销活动，如图 3-19 所示。但都是针对旺铺用户的。要参加这些促销，可以在购买旺铺后，通过"我是卖家"—"营销中心"—"我要推广"找到相应的功能进行设置。

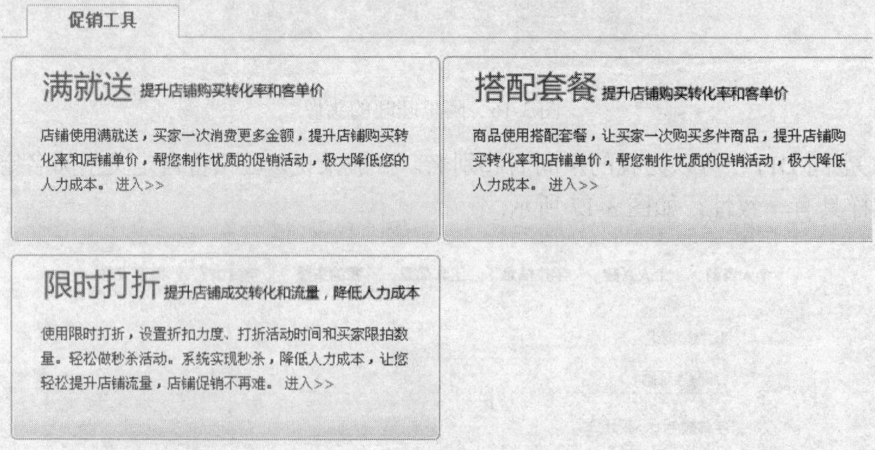

图 3-19 淘宝提供的促销工具

由于以上促销手段都是提供给购买增值服务的店铺（旺铺），对于非旺铺用户而言，这些手段就不能使用了。不过可以在店内通过低价竞拍的形式来迅速提升人气。

竞拍是商业中的一种买卖方式,即卖方按照一定的程序和规则通过公开竞价的方式把商品卖给出价最高的人。

淘宝商品上架的时候允许以一口价或拍卖两种方式进行。不过从目前淘宝运行的状况看,主要还是一口价形式。但卖家利用竞拍方式,特别是低价竞拍可以引起更多买家的关注,迅速提升人气。图 3-20 所示是笔者店内的一件拍品。

图 3-20　低起价的拍卖商品

一般来说,要想迅速提升人气,拍品应该比较有特色,商品本身就能吸引很多人,再有,就是起拍价格要比较低。不过上拍品之前要认真阅读淘宝上拍品的规则,拍品是本身含运费的,也就是说,卖家在拍卖结束后,只能按照最高出价卖出商品(其中还包含邮寄费),不得私自调价,否则就是违规,违规就会受到投诉和处罚。因此,在上架拍品前,店主应该考虑好底价,即最少应以成本价略加邮费的价格上架,不宜赔本去上拍品。

如果有条件,低价拍品多上架几件效果可能更好。这样长期坚持,店内的人气一定会提高的。当流量较多,成交量就可能会进一步提升。

3.2.4　免费登录到搜索引擎

在互联网搜索商品,除了在淘宝这样的平台内部进行搜索之外,也极有可能利用百度、谷歌这样的搜索引擎进行查找。如果把店铺在搜索引擎中注册,那对于店中的商品的销量,无疑会有很大的促进作用。当然,登录到搜索引擎是要收费的,但也有免费的形式。下面就来看一看。

1. 谷歌免费搜索

谷歌虽然将主服务器搬到了香港地区,国内使用它的人还是有不少。可以申请将自己的店铺首页加入谷歌的搜索条目中。申请的地址如下:http://www.google.com/addurl/?hl=zh-CN&continue=/addurl。

在这个申请中需要输入自己商铺的网址和评论。网址按照实际填写即可,评论则是关于自己店铺的一些描述性关键词,输入完成后提交,如图 3-21 所示。

输入完成后可以试着按输入的关键词在谷歌中查找自己的店铺,如果找到了,说明申请生效了。如果没有,就过一段时间再重新申请一下。并非所有的申请者都可以如愿,一次不行,多试几次,直到成功为止。

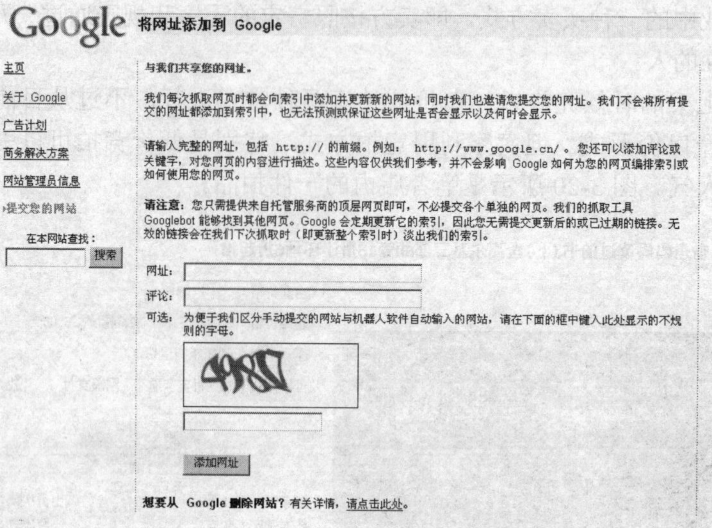

图 3-21　免费将网店信息登记到谷歌

2. 百度免费搜索

在浏览器地址栏中输入http://www.baidu.com/search/url_submit.html，即可登录百度免费收录网址的页面，如图 3-22 所示。

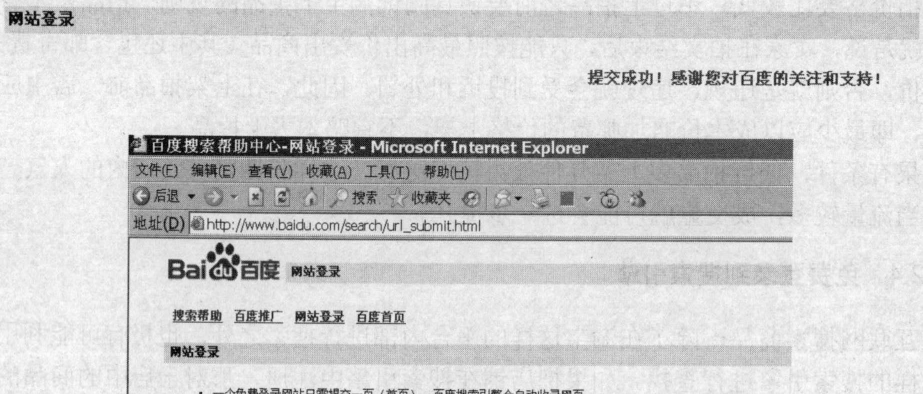

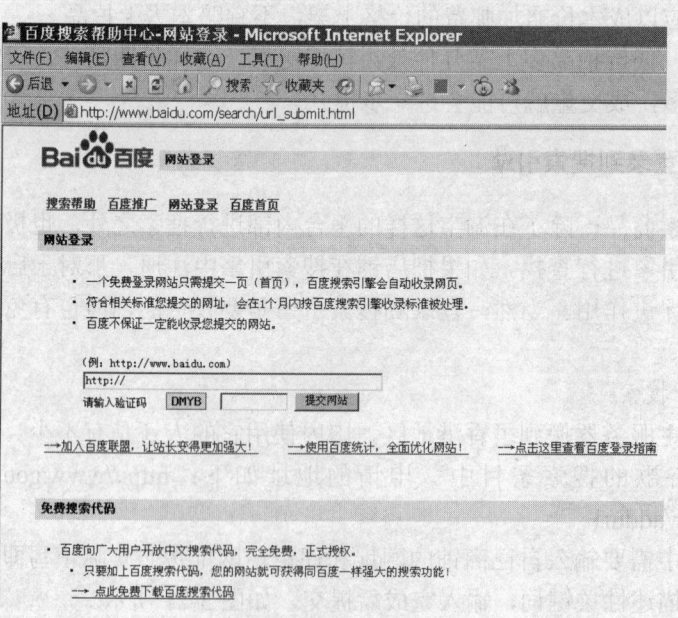

图 3-22　免费将网店信息登记到百度

百度中不能输入描述，只能输入店铺首页。百度也一样不能保证输入的网址一定被收录。同理，一次不成可以多试验几次。

当然，还有很多其他的搜索引擎可以免费注册。用的越多，店铺被搜到的几率就会越大。花些时间做做这样的工作对店铺的生意将会有很大的促进作用。

3.2.5 合理利用友情链接

友情链接分为两种，一种是平台内部店铺之间的友情链接，一种是店铺与外部网站之间的友情链接。关于店铺内部之间的友情链接，在第2章中曾经提到过，这里详细介绍一下。

友情链接区的位置，在店铺首页的左下方，如图3-23所示。

图 3-23　友情链接

在这里可以链接到淘宝内部的任意一家店铺。链接的方法如下：

（1）找到欲添加友情链接的店铺店主的会员ID。如果不记得会员ID，只要搜索到该店铺即可看到会员ID，如图3-24中的红圈部分。

图 3-24　查看对方会员 ID

（2）通过"管理我的店铺"进入到店铺管理模式。此时，在友情链接区右侧有一个"编辑"按钮，单击它，在新弹出的店铺管理窗口中，有"添加新链接"的链接，如图3-25所示。

图 3-25　添加新的友情链接

（3）单击"添加新链接"，在红圈的位置输入要添加的淘宝会员名，如图3-26所示。

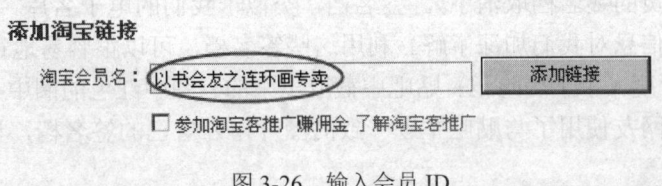

图 3-26　输入会员 ID

（4）完成添加链接后，该会员的对应店铺就会出现在友情链接区的最下方，如图3-27所示。

图 3-27　添加成功后的结果

如果是刚开的店铺，可查找淘宝中同类信誉度比较高的店主，请求将自己的店铺作为其友情链接，这样对于提高自己店铺的流量，增加人气，有着非常重要的作用。由于信誉度较高的店铺在搜索引擎中被搜到的几率也大，当我们的店铺加入这些店铺的友情链接后，被搜索引擎查找到的几率也变大了。所以说，合理利用友情链接对于提高网店知名度是非常有益的。

除了上面所讲到的淘宝内部的友情链接外，也可以利用一些网站，特别是一些论坛提供的友情链接增加店铺人气，如图3-28所示。当然，淘宝外的这种友情链接，有的是要花钱的，有的则是免费的。具体规则可查看这些网站的版规。

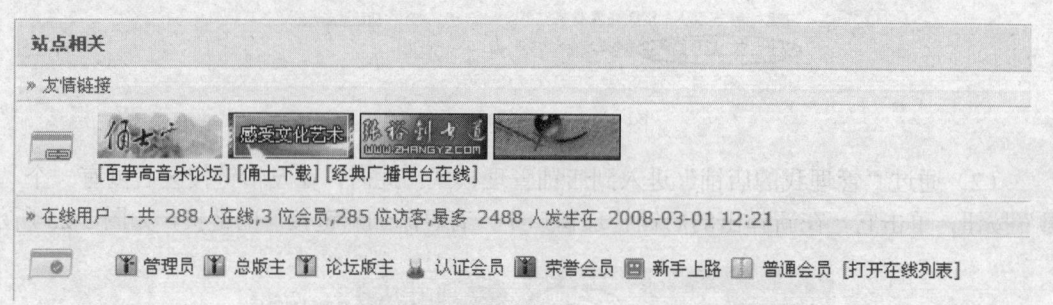

图 3-28　淘宝外部友情链接

需要说明一点，利用淘宝外的网站友情链接，应选择网站内容与店铺所售商品有共同点的网站，比如销售数码店铺的选择数码产品论坛申请友情链接。如果论坛本身与所售商品无关，则申请友情链接的意义就不大了。

3.2.6　巧用签名档

在有些论坛中发帖的时候常常会在发表的帖子尾部有一个签名档（淘宝社区中为了防止打广告，将论坛会员的签名档取消了）。签名档，类似于我们的电子名片。别人阅读帖子时，可以通过签名档的信息对我们加深了解。利用这些签名档，可以很容易地宣传店铺。

图 3-29 是从百度《丁丁历险记》贴吧中截取出来的。图中红色的圈中是这位网友的签名档。很显然，这位网友使用了与贴吧主题一致的图片作为自己的签名档，让人看了就有种亲切感。

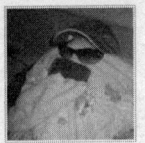

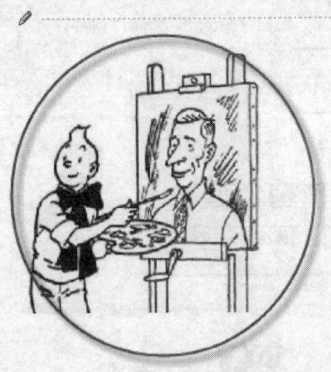

图 3-29 个性签名（图片）

图 3-30 是连趣网中某位店主的签名档，这个签名档只是单纯的文字，但从文字中可以了解到这位店主的店铺信息。

SIGNATURE

千江有水千江月，万里无云万里天......

博客：http://www.mylhh.com:8080/mylhh/com/mylhh/user/blog/FindBlogArticleServlet?userid=爱连君

店铺：http://www.mylhh.com:8080/mylhh/com/mylhh/user/shop/DisplayShopServlet?shopID=1261279396780_3917

图 3-30 个性签名（文字）

图 3-31 中店主的签名不仅有自己的居住地址，还有联系电话、银行账号、淘宝店地址等信息。一般来说，不建议开店的人信息如此暴露，但详细的信息确实可以给购物者以安全感。

SIGNATURE

我的地址:河北省唐山市路南区福乐园309-1-201

范志威 邮编063000

中国农业银行

95599 8065 09186 55913 范志威

中国工商银行

6222 0204 0300 0180626

电话:13315508860

我的淘宝小店正式开业了！

http://shop34570672.taobao.com

图 3-31 签名

通过上面的例子，大家应该对签名档的概念有了较为形象的理解。下面来看一下如何设计自己的签名档。

前面已经提过了，并非所有的论坛都允许签名档的存在。在天涯、淘宝这样的社区中，就没有签名档。下面以百度贴吧为例，讲述如何添加签名档。

（1）进入百度贴吧：http://tieba.baidu.com。如果已经是百度贴吧的会员，则直接登录进入，如果不是，需要注册。这里注册了一个新的会员 ID：耀耀连环画，如图 3-32 所示。

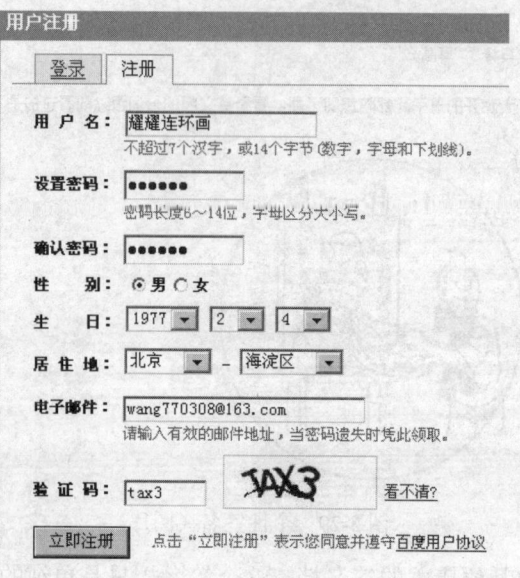

图 3-32　注册图示

（2）以"耀耀连环画"登录百度贴吧（一般来说，刚注册完，注册的账号即为登录状态），进入到贴吧首页。单击"个人设置"，如图 3-33 所示。

（3）选择"签名档设置"，然后单击"添加一套签名档"。

（4）在弹出的"创建签名档"框中为这个签名档起名，然后将已经存在于网络上的图片地址粘贴到对应的位置即可，如图 3-34 所示（注意：百度贴吧中只能输入存在于百度贴吧和百度空间中的图片）。

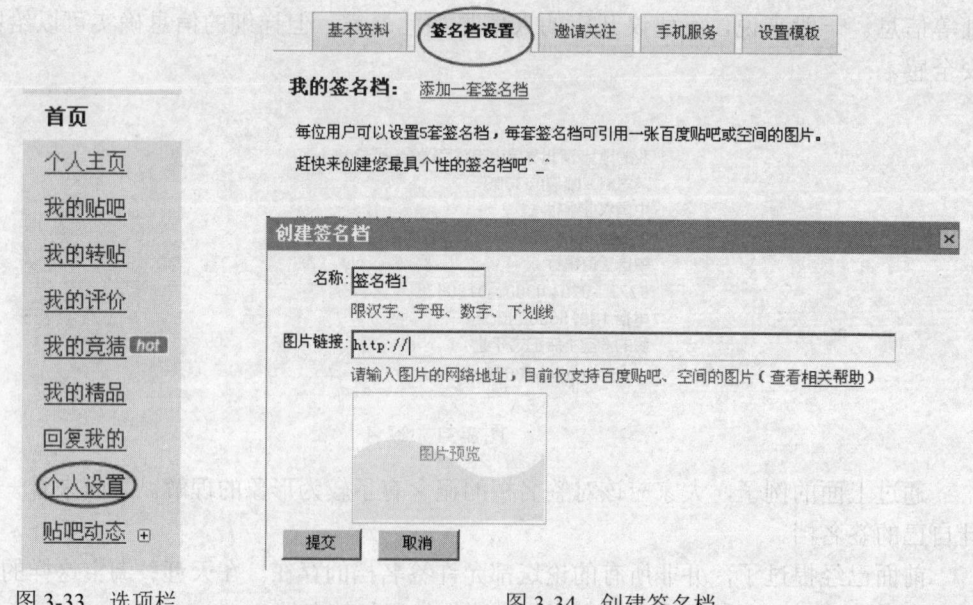

图 3-33　选项栏　　　　　　　图 3-34　创建签名档

如果需要自己制作签名图片，请先将图片上传到百度空间。上传方法类似于淘宝的图片空间。然后在该图片上右击，选择"属性"。在属性窗口中复制 url 中显示的链接即可。

有的网站的签名无法直接使用图片，比如作者常登录的连趣网就是这样的。可以使用 img 标记（写法如图 3-35），这样发表的帖子结尾就使用图片做签名了。

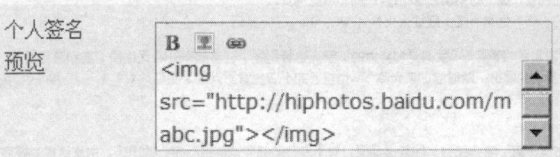

图 3-35　个人签名栏

是 html（超文本标记语言）中的一个成对标志，以开始，以结束，它的主要功能就是用来在网页中显示图片。在第一个 img 后面加一个空格，然后用 src="图片地址"来设置要显示的图片，如图 3-36 所示。

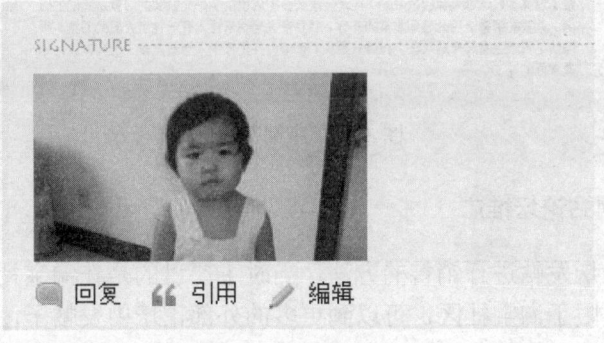

图 3-36　图片签名栏

当然，也可以把自己与他人联系的旺旺、QQ、MSN 等聊天工具的个性签名设置为店铺的宣传签名档。这样，任何一个与自己谈话的人都能看到店铺的宣传了。

3.2.7　利用店铺留言

关于店铺留言区在 2.4 节中已经提到过，如何留言以及如何回复留言的方法在这里不再讲述。我们主要关注如何利用店铺的留言来吸引浏览者，从而将流量变为成交量。

利用店铺留言区展现自身店铺的风格也是一个增加人气的好方法。有一部分顾客，是比较喜欢在留言区做出购买评价的，作为店主，应该及时地对这些留言进行回复交流。从店主与顾客留言区的相互交流中，可以看到顾客对店铺客观的评价，也可以看到店主的素质和服务态度。店铺留言区最好能展现出一种和谐、温馨的氛围，而这些氛围有可能让原本只是逛逛或是在比较几家经营同类商品的买家一下子决定购买店中的商品了。

图 3-37 就是一家店铺交流区的内容截图。在这里，可以看到顾客的评语，而店主亲切、温馨的回复让每一位到过的浏览者都会感到在这样的店中购物将是一种快乐。而实际上，这家店铺已经是四皇冠了。

从这里可以看出，作为店主，回复顾客的留言很重要。回复，不是简简单单的几个字，而是要全身心地投入进去进行回复。对待顾客的褒奖，要谦虚、不骄不躁，用语要显得亲切、自然，如果顾客有不满的情绪，应该给予安抚，表示一下歉意，并应该通过旺旺、电话等方式与该顾客进行沟通，了解详细的情况并根据实际情况解决好问题。

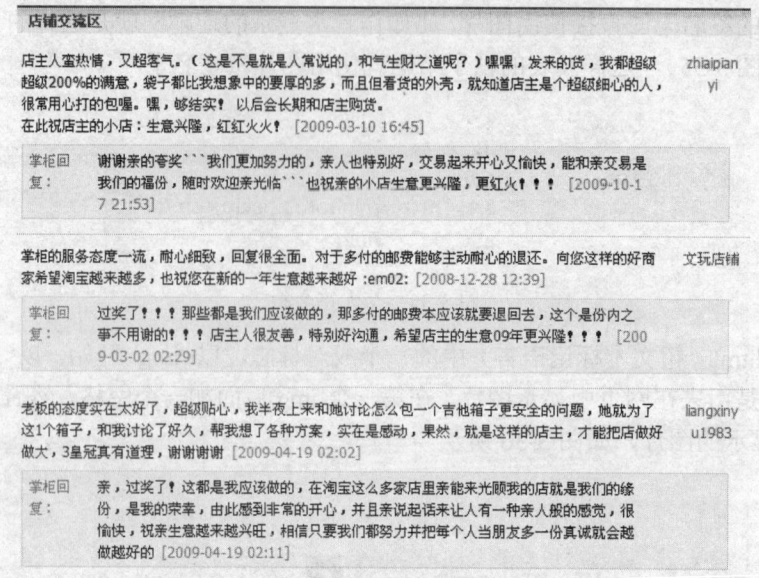

图 3-37　店铺交流区

3.2.8　在其他网站论坛推广

前面讨论过在论坛发帖进行销售的方法，当时主要讲的是在淘宝社区中发帖的情况。其实利用论坛销售，不限于淘宝社区，可以到更多的外部论坛中发帖子，发帖的注意事项和方法与在淘宝社区中并无差别。但我们需要选择几个外部论坛？选择哪几个论坛？笔者提出 3 点建议：

（1）选择外部论坛做推广，该论坛一定要与店内的商品有一定的关系，不能选择与本店商品风马牛不相及的论坛。否则，论坛会员对你的发帖不会感兴趣，你发了再多的帖子也对销售没有什么影响。

（2）选择的外部论坛，应该是在该行业中有一定影响力的，最好是与行业相关、人气比较旺、注册会员多、每天的发帖量大的论坛。只有这种论坛才能在该行业中有很高号召力，店主的发帖也才能被更多人看到。有些论坛，虽然也是专业论坛，但人气低迷，很多天都没有更新帖子，如果选择这样的论坛，对店内的销量是没有什么帮助的。

（3）不宜选择太多的论坛。一般而言，1～3 个就足够了。因为在论坛中推广，不是发一次、两次帖子就完成任务了，而是要经常"泡"在这个论坛中，发主帖，并在自己的主帖中针对其他会员的提问进行答复。只有这样，才能在该论坛中取得比较高的"经验值"或"积分"。通常，每个论坛对会员都有分级的要求，级别越高的会员，在论坛中"地位"也会越显赫，而显赫的会员才更容易让其他成员信服。这样，在论坛中推广，就需要很多的时间。一个人的时间和精力总是有限的，所以选择 1～3 个外部论坛就足够了。

3.2.9　E-mail 营销

E-mail 营销就是利用电子邮件进行营销。电子邮件营销有两种方式：一种是利用网络上现有的邮件列表服务器；另一种就是自己寻找自身产品的潜在需求者的邮箱将之记录下来。

不管哪种方式，其目的都是获得潜在顾客的邮箱地址，然后将自己产品或店铺的广告通过这些邮箱发送出去。

网店店主提供 E-mail 营销服务，可以通过以下 4 个方法来实现：

（1）接到订单时要及时确认，明确发货时间。及时做出确认，是一项基本的商业礼节，顾客都有这样的需求。在卖家接到订单时，卖家应迅速予以确认，对顾客表示感谢，明确订货详情和发货时间。

（2）提供个人信息保护。据调查，大约有 77%的互联网用户为避免在一些网站登记个人信息而离开。除了因为登记过程需占用时间和精力外，更主要的是因为牵涉个人信息安全。

（3）开展提醒服务。据统计，半数以上营销人员进行过提醒服务和定制提醒计划的实验，包括时间提醒（如生日）、补充（如替换、升级）和服务备忘录（如预订维护）。提醒服务专注于现行顾客需求并塑造了将来顾客的购买行为。可以考虑发送其他各种免费信息，以增加顾客的认同感。总之，开展预订提醒服务即对顾客进行了定位。

（4）对忠实顾客提供更多的优惠服务。获得一个新的顾客比留住一个现有顾客代价要大得多，这是基本常识。但现实的情况往往是对忠诚顾客投入的服务越来越少，甚至收取更高的费用，反映在某些促销优惠条款只针对新加入的顾客。所以，如何在优惠新客户的同时给老客户优惠也是值得琢磨的问题。

如果利用现有邮件列表服务器，如 163 邮件列表服务器，需要支付相应的费用。所以，更多情况下，自己多寻找潜在需求者，然后给他们发邮件。

图 3-38 是笔者邮箱中接到的广告。

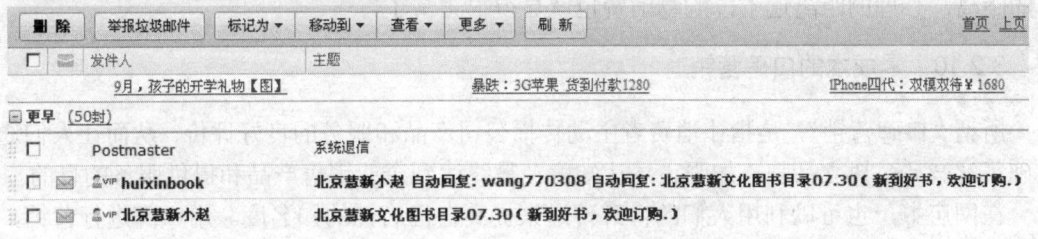

图 3-38　E-mail 中的营销广告

展开标题，详细内容如图 3-39 所示。

图 3-39　广告内容

从这里看出，使用 E-mail 营销就是利用 E-mail 发布广告。当然，广告的写法不尽相同，采取的方式不完全一致，但无论如何，使用 E-mail 营销不同于在论坛中发帖的情形。论坛中发贴，最关键的是增加自己在论坛中的知名度，而 E-mail 营销，则是将自己所销售的商品直接告诉别人。在利用这一手段进行营销时，最关键的是收集邮箱，即得到潜在的需求者的电子邮箱。方法有以下两种：

（1）通过顾客购物信息收集到该名顾客的邮箱地址。当顾客在店内购物后，订单信息中就包含了该名顾客的邮件地址，如图 3-40 标识处。

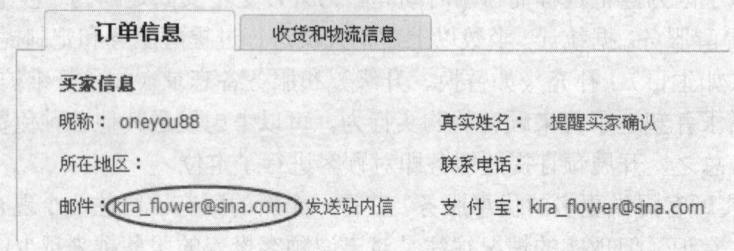

图 3-40　订货信息

（2）在其他类型的购物网站查找需要的潜在顾客。可以在一些专业性质的网站中查找到相应的信息内容，从而记录下邮箱地址。比如上面提到的笔者邮箱中接收到的营销邮件，就是对方通过孔夫子旧书网上的信息找到的。

对于电子邮箱营销方式，也可以利用营销知识中类似于"感性诉求"的方法来增进双方的感情。比如，利用电子邮件，过节的时候为对方送上一份节日的问候，这种方式会拉进双方的距离，心理的距离近了，购物消费也就显得很正常了。

3.2.10　零成本的口碑营销

所谓"口碑营销"，是指让消费者主动传播公司产品和服务的良好评价，从而让人们通过口碑了解产品、树立品牌、加强市场认知度，最终达到企业销售产品和提供服务的目的。

在网店中，也可以利用人们的口碑传递来提高自己店铺的知名度。用口碑进行营销，应该做到以下几点：

（1）店内所售商品一定要有质量保证。如果一个店铺中所售的商品有不少是假冒伪劣的话，买过商品的顾客一定不会满意。得不到顾客的承认，也就无口碑一说了。

（2）售后服务要有保证。店主在网店中应该针对产品质量保证、退换货、售后服务等内容做出详尽的说明，比如，质量出现问题时退货或换货如何进行。由于是网店，退或换的办法中还应说明邮寄费用由谁来付等，并在经营中完全按照这些规定去执行，尽量避免给顾客带来不必要的损失。

（3）服务态度要好。如果店主只是自己一个人开店，服务态度比较好把握，如果网店雇的员工，有专门的客服人员的话，服务人员的培训工作要做好，不要因为服务态度恶劣引起顾客的反感。

（4）要做好与客户的沟通。不管什么样的商店，在交易过程中都会或多或少地与顾客发生矛盾（买和卖本身就是一对矛盾）。要正确对待这些问题，发生了不要逃避，及时与客户进行有效的沟通，在沟通过程中要勇于承担自己的责任，不要一味推卸，以免给顾客造成不负责的想法。

（5）把握时机，利用有利事件为店铺免费做宣传。

（6）设置红包，比如赠送顾客小礼品的行为。

网店店主在进行口碑营销的过程中往往会存在一些问题，而这些问题常常被忽视。

（1）在进行口碑营销时因忽视对产品和服务质量的提升以至于消费者不买账。"酒香不怕巷子深"，关键是酒要香。没有让顾客满意的质量和服务，口碑只能是空谈。

（2）口碑营销时缺乏营销道德，搬起石头砸自己的脚。营销道德是网店口碑营销的前提。卖家应首先保证自己宣传的客观性和真实性，不能过分夸大自己的产品和服务，否则，很可能带来负面的口碑传播。

（3）因为缺少良好的负面口碑传播处理机制，而给口碑营销的副作用火上浇油。口碑是一把双刃剑，既可以为卖家带来口碑效应，也会由于负面口碑的传播带来负面影响。即使是一些开网店颇有经验的卖家也往往容易忽视负面口碑传播的严重性。卖家没有一套及时、正确的处理危机的机制，常常会使自身的危机愈陷愈深。

（4）因排斥大众传媒的宣传而自食苦果。有的卖家一味地大量使用广告、推销、营业推广等营销手段，网络和信息技术的发展更加剧了这种行为，但效果却并不明显。在这种情况下，有的卖家又会抱着"酒香不怕巷子深"的心理，排斥广告、推销等其他营销手段，这样就会走向另一个极端。网店口碑营销应根据自己产品的特点来进行，"口口相传"的营销策略未必适合所有的卖家。

尽管口碑营销越来越受到网店店主的重视，但如果忽视了上述问题，不仅口碑无法发挥其应有的营销作用，还容易产生负面的口碑传播，给网店的营销带来困难。因此，在营销活动中，卖家应对上述问题加以注意，尽量避免这些问题的发生，对已发生的问题要及时地进行处理，使口碑巨大的营销作用得以真正发挥。

3.3 网络店铺的推广形式

网络推广就是利用互联网进行宣传推广活动，而网络营销从狭义上说是指组织或个人基于开放便捷的互联网络，对产品、服务所做的一系列经营活动，从而达到满足组织或个人需求的全过程。网络推广和网络营销是不同的概念，网络营销偏重于营销层面，更重视网络营销后是否产生实际的经济效益。而网络推广重在推广，更注重的是通过推广后，给企业带来的网站流量、世界排名、访问量、注册量等，目的是扩大被推广对象的知名度和影响力。可以说，网络营销中必须包含网络推广这一步骤，而且网络推广是网络营销的核心工作。其实网络推广和网络营销互相促进，相辅相成，网店推广做好了可以促进营销，而营销做好了也有利于店铺的推广。

上一节介绍了几种常见的店铺营销手段，这些手段都可以提高店铺知名度，也是网店的推广形式。本节将重点介绍一些网店的推广形式。

3.3.1 常见的网店推广形式

淘宝本身提供了一些提高店铺流量的推广方式。在"我是卖家"—"营销中心"中单击"我要推广"，就可以看到淘宝提供的推广方式，如图3-41所示。

图 3-41　淘宝的推广方式

（1）为了让店铺提高浏览量，应该加入淘宝的"消费者保障服务"。淘宝的"消费者保障服务"是为了保障买家的利益推出的一项活动。通过淘宝网（www.taobao.com.cn）这一电子商务平台发布出售信息并利用支付宝服务向其他淘宝用户（下称"买家"）出售的商品，向买家提供相应的售后服务，主要包括先行赔付、商品如实描述、七天无理由退换货、假一赔三、虚拟物品闪电发货、数码与家电30天维修、正品保障等服务。加入这些服务后，可以让买家买得更放心。而对于卖家而言，淘宝对加入了消保的店铺给予更多被搜索到的机会。因此，当加入消保服务后，可以快速提升卖家的浏览量。

（2）尽量订购旺铺服务。淘宝旺铺是淘宝提供的一种增值服务。它实现更加开放的店铺装修方式，支持可视化编辑、所见即所得的操作方式，可自由添加模块，配合增加各种新功能，定制出完全属于自己的个性化店铺，为买家带来耳目一新的购物体验；使店铺能够更专业，更个性，并提供了更强大的功能，对塑造店铺形象，打造店铺品牌，推广促销店内商品，起到了至关重要的作用。同样的商品，当顾客在淘宝搜索时，首先出现的将是旺铺中的商品，因而在经济允许的情况下尽量订购旺铺服务。目前淘宝的旺铺有扶植版、标准版、拓展版和旗舰版等，每种不同的版本的订购价格也不一样，店主可参考淘宝的相关内容进行购买。

（3）有效利用友情链接。合理利用淘宝网内部链接及外部的友情链接进行网店推广。

（4）论坛发帖进行销售。包括在淘宝社区、百度贴吧、淘宝新成立的淘吧等开展讨论。

（5）利用签名档。

（6）利用电子邮件进行推广。

（7）博客推广。

（8）多在店内开展促销活动，如一元活动区、二元活动区等。

（9）低价拍卖。如一元拍、五元拍卖活动等。

（10）多优惠、送赠品的活动。可以在发货的时候送顾客一些小礼品，比如店内的小商品或印有店铺信息的小礼品。当顾客收到这些小赠品的时候会感到惊喜，那么再次惠顾店铺也就是很容易的事情了。

（11）搜索引擎推广。上一节提到了免费登录搜索引擎，如果经济条件好的话，使用付费的方式会更有效果。

（12）开展与其他网店合作，联合经营。联合经营的前提是两家店铺目标客户一致，两家店铺经营的商品不能一样。比如，卖连环画和卖连环画保护袋子的联合经营，卖手机饰品与卖手机的店铺联合经营。联合经营的方法可以在彼此的店铺首页上推出对方的商品，也可以挂出购买套餐，这种联合经营可以扩大双方的浏览量和交易量，实现双赢。

（13）做好线上、线下的本地推广。一般而言，在网购中，不少人习惯于在同样的产品中选择本地店铺的商品。这是因为：①本地店铺送货快。一般来说，同城快递一天就能到，而异地至少也要2~3天，时间上同城交易有优势。②本地买卖邮寄费用低。同样的东西，同城快递大约只有5元、6元，而异地交易则有可能是15元快递费，这样一来，可以节省不少成本。③本地的商品，退换货方面比异地有优势，出了问题，都可以当面处理，而异地不具备这样的条件。对于网店推广，应根据本地的生活、文化习惯，做好针对本地人的店铺推广活动。比如，在小区内挂出印有店铺信息的横幅广告，有实力的话也可以开个实体店，这些都对网店有帮助。

（14）店内商品量要多，即常说的"铺货量"要大，要经常上架新的商品。一个只有100件商品的店铺和一个有上千种商品的店铺，每天被顾客搜索到的几率是完全不一样的。一般来说，铺货量越大，浏览和交易量也会越大。但商品多了，一定要建立合理的类目，否则顾客无法在成千上万种商品中去寻找到自己需要的东西。经常在网店内上架新商品，才能不断吸引老顾客来店里，否则商品总是一样，就会让顾客觉得缺少新鲜感。

（15）商品的上架时间有讲究。上架商品的时间其实是有学问的，并非在任意时间都好。一般来说，淘宝在每天晚上7~10点人流量较大，这个时间上新商品更容易被别人看到。在淘宝中，商品摆放时间是有限定的，到期后商品会被放入仓库中。最好选择7天，到7天的时候，商品会到期自动下架，我们再上架，该商品又成为了流量的高峰期。虽然商品也可以选择14天，但实际上，架上放置时间过长的商品在淘宝的搜索中不占优势，同样信誉级别的店铺的商品，刚上架的商品更容易排在前面，这也是要经常编辑、更新架上商品的原因。

（16）加入商盟，扩大经营。商盟是由某一个城市的卖家，或者某一类卖家自由组成的。需要先向淘宝提出申请，通过后就可以以一个集体的形象出现了。加入商盟有很多好处，能认识很多卖家，盟主会定期组织聚会或者培训交流，对于新人来说，是最快的成长方式。

（17）印制名片，适时推广。印制一张属于自己的名片，给买家邮寄宝贝的时候不妨塞几张名片进去，好看的话，会被对方收藏的，还可能推荐给别人。

（18）提高售后服务质量，是赢得顾客的法宝。在开店过程中，从有买家咨询到出售后的包装邮寄，每一个环节都要注意细节，回头客是很大的一个市场，我们最终赢得市场应是诚信，而在经营中店主所表现出的诚信正是进行零成本的口碑推广的基础。

（19）在其他网站中购买广告位进行推广。可以自行与专业网站或门户网站的广告部联系，也可以利用淘宝的阿里妈妈推广。阿里妈妈推广，其实就是利用淘宝联盟进行推广。在这里，店主可以自由挑选投放站点，针对网站定向投放，锁定固定目标群体，包时广告投放，无论点击次数和展现数量，均只需支付固定的费用。对于有一定特色的店铺，利用合适的网站进行推广，可以迅速提高流量，扩大知名度。

（20）多参加淘宝提供的其他推广活动。如淘宝直通车、超级卖霸、钻石展位、淘宝客等活动，这些都是淘宝的增值服务。其中淘宝直通车是一项值得购买的推广活动。淘宝直通车是淘宝网为淘宝卖家量身定制的推广工具，是通过关键词竞价，按照点击付费，进行商品精准推广的服务。买家主动搜索时，在最优位展示商品，免费展示，买家点击才付费，自由调控花销，合理掌控成本，能够快速提升推广能力。

3.3.2 传统营销与网络营销的区别

传统的营销模式是先有了产品再寻找顾客，而网上营销模式更多的是先了解到顾客的需要再调集货源，有时甚至能够达到零库存。传统的营销买卖双方基本上是用电话、邮件和各式各样的展览会等传统的方式交流意见和建议，而网上营销则可以在网络这个大平台上接触到更多的买卖双方，也会在最快的时间里获得双方的信息。但网络营销因为不能面对面地见货交换信息，再加上网络营销诚信度相对混乱，网络营销相对传统营销多了"网络诚信"这道槛。

1. 低成本，高效果

网络营销传播的一大优点在于成本可控，并且相对低廉，而产生的效果往往并不逊色于广告时代的典型做法，比如平面广告、电视广告、户外广告、楼宇数字电视广告等。

2. 无限制，促销售

网络营销能帮助网店增加销售商机，促进销售，通过网络与国际接轨，还可以减少市场壁垒，消除不同国家之间因时间、地域的障碍而影响销售。传统的店铺销售有着地域的局限性，人们只能上门购物，这样制约了店铺的发展规模，而进行网络营销有着无时间限制的全天候经营、无国界、无区域界限的经营范围、精简化的营销环节的特点，它就可以超越时空的限制。

3. 高互动性，促销售

网络具有主动性与互动性的特点，并且可以无限延伸。传统的店铺销售中，店主与消费者之间的沟通较为困难，而在网络环境下，店主可以根据公告版、网站论坛、E-mail的形式，大大加强网店与顾客之间的联系，店主可以有效地了解顾客的需求信息，从而建立数据库进行管理，利用这些信息，为网店所要进行的营销规划提供依据，这样把消费者与店主之间的互动性提高起来，帮助网店实现销售目标。

4. 高服务，满足需求

营销的本质是排除或减少障碍，引导商品或服务从生产者转移到消费者的过程。网络营销是一种以顾客为主，强调个性化的营销方式，它比起传统市场营销中的任何一个阶段或方式更能体现顾客的"中心"地位。另外，网络营销能满足顾客对购物方便性的需求，提高顾客的购物效率，通过网络，顾客可以在购物前了解到相关信息，购物中可在家"游逛"消磨时间,购买后也可与店主取得联系。此外,网络营销能为店主节省传统营销方式不得不花费的巨额促销和流通费用,从而使商品成本和价格下降。

5. 高效性,及时性

网络具有快捷、方便的特点,网络营销结合网络的这个优势,使网店进行营销活动的效率提高了。把这种高效性充分运用到销售活动的各方面,使许多对网店有用的信息综合运用起来,为网店的发展起到了指导作用。网络的高效性更有利于进行网络营销,使营销的过程更加快捷,及时适应市场的发展要求。

当然对于网络营销还有些问题需要考虑,适合网络营销的产品有限,网络营销渠道需要完善,进行网络营销的支付问题,网络营销意识不强,知识不足,网络营销存在安全隐患问题。

3.3.3 传统营销与网络营销的结合

传统营销是一种交易营销,强调将尽可能多的产品和服务提供给尽可能多的顾客,经过长期的发展,已经形成比较扎实的理论和实践基础,消费者已经习惯这种固定的模式。消费者在消费过程中有很强的交流性,可以看到现实的产品并体验购物的休闲乐趣,同时也更取得了大众的信赖。

网络营销就是利用互联网为手段开展的营销活动。建立一个网站,通过互联网发布信息,在互联网上发布广告,在互联网上销售商品,这些都是网络营销的内容。然而,这些都不是网络营销的本质。网络营销的核心思想是:营造网上经营环境。这里的环境既包括由计算机网络、网络运营商和各类上网终端组成的直接环境,也包括企业网络营销所面临的现实的营销环境(比如顾客、网络服务商、合作伙伴、供应商、销售商等)。

传统的市场营销策略是由迈卡锡教授提出的4P组合,即产品、价格、渠道和促销。这种理论的出发点是企业的利润,而没有将顾客的需求放到与企业的利润同等重要的地位上来。而网络的互动性使得顾客能够真正参与整个营销过程,而且其参与的主动性和选择的主动性都得到加强。这就决定了网络营销首先要求把顾客整合到整个营销过程中来,从他们的需求出发开始整个营销过程。据此,以舒尔兹教授为首的一批营销学者提出了4C的市场营销理论,即顾客的需求和期望、顾客的费用、顾客购买的方便性、顾客与企业沟通。

在买方市场条件下,市场竞争日益激烈。企业要想依靠传统的营销手段在市场中取得竞争优势变得越来越难。在网络出现以前,企业传统的宣传手段存在很大的局限性:一方面信息来源渠道狭窄;另一方面,传统媒体宣传不一定适合所有的企业。与传统方式相比,企业利用网络的便利条件开展营销工作有着无可比拟的优越性:受众群体庞大;针对性强;便于实现一对一营销;便利快捷;大大节约成本。

网络营销也并非是独立的,而是企业整体营销策略中的组成部分,它是建立在互联网基础上借助于互联网手段来实现一定目标的一种营销手段。网上营销与传统营销之间并没有严格的界限,网络营销也不可能脱离传统营销而存在。它作为新的营销理念和策略,凭借互联网特性对传统经营方式产生了巨大的冲击,但这并不等于说网络营销已经取代了传统营销。互联网作为新兴的虚拟市场,是一种有效的沟通方式,可以方便企业与用户之间直接双向沟通,但是它覆盖的群体只是整个市场中的一部分。对于许多消费者来说,他们更愿意选择传统方式来进行沟通,就比如报纸有了电子版后,原来的印刷出版业务并没有受到冲击。另外传统营销中一些以人为本的营销策略所具有的独特亲和力也是网络营销无法替代的。可是传统营销依赖层层严密的渠道,并以大量人力与广告投入市场,这在网络时代将成为无法负荷的奢侈品。所以,人员推销、市场调查、广告促销、经销代理等传统营销手法一定要与网络相结合,并充分运用网上的各项资源形成以最低成本投入获得最大市场份额的新型营销模式。

互联网在今后的商业活动中将发挥越来越重要的作用,随之而兴起的网络营销将从生产、营销、服务等各个方面改变传统的商业模式。但是并非像人们所想象的那样,网络营销最终将取代传统营销方式,传统营销有其自身的优点和不可替代性。于是,如何处理好网络营销与传统营销的整合,能否比竞争对手更有效地唤起顾客对产品的注意和需要,成为新时期的企业开展网络营销能否成功的关键。

对于只在网上开网店的店主而言,在生意不是很大的情况下,完全可以借助于网络营销来扩大网店的知名度。但当自己的店铺做大做强之后,应该采取一定的手段,使用一些传统营销的方式进一步加大店铺推广的力度。

对于那些本身就拥有实体店的网店店主而言,采取传统营销和网络营销的双重手段,强化店铺在当地和网络的宣传,提升自身店铺的品牌价值,将是开店者拓展业务最好的方法。

本章小结

(1)了解网上购物顾客的心理和行为,为网店的商品定位、开展营销和推广打下坚实的基础。

(2)网店营销和网店推广是相辅相承的,但并不一样。营销的目的是为了卖出更多的商品,赚取到更多的利润。而推广本身则是为了提高网店的知名度,最终的目的还是提高销量。因此,在网店经营中,如果采用了诸多的推广方法,而网店确实增加了很多的流量,但销量并没有上去,则说明推广方法是成功的,要从商品定位上寻找问题的关键。

(3)有些方法,如开博客营销、论坛发帖等,既是营销的手段也是推广的手段,没必要在策划时非要分清楚。但从如今网上开店的形势来看,免费的推广方法肯定不能满足店主推广的需要。加入淘宝的消费者保障计划、购买旺铺已经成为开店者经营好网店的基本投资之一。

(4)网店的运作成功与否,关键还是在于营销和推广的方法。使用网络上的计数器能够更好地评估营销和推广的效果。

问题与思考

3-1 影响网络消费者购买的主要因素有哪些?

3-2 网店营销常见的手段。

3-3 请分析博客营销的好处。

3-4 传统营销与网络营销的区别。

3-5 你赞同网上开店需"以诚服人"的观点吗?

第 4 章　网店的财务管理

本章学习目标

本章将详细介绍电子商务的安全与电子支付的相关知识。通过本章的学习，读者应掌握以下内容：
- 利润的形成与控制
- 经营中如何提高利润率
- 网上开店信息流统计与分析

引例　如何降低运费

开网店的小店长都知道，除非自己的商品非常有特色，否则要价格非常低才会有生意，当商品价格不能再低的时候，我们能赚的其实就是运费的价格。这里总结一些有效降低运费的好办法。

1. 充分利用商品特性

假如你是卖鞋的，包装就用鞋本来带的盒子，用胶带缠一圈，再用个漂亮塑料袋包起，用胶带缠紧就好了。衣服就更加简单了，一般都不怕压，如果只是一两件，可以用快递公司提供的灰黑色的免费包裹袋，它们一般就是比较厚的塑料（也有说是树脂）材质，也可以到网上批发，价格很便宜，几毛钱一个。

2. 自己购买材料

像邮局的纸箱、邮票、单据等都可以在网上批发，比在邮局买便宜很多。

3. 自己改装

邮局一般会要求使用正规的纸箱，但如果走快递公司，就可以自己改装纸箱或使用废旧的纸箱。如果一次寄的东西比较多，可以用几个快递公司的文件袋改装成纸盒使用，这样就节省了另外买箱子的费用。

4. 收购纸盒

如果自家附近有超市、便利店等，稍微留心就会捡到很好的盒子。也可以从保洁、邻居那里收购，比收废品的价格高一点就可以，也就几毛钱一个。

http://www.youshang.com/content/2010/08/30/46081.html

4.1　利润的形成与控制

利润，在会计学中有专门的定义：指企业销售产品的收入扣除成本和税金以后的余额。按照这个定义，利润的计算方法如下：利润=营业收入–营业成本–营业税金及附加–销售费用–管理费用–财务费用–资产减值损失+公允价值变动损益（–公允价值变动损失）+投资收益（–投资损失）。

对于在网上开店的利润计算，如果严格按照会计学中的财务管理方法来计算的话，将会变得十分复杂，而且绝大多数店主可能根本不懂得财务管理的相关知识，因此在计算利润时不必用这么复杂的公式，而采用简单的式子：营业额–成本–费用=利润。

这里的营业额就是卖出商品所取得的收入，成本的内容包括很多项，历来有"直接成本"和"间接成本"一说，这里就不再进行详细的区分，罗列如下：

（1）进货时商品的购入成本。
（2）进货发生的运费。
（3）开店购买硬件的成本（电脑、数码摄像机、电话机等）。
（4）上网费、电费。
（5）仓储成本。有些店家的货物存放需要空间，可能会租个房子或地下室作为仓储之用，相应的租金就是仓储成本。
（6）商品的损耗费用。
（7）与客户联系的电话、短信费用。
（8）因退换货发生的费用。
（9）发货包装、邮寄费用。
（10）采用因购买赠品、礼品、印制名片、购买旺铺等手段进行推广店铺的投入费用。
（11）税金。

这些成本项，有些是随着商品卖出一次性就可收回，而有些则是长期使用的投资，如数码相机、电脑之类的东西，而有些费用，则是按周期发生的，如上网费、仓储费用（上网一般都是按月交、半年交、年交等方式，仓储租金也多是按月、季、年等时间一次性交齐的）。这些在计算利润的时候需要逐步分摊到成本之中。有些成本，如与客户联系发生的电话费用实际上是很难准确计算的，因为电话一般情况下不全是因业务而接打的，很少有人专门为此每天作一个记录，除非专门用一部电话联系客户。

这样一来，要精细准确地计算利润就会变得很困难。通常的做法是这样的：平时只是记录下进货的成本、车费、包装材料费用等，在交易发生后，记录下每一笔交易发生的时间、订单中的商品名称、数量、实际销售价格、实际邮寄费用，达到一个时期，如一个月、一个季度等这样的时间段再计算一下利润。

也许有人会觉得这样记账很麻烦，但作为创业开店，必须要学会记账，不然的话根本无法弄清楚店铺的盈亏情况，特别是在店内商品种类数量特别多的情况下，不记账无法利于网店的长期发展。

从利润的计算方法上看，要取得很好的收益，就要提高营业额，同时降低各种成本。提高销售收入，就要对自己的店铺进行推广和营销，这将在第 5 章中详细讲述。本章主要讲如何降低成本。

4.1.1 进货管理控制成本

在网店运营成本的组成中，相对于其他成本，进货成本是最主要的。只有能够有效地降低进货成本，才能获取到更多的利润。进货成本主要由购买商品的费用和购入时发生的运费两部分组成。

1. 进货商品的购入成本

（1）进货时，最好是从厂家直接拿货，如果做不到，也要从一级代理处拿货。因为代理级别越多，拿到的货物成本越高。而在网店中，货物能否最终卖出去，很大一部分因素取决于低价格（即商品售价+运费远低于实体店铺的价格），因此，进货成本在同类网店中至少在平均进货成本之下才有可能获取更大的利润空间。

（2）进货时，一次进货量大可以有效降低成本。我们都知道，批发时一次批发量越大，商品的单价就会越低。同一件商品也并非一次进货量越大越好，究竟哪个商品一次进多少货，要根据销售情况来定。一般来说，初开店的人每件商品进 3 件左右就可以了。随着销售经验的增长，对于热销商品，进货时当然要多进一些，对于滞销的商品进货则要慎重。批发的时候可以和批发商议价，虽然每种商品进货量不多，但拿的品种多了，也是一样可以按量大的价格批发的。

（3）有效降低购入成本。并不是要店主进那些质次价低的假冒伪劣商品，相反，进货时要确保商品质量。对于网店而言，提高知名度的最好方法就是靠口碑来传播，商品质量和服务是关键。

（4）遇到厂家清仓处理的机会一定要把握住。有时一些厂家会因种种原因清仓，如果这个时候店主赶上了，完全可以多进些好销的货物。

2. 进货时的运输费用

进货时，必然会发生交通运输费用，有的时候这些费用还不低。作为店主，应该尽可能地降低这部分费用。笔者在从人民美术出版社进货的经历中，就深有体会：在能力尚可的情况下，如果进的书不算太多，一个人能够拿动，就直接坐公交车回家，太多的话只能打出租或自己开车（自己有车的情形下）。坐公交车可能会比较累、比较苦，但在创业的初期阶段还是应该吃些苦的，因为对于刚刚开店没有几单生意的人来说，节省的其实是一笔不小的开支。

经营一家网店的目的应该是获利。但对一位日理万机、杂务缠身的经营者而言，你知道今天、今旬、今月的利润有多少？假设当产生同样的 30 万的月营业额时，为何会有 2 万、5 万、8 万的不同利润结果？网店经营，营业额的增加是开源，成本与费用的减少是节流，有了开源的极大化效应与节流的合理性控制，才可谓实现永续经营。

策划降低成本的方法如下：

（1）找出与进货成本攸关的各项组合条件。充分利用"What 咨询法"，把店铺中所有会影响进货成本的因素，逐条细细列出。如厂商、季节（时蔬）、售价、制度、库存方式……再集结相关人等共思良策，并时时保持着"毋恃敌（成本偏高）之不来，而恃吾有以待之"的认真态度。

（2）多看、多听、多比较。所谓货比三家不吃亏，更何况经营者本身不应该盲目地身陷战场（店务），而不知外面早已群雄环生、虎视眈眈，欲噬于己的环境衍生。"出走管理"是当下盛行的经营模式，善用此法看看其他网店、走走百货公司或相关商号，将特价、折价品等适量适物地挪用在自己店内，成本自然可降低。

（3）建立良好的库存（仓库）管理或无库存供应商群计划。从 FITO（First in First out,

先进先出）的表格建立使用，到交叉污染的避免、物品的定位置放、湿度、温度（冷藏、冷冻设备）的控制、虫害防治、盘点（日、周、月盘）确实，甚至灭火器的位置、数量、意外险类的投保等，这些都是库存管理的必备掌握要件。

（4）同业可以为师。如此则可清楚地知道同样形态经营的店铺如何合理控制成本，进而取长补短地让自己获取更大的利益。创业不易，守成更难，凡是能为店铺增加（创造）利润的任一法则都不容坐视不见。

4.1.2 定价的方法与技巧

商品定价其实是一门比较高深的学问。人们在淘宝中购物，很大因素是因为上面的商品价格低。但是，是不是在开店的时候定价低就一定能卖出去呢？从经验看，肯定不是这个样子的。一方面，定价过低，会导致自己的利润过低，无利可图，还不如不做；另一方面，过低的定价，可能会让人产生这个商品是不是假货的疑问，对其质量就会不放心。这样一来，购买的可能性也就很小了。

笔者曾经询问过一些在淘宝上购物的同事，他们如何选定哪家店铺的同类商品。答案都差不多：查找要找的商品，然后按价格从小到大排序，选择比平均价格略低一些并且店主信誉级别较高的商品（同城也是常考虑的一个因素）。注意，大多数人都会选择比平均价格略低但不是最低的商品！

定价的方法与技巧有很多种，这主要是由不同的商品性质所导致的。可以根据自己经营业务的不同，选择不同的定价方式，没必要千篇一律。但有一点是肯定的，就是在上架前搜索一下别的店铺同类商品的售价。知己知彼，才能百战不殆。

1. 成本定价法

这种方法是最常见的定价方法。它可以进一步分为成本加成定价法、目标利润定价法、变动成本定价法。

成本加成定价法是商品的成本加上正常的利润后的价格。当然，这里的商品成本不仅指购入成本，还要加上其他分摊过来的成本。比如，卖一件衣服，这类衣服一般的利润是30元，如果成本是70元，那么这件商品的售价就是100元。

目标利润定价法是商品总成本加上自己制定的目标利润后的价格。比如还是上面那件衣服，自己设定的利润是20元，那么就定价为90元。

变动成本定价法是根据不同的商品定位而言采取的定价方法。比如紧俏商品可能定价高一些，而竞争激烈的商品定价低一些。

2. 需求导向定价法

这种定价方法定价时不再以成本为基础，而是以消费者对产品价值的理解和需求强度为依据，这种定价方法适合比较稀缺的商品。像网上一些亲子论坛中，有人推荐的不再版的儿童书籍，如20世纪80年代的《365夜故事》，虽然本身的价格很低，但在网上销售的时候价格都很高。这主要是因为有需求，而商品本身数量又极少的关系。

3. 竞争导向定价法

这种定价方法是通过研究竞争对手的商品价格、生产条件、服务状况等，以竞争对手的价值为基础，确定自己所售商品的价格。在淘宝中销售的商品是属于大众化的产品的时候，使用竞争导向定价法就比较合适了。在发布商品之前，多参考一下同类商品的定价，然后根据自己的情况确定比较合适的价位。一般来说，在淘宝上发布商品，价格也不宜太低，过低的价格可能会让自己无利可图。另一方面，价格太低，可能会让买家觉得质量可能存在问题因而最终放弃。也就是说，价位不能太高，但也不应该最低。

4. 折扣定价法

这种方法就是给自己销售的商品在原有的售价上打折。一般来说，销售服装的网店多会在换季的时候采用折扣的方式将过季的服装销售出去。店铺里定期举行季节性的特价清仓活动，也可以持续不断地吸引新老顾客，使店铺有更广泛的群众基础。

5. 促销定价法

这种方法主要是为了推广店铺，提高人气，吸引新老顾客进自己的网店。就像现在很多的平价大卖场、平价大超市一样，选出一部分商品进行超低价销售，以吸引人气，而其他产品价格却保持不变，总体保证了正常的利润。店主可以通过推出几款特价商品来吸引顾客，带动其他商品的销售，比如利用一元拍、限时抢购等活动进行的促销。促销的方式多种多样，诸如"买三赠一"、包邮费、购物送礼卷、购物送积分、现金等都是促销定价法。

6. 商品组合定位法

这种方法其实类似于 B2C 商城中的组合购买。不过像卓越网上的组合购买只是进行一次推荐，组合产品的总价格没有减少。在网店中采用商品组合定价法则是对组合的商品总价有优惠。比如，一件裤子单售 50 元，一件上衣单售 60 元，两者组合在一起卖的话就是 100 元。这种方法其实是鼓励买家一次多买商品，通过增加销售数量的方法薄利多销。这种方法需要注意的是，组合的商品应该是同一类别的，但又是满足顾客不同需要的商品。如果拿两件裤子一起组合销售的话效果不会太好。

以上简要介绍了一些定价的方法。作为开店者，采用什么样的定价方法，要根据自己的实际情况而制定。多动些脑筋，通过定价来提高销量是完全可以做到的。

4.1.3　合理控制邮费和定制运费

在淘宝上销售商品，买家多是异地顾客，即便是同城顾客，当面交易的情况也属于少数。因此，邮费的收取对交易而言有非常重要的作用，甚至起着决定性的作用。邮费肯定是由顾客来承担的，即便是卖家写着"包邮"的商品，邮费也一定是由顾客出的，作为任何一个开店的人，都不可能赔着钱卖东西，"包邮"只不过是已经把邮费考虑到成本中去的定价策略而已。

因此，作为一名想将生意做大做强的店主而言，想方设法为顾客省邮费是一项重要的任务。我们先来看看邮费的种类。上架一个商品的时候，淘宝中关于对邮费设置的方式如图 4-1 所示。

如果售价中已经包含邮费，则可以选择"卖家承担运费"。如果选择"买家承担运费"，则可以直接设置平邮、快递、EMS 三种方式的费用，也可以事先设计好"运费模板"，然后再使用。

无论哪种运送方式，都是按实际重量来计费的。重量不同，资费不尽相同。

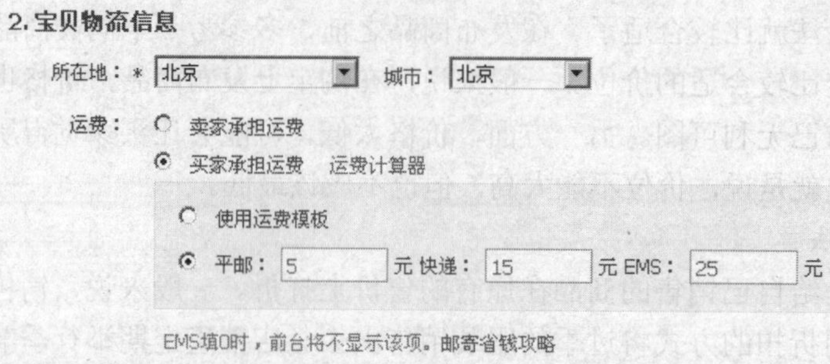

图 4-1　淘宝中的物流运费设置选项

1. 淘宝货物运送方式

（1）平邮。淘宝的平邮指的其实是挂号的方式。因为发货的时候要填写单号（见 2.4 节），只有挂号的方式才需要接收方签字，将来才能进行签收查询，从而避免交易双方因收没收到货发生纠纷。

平邮的方式有很多种。

1）挂号信。这种方式是按照信件的方式进行邮寄，只不过在原有的邮寄费用上加3元挂号费。平信分本埠和外埠，按首重和续重计收资费，首重100克以内，每重20克（不足20克按20克计算）本埠0.80元，外埠1.20元。续重101～2000克，每重100克（不足100克按100克计算）本埠1.20元，外埠2.00元。

但不是所有的物品都可以采用挂号信的方式进行邮寄，书面通信（各种公文、合同）、各类单据、报表（空白报表除外）、票据、有价证券（如未使用的邮票，带邮资的封、卡、片）、各类事务性通知、各类稿件、各类证件等是可以使用挂号信方式的。淘宝上销售打折邮票的店家可以采取这种方式。

挂号信函不可以自己事先装好，邮局的工作人员要在封装之前检查。邮寄完成，工作人员会给付邮寄凭证。挂号信函的凭证编号以XA开头。

买家在接收挂号信的时候，是由邮递员直接送到收信人的地址由接收人签字。

2）挂号印刷品。这种方式按照邮局的规定，按信函寄递的各种书籍、报纸、期刊、教材、目录及各种印刷的图文资料等。印刷品对包装有一定的要求：平直包装；一般采用双层牛皮纸包装，不得使用质脆易裂的普通包装纸、报纸、旧布、老化的塑料袋包装；内件不是一个整件的，要捆扎内件，再加包装；薄片印刷品应套封交寄，并不得用订书钉封口交寄；500克以上的要用绳作井字形捆扎；5000克以上的选用合适的纸箱封装，箱外再做加固捆扎。印刷品的资费标准：本埠首重 100 克（含 100 克以下）0.40 元，续重每重 100 克（不足 100 克按 100 克计算）0.20 元；外埠首重 100 克（含 100 克以内）0.70 元，续重每重 100 克（不足 100 克按 100 克计算）0.40 元；挂号费 3 元。

邮寄挂号印刷品也需要邮局的工作人员在封装前检查。邮寄完成，工作人员给付以 SA 开头的凭证单据。

网店中如果销售的是图书，若采用平邮的方式，多选用挂号印刷品方式。买家在接收挂号信的时候，是由邮递员直接送到收信人的地址由接收人签字。

3）包裹。这种方式可以邮寄的物品就比较多了，只要符合邮局可以邮寄的物品的规定，都可以选用包裹的方式。比如前面提到的图书，既可以选用挂号印刷品的形式，也可以选择包裹的方式。包裹可以保价，即发生丢失的时候，保价包裹可以按保价金额给予赔偿。不能保价的包裹以及挂号印刷品发生丢失的，都是按照实际邮资费的三倍进行赔偿，所以，如果店主选择平邮方式邮寄贵重商品的话，应该选用保价包裹的方式进行投递，以确保安全。接收方在接收包裹的时候，并不能直接拿到包裹，而是由邮递员将包裹单投递到接收方所在的地址，并由接收方签收。然后接收方凭自己的有效证件和包裹单去邮局自己取。包裹可以由别人代领，但代领人要同时携带自己和接收人的有效证件才可以。

包裹按投递的快慢，又可以分为普通包裹和快递包裹两种。一般而言，普通包裹两周左右的时间到达，快递包裹则一周左右到达。包裹的邮寄费用与邮递的距离远近有关，但无论寄到哪里，都是以 500 克为一个单位（快递包裹第一个计量单位是 1000 克）来计算的，不到 500 克的按 500 克计算，每单挂号费是 3 元。图 4-2 是摘自北京邮政公司的网站，标示的价格是以北京为起点到投递地的包裹资费标准。

河北省和北京市、天津市
每千克包裹资费表
单位：元

区域代号	1	2	3	4	5	6	7	8	9
区域名称	北京	保定	石家庄	邯郸	天津	昌黎	沧州	张家口	承德
普通包裹	0.60	0.60	0.80	0.90	0.60	0.80	0.80	0.60	0.80
快递包裹	5.00	5.00	5.00	5.00	5.00	5.00	5.00	5.00	5.00
5000克以内续重每500克	2.00	2.00	2.00	2.00	2.00	2.00	2.00	2.00	2.00
5001克以上续重每500克	1.00	1.00	1.00	1.00	1.00	1.00	1.00	1.00	1.00

```
        三　画              灵　寿（3）        徐　水（2）
    三　河（5）            赤　城（8）        容　城（2）
    大　厂（5）            吴　桥（7）        通　县（1）
    大　名（4）            （桑　园）        盐　山（7）
```

图 4-2　北京邮政网上包裹邮寄费用表

为了理解这个资费表，以将 1050 克重的包裹从北京市寄到河北省大厂县为例说明。根据大厂县的第一个汉字的笔画（大字一共三画）从这个资费表下面的区域列表中（在三画中）找到大厂县，后面的括号是（5），即大厂的资费标准是（5），这时找到第 5 个区域（图中 5 区域下面标注的是天津），即北京到大厂的资费标准和北京到天津的标准是一样的：普通包裹每 500 克是 0.6 元，快递包裹每 1000 克是 5 元，以后每 500 克为 2 元（注意：如果包裹大于 5001 克，则快递包裹续重标准就发生变化了）。由此算出，这个 1050 克的包裹如果按普通包裹邮寄，资费为 4.8 元（按 3 个 500 克标准收费，并加 3 元挂号费）；按快递包裹邮寄的话，资费标准为 10 元（5+2+3）。

前面提到包裹是可以保价的，保价的话，邮局还要收取保价费。费用的标准是保价额的 1%（不足 100 元的收 1 元）。那么这个 1050 克的包裹如果保价 100 元的话，走普通包裹需要 5.8 元，快递包裹需要 11 元。

如果店主不是从北京为起点邮寄的话，资费标准可以到各自省市的邮政公司网站上查询。

以上是平邮的三种最基本常用方式。平邮的速度一般都比较慢（大部分在两周左右），就是快递包裹也要一周左右（不过邮递速度也与距离远近有关，如果是同城投递，一般三天之内就能到达）。而且选择包裹还需要接收人自己去邮局取，对于买的东西比较重的买家而言，这种方式就不太合适了。

（2）EMS。EMS（即 Express Mail Service），邮政特快专递服务。它是由万国邮联管理下的国际邮件快递服务，是中国邮政提供的一种快递服务。主要是采取空运方式，加快递送速度，根据地区远近，一般 1～8 天到达。该业务在海关、航空等部门均享有优先处理权，它以高速度、高质量为用户传递国际、国内紧急信函、文件资料、金融票据、商品货样等各类文件资料和物品等。图 4-3 显示的是 EMS 国内特快专递的资费表。

邮件种类	计费单位	资费（元）	备注
国内特快专递	起重500克	20.00	
	每续重500克	4.00	500公里及以内（一区）
	每续重500克	6.00	500公里以上至1500公里（二区）
	每续重500克	9.00	1500公里以上至2000公里（三区）
	每续重500克	10.00	2000公里以上至2500公里（四区）
	每续重500克	17.00	2500公里以上（五区）

图 4-3　国内 EMS 资费

EMS 速度比较快，一般在 3 天之内直接送到接收人手中，但相较而言，价格也比较高。

以上两种递送方式由卖家到邮局办理，不支持到付（即货到付款），需要店主在办理业务的同时将邮寄费用一次性交齐。

（3）快递。快递是快递公司提供的递送服务，相比较邮局的邮寄业务而言，具有快速便捷（上门揽件、投递到户）的特点。但快递公司的网络没有全国邮政公司分布广，有些地区快递公司是不能投递的，如果是这些地区的买家，则只能选用邮局的服务。

比较大一些的快递公司约有几十家，与淘宝签约成为合作物流公司的约有 13 家，像宅急送、申通、汇通、圆通、韵达、中通、天天快递等都是比较常见的快递公司。

快递公司的收费标准不尽相同，但收费规则基本一致，即首重 1 公斤内为起步价，以后每续重 1 公斤（不足 1 公斤按 1 公斤计算）另行加价。起步价与加价的具体数额与要递送的距离有关系。

快递公司也有自己的网站，一般都可以在他们的网站上查询到投递网点、资费标准、联系方式等信息。

使用淘宝的合作物流公司，可以直接在淘宝上下单。一般来说，这些快递公司在淘宝上的收费标准要比直接联系有一定的优惠，具体的资费标准可以在淘宝的物流工具中查询。查询方法如下：

1）进入到"我的淘宝"－"我是卖家"。

2）在"交易管理"中选择"物流工具"。

3）在右侧的"淘宝合作物流公司运费/时效查看器"中选择起始地（店主发货的地址）和目的地（顾客的收货地址），然后输入重量，单击"查看"命令即可，如图 4-4、图 4-5 所示。

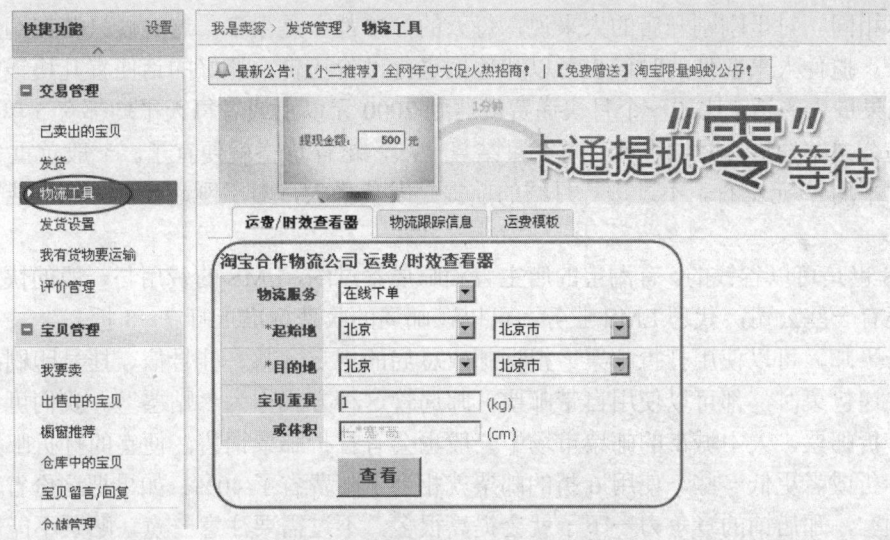

图 4-4　淘宝中物流资费查询处

合作物流公司	运费（元）	时效（天）
宅急送	6.0	1-2
汇通快运	6.0	2
中通速递	8.0	1-2
韵达快运	8.0	1-2
天天快递	8.0	1-2
申通E物流	8.0	1-2
圆通速递	9.0	1-2
联邦快递	9.6	1-2
星晨急便	9.0	1-2
e邮宝	10.0	
顺丰速运	15.0	1-2
EMS	24.0	1-2
德邦物流	25.0	1
佳吉快运	70.0	1

图 4-5　淘宝中物流资费查询结果

（4）货运。货运一般适合比较重的货物，可以采用汽车公路运输或火车托运。汽车货运比较常见的是佳吉快运，量大的话价格要比快递公司有优势。不过佳吉的网点还是偏少，有些地方不负责投递到户，需要收件人自己去网点领取，对收件人来说，十分麻烦。火车托运也是需要收件人去站点自己领取的。这种方式对于开网店而言，最好少用。

2. 邮费省钱方法

开网店节省邮费是一项很重要的工作。如果一个店中的商品邮费标得过高，很可能让一些有购物欲望的人望而却步。制定尽可能为客户省钱的邮费标准有利于商品的销售。在淘宝上开店，使用快递的方式还是大多数人的选择。可是快递公司的收费标准比较高，不同的地区也不尽相同。对于刚刚开店的人来说,每天的订单都不是很多,这时候只要在淘宝上下单就可以了。揽件人来取件的时候也可以和他们进行讨价还价,谈好的话便宜几块钱还是有可能的。如果量大的话,比如一个月快递费就达到 2000 元以上或者每天平均都有 5 单以上,可以和快递公司签约进行月结,就是每个月结算一次,这样价格就便宜了。一般首重 1 公斤的话到全国平均 7 元左右。不过进行月结的前提是发货量大,对于刚起步做生意的店主来说不适用。

EMS 也是可以省钱的。有淘宝的店主曾和邮局签过约,EMS 的费用与一般的快递也相差不多。还有一些公司,代理 EMS 业务,可以在邮局的收费标准上打 7~8 折。

对于平邮,可以使用打折邮票。根据邮政总局的规定,邮寄挂号信、挂号印刷品、普通包裹或快递包裹时,都可以使用自带邮票(邮局管这种方式称为"贴票")。我们可以在淘宝上找到打折邮票,大中城市的邮票市场中一般也会有打折邮票销售。便宜的打折邮票可以是面值的 6 折或者更低一些,使用 6 折的邮票就相当于邮费省了 40%。如果把这份省下来的钱让利给顾客,那店铺的竞争力一下子就会提高很多。不过需要注意一点,贴票不能用于保价费,即包裹中的保价费需要交现金,不能用邮票。

3. 邮政纸箱

在邮寄的时候,不管是用邮局还是快递,包装是一项非常重要的工作。如果因包装不当,造成商品损毁的话,这个责任应该由卖家来负责。一般来说,对于容易因震动、磕碰或扔而造成损坏的商品应该用防震的气泡膜包装好并用胶带固定住,然后放入结实的纸箱中。箱中的空隙一定要塞满(可以用泡沫或者报纸),这样才能保证商品在运输途中不会因晃动而损坏。

一般的开店者都不可能有那么多的纸箱子,这就需要购买。如果是在邮局购买的话,成本会很高。图 4-6 是淘宝网上某销售邮政纸箱的报价单。根据北京市邮局的价目表,12#纸箱为 3 元左右,1#箱则是 15 元。从这些价格的对比中,可以看到在网上购入这些纸箱要节省很多成本。

邮政纸箱型号	规格(mm)	三层普质价格	超实惠	三层优质价格	硬度好	五层优质价格	结实
1#	530*290*370			4.5	要优质三层点我	6.1	要优质五层的点我
2#	530*230*290			3.4	要优质三层点我	4.6	要优质五层的点我
3#	430*210*270	2.25	要普质点我	2.5	要优质三层点我	3.5	要优质五层的点我
4#	350*190*230	1.65	要普质点我	2.0	要优质三层点我	2.7	要优质五层的点我
5#	290*170*190	1.1	要普质点我	1.55	要优质三层点我	2.1	要优质五层的点我
6#	260*150*180	0.95	要普质点我	1.25	要优质三层点我	1.7	要优质五层的点我
7#	230*130*160	0.8	要普质点我	0.95	要优质三层点我	1.6	要优质五层的点我
8#	210*110*140	0.5	要普质点我	0.8	要优质三层点我	1.2	要优质五层的点我
9#	195*105*135	0.45	要普质点我	0.7	要优质三层点我	1.1	要优质五层的点我
10#	175*95*115	0.38	要普质点我	0.6	要优质三层点我	0.95	要优质五层的点我
11#	145*85*105	0.28	要普质点我	0.4	要优质三层点我	0.85	要优质五层的点我
12#	130*80*90	0.22	要普质点我	0.3	要优质三层点我	0.7	要优质五层的点我

图 4-6 淘宝某店标示的邮政纸箱报价

4.1.4 正确运用更多的支付方式

在淘宝上开店,最常用的支付工具就是支付宝。淘宝网规定,淘宝的交易一定要支持支付宝,也就是说,不支持支付宝的交易方式是淘宝不允许的,但这并不说明不能进行网下交易。笔者在开店的三年中,有过不少的线下交易,比如银行直接转账、邮局汇款、同城直接见面交易等。因为在淘宝上购物的一部分人,计算机操作可能并不太熟练,他们没有网上银行账号,不使用支付宝,这样,店主提供更多的支付方式为这部分顾客服务,有利于店铺业务的扩大。

1. 使用支付宝充值和支付

如果使用阿里旺旺软件的话,可以从旺旺的淘宝界面中"我的设置"中选择"支付宝"进行登录,如图4-7所示。

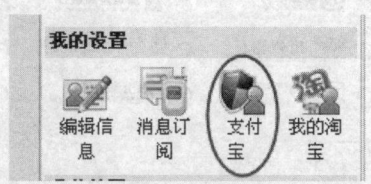

图4-7 阿里旺旺中登录支付宝的入口

可以利用"查询"命令进入到支付宝中,如图4-8、图4-9所示。

图4-8 淘宝中支付宝的界面

图4-9 支付宝的首页

可以看到利用支付宝可以进行"付款"、"收款"、"交水电煤气"等操作。在"我的消费记录"中可以查看到支付宝账号中的消费记录,包括收入和支出。

有些顾客因为是新手,可能不太熟悉支付宝如何使用。这种情况下,店主有义务帮助他们了解和正确使用支付宝。当然,在帮助别人之前,需要自己熟悉支付宝的使用。

在用支付宝付款的时候,如果支付宝中有足够的余额,就可以用支付宝直接支付了。如果用支付宝直接支付的时候余额不足,也可以先进行支付宝的充值操作。如图4-8所示,单击"充值"命令。

在这里选择一家网上银行，然后在充值金额处输入要充值的具体数额，如图 4-10 所示。单击"下一步"。

图 4-10　支付宝充值第一步界面

在弹出的窗口如图 4-11 所示中选择"去网上银行充值"，接下来在弹出的窗口中进行网上银行的身份确认（不同的银行界面不太一样，需要输入的内容也不相同），如图 4-12 所示。

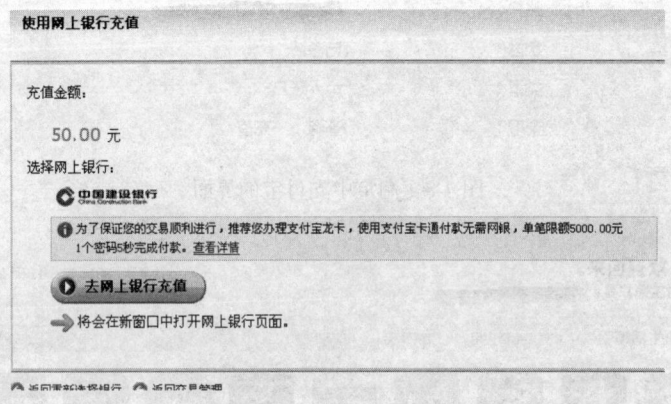

图 4-11　支付宝充值操作第二步

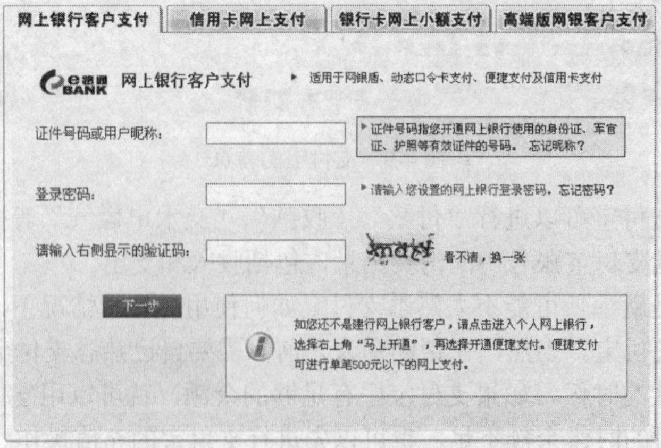

图 4-12　支付宝充值第三步

将相关信息正确输入完成后，支付宝会进入到网上银行确认的界面，一般使用 U 盾或电子口令卡进行确认，只要密钥无误充值就完成了，如图 4-13 所示。

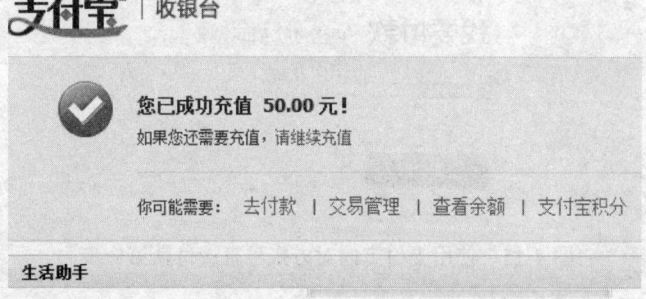

图 4-13　支付宝充值完成

其实在淘宝购物也不必非要先向支付宝中充值再购物。拍下物品之后，也可以在使用支付宝账号的时候直接采用网上银行支付。如图 4-14 所示，当支付宝没有余额时，选择一家网上银行，单击"下一步"，进行相应的操作就可以了（步骤同前）。

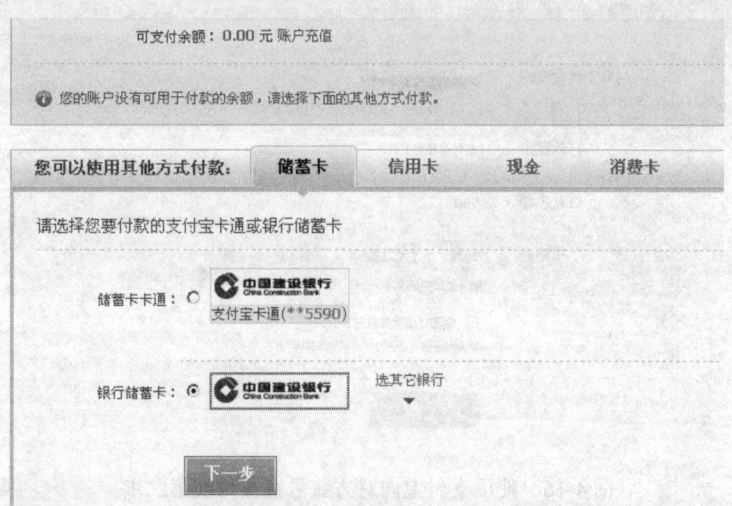

图 4-14　在支付宝中使用储蓄卡付款

直接在支付宝中用网银支付和先充值后支付，在付款过程中其结果是一样的。有的时候，如果一次购物金额过多，比如 1 万元，网上银行一般都会有限额，如工行，一天总的支付额度不能超过 5000 元，这样要想通过支付宝支付的话，就必须连续两天向支付宝充值，当支付宝余额达到 1 万后才能进行支付。

当店主需要向供货商直接支付货款的时候，也可以通过支付宝向对方的支付宝账号中直接支付货款。注意：在淘宝上交易，一般不要采用这种方式。因为顾客用支付宝支付货款，其实是一种较为安全的中介交易模式，即只有买家收到货后再次确认收货，卖家才真正拿到货款，如果买家没收到就可以进行退款申请。如果采用直接付款的方式，则可能造成钱物全部无法追回的现象发生。

直接向对方付款的方法如下：

在我的支付宝首页中选择"我要付款",网页会进入到"我要付款"的页面,如图 4-15 所示,单击"立即使用"。

图 4-15　使用支付宝向对方账号直接付款第一步

在"我要付款"页面中输入对方的支付宝账号,并输入付款理由、金额、校验码等后单击"下一步"。在这里,也可以发送免费的手机短信通知对方,如图 4-16 所示。

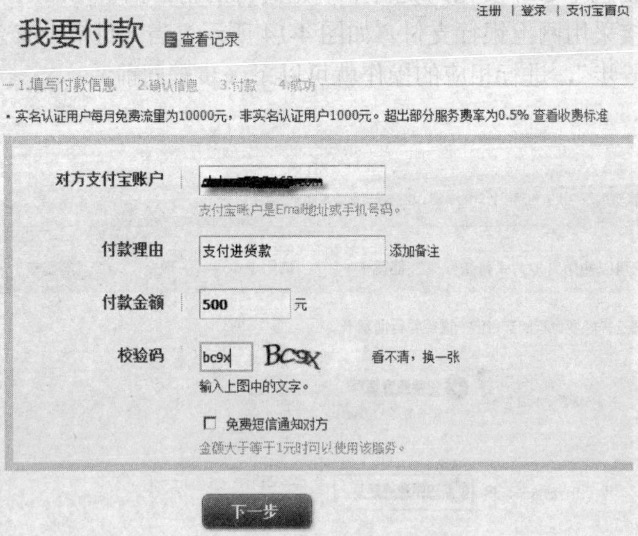

图 4-16　使用支付宝向对方账号直接付款第二步

在接下来的页面中单击"确认信息并付款",如图 4-17 所示。

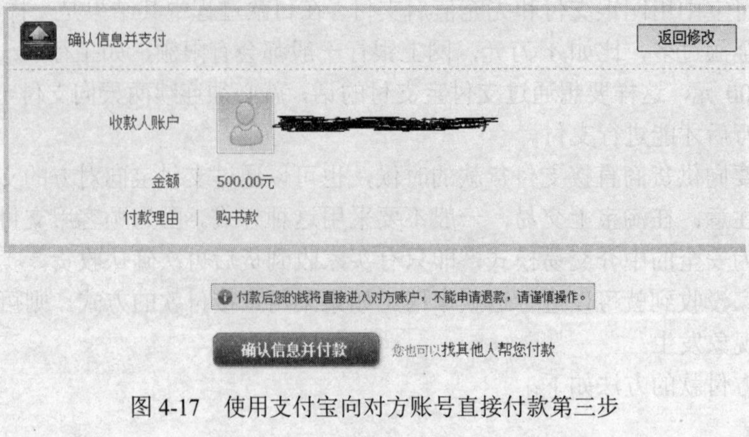

图 4-17　使用支付宝向对方账号直接付款第三步

输入支付宝的支付密码，并单击"确认付款"（图4-18）。付款后成功的界面如图4-19所示。

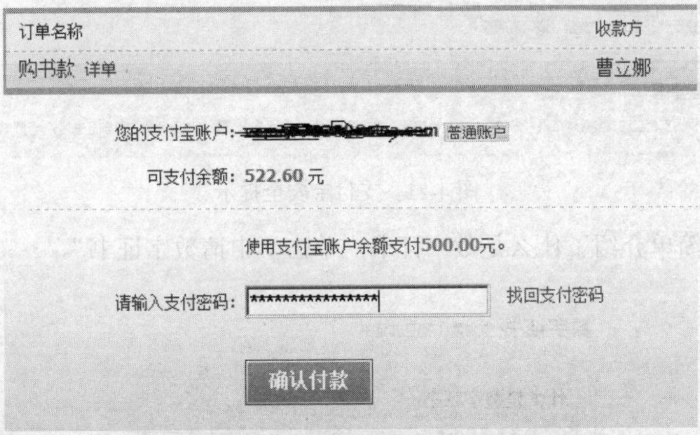

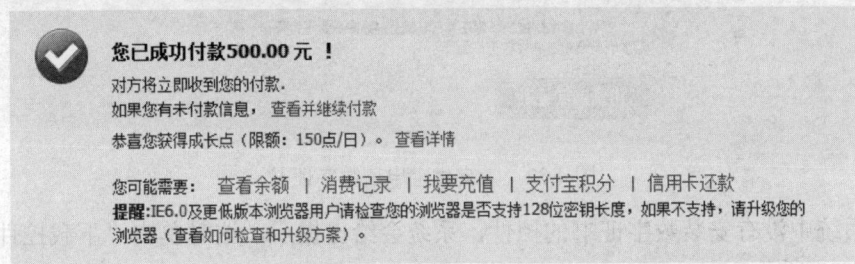

图 4-18　使用支付宝向对方账号直接付款第四步

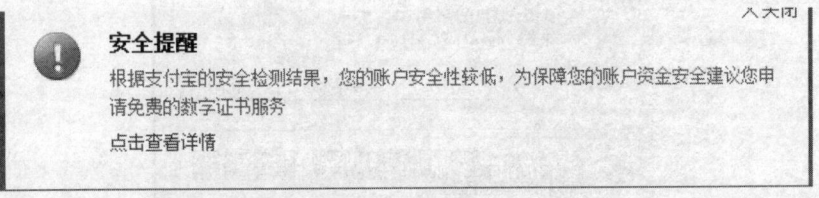

图 4-19　使用支付宝向对方账号直接付款成功

注意：直接向对方的支付宝账号支付货款之后不可撤回，这就要求对方必须是自己熟悉的人。另外，直接免费支付每个月是有流量限制的，即认证实名用户 10000 元/月，非认证用户 1000 元/月，超过的部分按 0.5%收手续费。

2. 支付宝的安全设置

由于支付宝是第三方支付手段，里面可以存入或转出电子形式的货币，这和网上银行账号没有什么区别。因此，保障支付宝账户的安全是每个使用者的首要任务。

如果我们只是一般地设置了支付宝账号，那么，每次使用支付宝的时候支付宝系统会给出如图 4-20 所示的提示。

图 4-20　支付宝安全提示

这就说明支付宝账户不够安全，可以按照提示申请和使用支付宝数字证书服务来提高安全性。具体做法是：单击图 4-20 中的"点击查看详情"链接。

单击"点此申请",如图4-21所示。

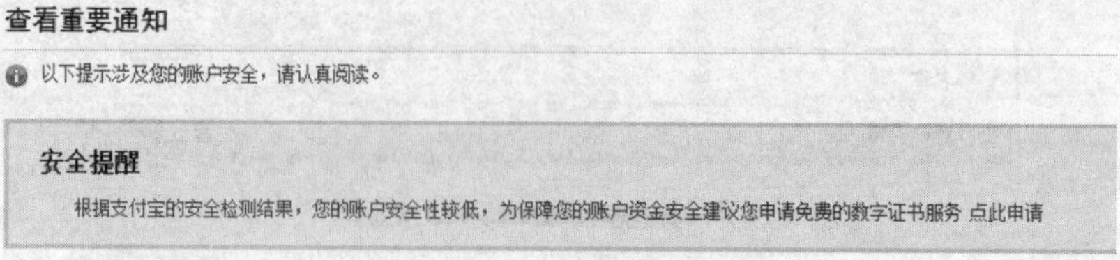

图 4-21　支付宝安全提示

图 4-22 所示简单介绍了什么是数字证书,单击"申请数字证书"。

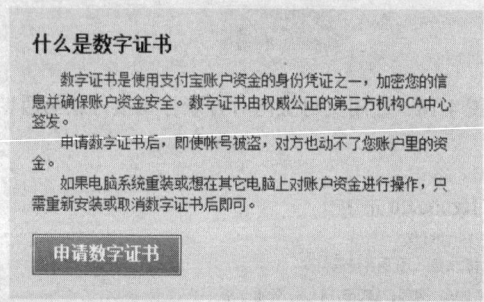

图 4-22　为支付宝申请数字证书

如果系统中没有安装数字证书的控件,系统会给出提示,这时单击"下载控件"进行安装,如图 4-23 所示。

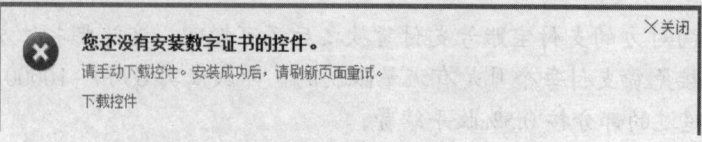

图 4-23　为支付宝安装数字证书控件提示

单击"运行"进行安装即可,如图 4-24 所示。

图 4-24　下载数字证书控件

在这里输入自己的身份证件号和验证码(如果在此之前没有为支付宝账号绑定好手机的

话需要进行绑定，手机必须绑定，因为系统要向绑定的手机上发验证码的短信），单击"提交"。系统会向绑定的手机发送验证码短信，如图 4-25 所示。

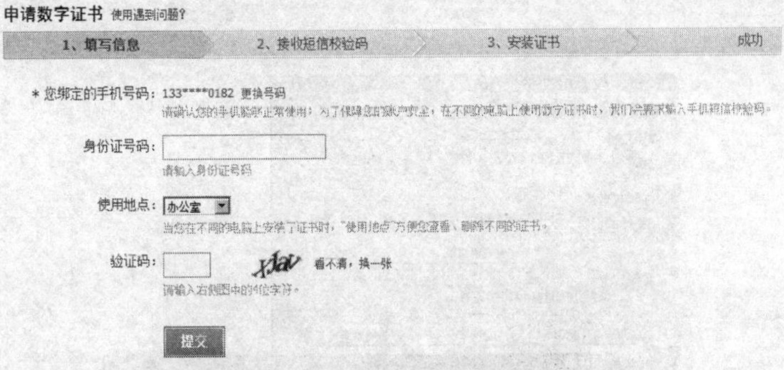

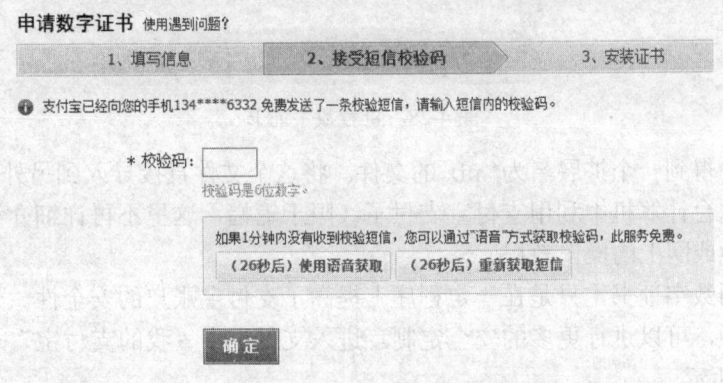

图 4-25　为支付宝申请数字证书填写信息

将手机中接收到的验证码输入，单击"确定"，即完成证书的申请，如图 4-26 和图 4-27 所示。

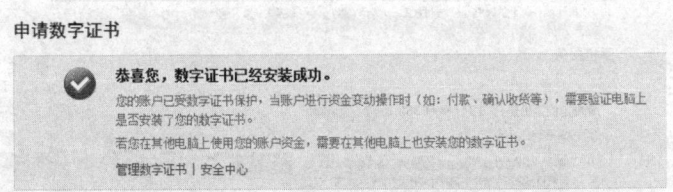

图 4-26　为支付宝申请数字证书接受短信校验码

图 4-27　数字证书安装成功

现在自己的支付宝已经有了数字证书，可以查看这个数字证书。查看数字证书的方法如下：

（1）进入到 IE 浏览器中。

（2）单击"工具"—"Internet 选项"—"内容"。

（3）在"内容"选项卡中单击"证书"按钮。选中的证书即为刚才申请到的数字证书，如图 4-28 所示。

因为该支付宝账号设置了数字证书，这样在支付的时候必须要使用该证书。如果在一台没有数字证书的计算机上使用支付宝的话，则该台计算机无法完成支付功能。假如在家里和单位的计算机都要完成支付功能，则可以将该证书导出，然后在另外一台计算机上安装即可。导出的方法是选中要导出的数字证书，然后单击"导出"命令，按照向导一步一步进行操作即可。

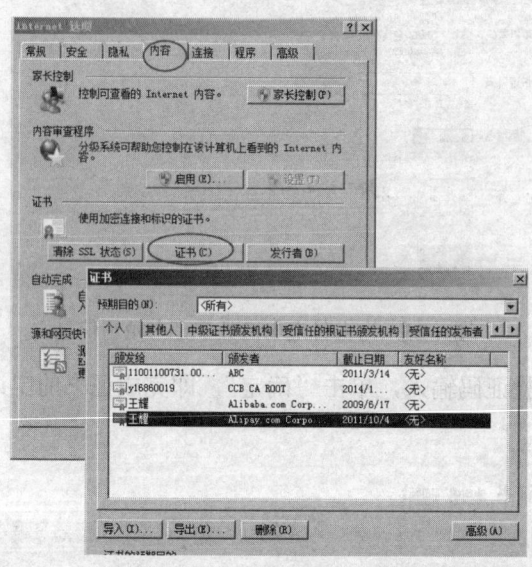

图 4-28　查看数字证书

导出后，会得到一个扩展名为*.pfx 的文件。将这个文件直接导入到另外一台计算机里，就可以在另外这台计算机中利用支付宝支付了（限于篇幅，这里不再详细介绍，有兴趣的朋友可以参考其他或网上的操作教程）。

单纯地使用数字证书，只是在一定程序上提高了支付宝账户的安全性。为了更好地管理支付宝中的余额，可以进行更多的安全定制。进入支付宝中"我的支付宝"－"手机服务"项，如图 4-29 所示。

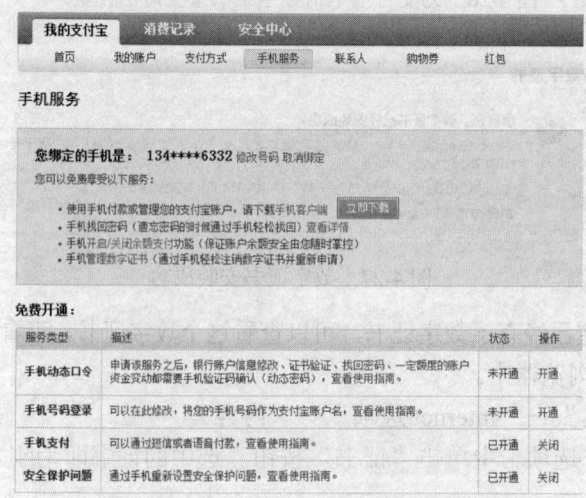

图 4-29　"我的支付宝"手机服务

在这里开启手机余额支付功能。点击"开启/关闭余额支付功能",如果余额支付功能未开启的话将之开通即可。这样,进行支付时注册的手机都会免费收到一条确认短信,这样就可以随时查知支付宝的使用动态了,如图4-30所示。

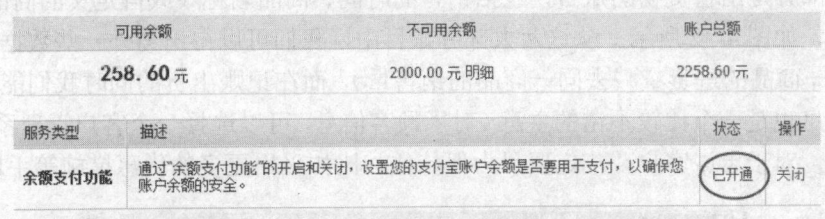

图4-30　手机服务中的余额支付功能

当然,使用支付宝还要有良好的安全保护意识。比如经常更换登录、支付密码,密码设置不要太过简单等。

3. 其他支付方式

对于开店的店主,为了方便顾客不同的支付需要,完全有必要提供更多的支付方式。对于这些方式,限于篇幅,这里只作简要介绍。

(1) 银行卡转账支付。这种方法适用于没有支付宝或未开通网上银行支付功能的顾客使用。这种方法需要顾客利用 ATM 取款机或在银行的柜台前直接汇款到店主提供的银行卡账户中,方便快捷,实时到账(如果是跨行支付,则可能会有时间延迟)。作为店主,只需要提供自己的银行账号、户名即可。根据笔者的经验,顾客使用中国农业银行、中国工商银行、中国建设银行、交通银行、招商银行、邮政储蓄卡的情况比较多见。作为店主,最好将这些银行的账户开通网上银行或电话银行,以便于当顾客通知转账后,店主可以及时查收确认。

(2) 邮政汇款。这种方式需要店主提供自己详细的通信地址、邮编和接收人姓名。对于一些没有支付宝的顾客来说,他们可能并不信任银行卡的直接转账,而对邮政汇款却有比较强烈的认同感。因为邮政汇款是需要对方地址的,而这个地址和人名是不能做假的,否则汇款就会被退回。

(3) 其他的第三方支付方式。如拍拍的财富通、易趣的安付通、快钱等。

4.1.5　正确进行记账

自己创业开网店,从开店的第一天开始,就要学会如何记账,并通过财务的帮助提升利润。财务的作用,能够对店铺的经营状况进行系统的记录,使账目清晰明了;可以发现店铺经营管理中存在的问题,帮助提升管理水平;可以有效地控制成本,从而提升店铺的盈利能力。

作为一名想将网店做大做强的店主来说,学会记账,是一件非常重要的事情。因为开店没有清晰的账目记录,赚钱也好,赔钱也好,都将是一笔糊涂账。而账目不清的网店,无法统计出什么东西好销、什么东西滞销、什么东西利润高、什么东西利润低。这些无法统计出的信息,将对网店今后的销售策略、进货策略等带来负面的影响。

如果店主精通计算机,可以自己编写一个适合于自己网店产品的进销存软件,这样对于账目的管理将会起到事半功倍的效果。但对于大多数网店店主来说,这样并不现实。

我们只要学会利用 Excel 进行简单记账即可。不过在记账前需要了解记账的账目到底包括哪些内容。从大的方面说，要记的账目分为两大部分：一部分是进货的账目，包括进货时间、进货的商品名称（或自定义的商品编号）、数量、单价以及发生的运费等内容，如图 4-31 所示；另一部分是出售货物的账目，包括销售的时间、商品名称（或自定义的商品编号）、数量、单价等，如图 4-32 所示。从这两大部分账目中，我们可以得出另外一些数据，如商品的库存量（同一商品的进货量减去同一商品的销售量），而在记账出货的同时我们能够记录下顾客的相关信息也是一个比较不错的主意（对于顾客信息，可以选择一个客户管理系统 CRM 软件进行管理，对于忠诚客户，一定要尽力保持住，比如采用更多的优惠措施等手段）。

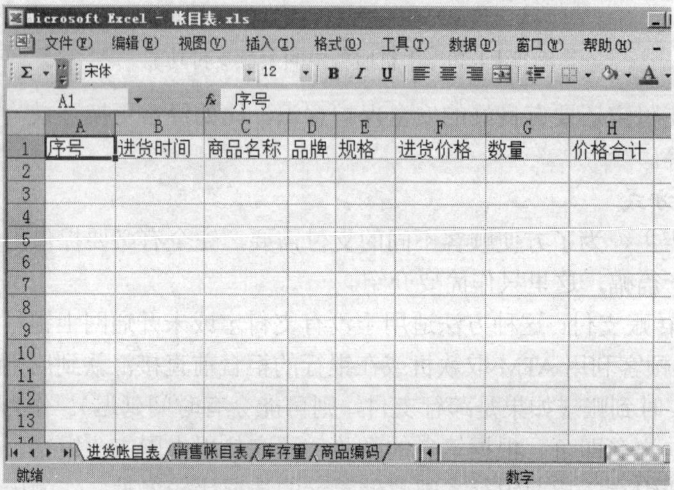

图 4-31　自己用 Excel 设计进货账目表

图 4-32　自己用 Excel 设计销售账目表

通过这两个实时更新的账目表，就可以很方便地及时更新每件商品的库存量，如图 4-33 所示。

当然，我们可以为每一种商品自定义一个商品编码，这样只需要单独列一个"商品编码"的表格即可，以后记录进货、销售的账目时，将"商品名称"、"品牌"、"规格"合并成一个商品编码即可（这样记录的信息变少了，工作量也变小了），如图4-34所示。

图4-33　自己用Excel设计库存量统计表

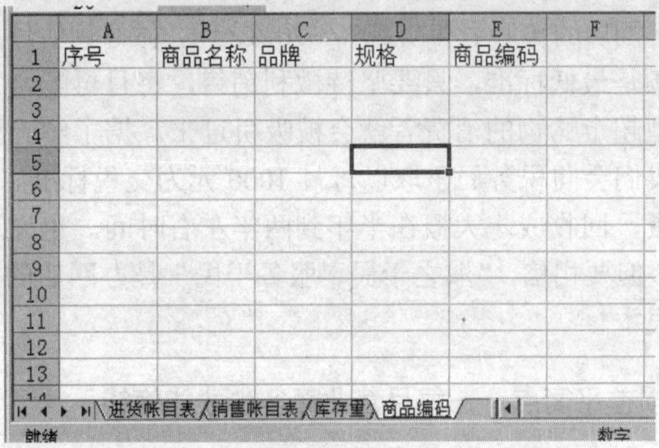

图4-34　自己用Excel设计商品编码表

当然，不同的店铺类型可能对这个表格的内容有不同的要求，要根据实际情况进行添加或删减。操作虽然有异，但目标一致：让账目清晰。

4.2　经营的反思——如何提高利润额

4.2.1　做一份可行的投资预算

开网店之前，先将网络上的店铺情况进行信息搜集、整理及分析，对网上店铺的业态现状，如有哪些零售商家、商店、超市等，同行业经营商品的种类、投资效益分析等情况做一番调查总结。

经过以上调查，对该网店的消费能力和营业额及经济效益有了大致的预算，现详细列出如下：

（1）由于网店的规模有限，投资额度也不用太高，开办费用的具体事项如下：

1）办理工商执照、税务等相关政府部门手续。
2）网店的域名及空间租用费用。
3）数码相机、U盘、电话等。
4）开办网上银行费用。
5）淘宝网上开业宣传。
6）其他杂费。

（2）经营品种。网店经营的范围，在种类的选择上要尽量求全，可挑些大众化的、质量、价格都适中的商品，尤其以年轻人或职业人士喜欢的为主。在经济实力有限的情况下，只要我们的经营理念和眼光能盯准消费者的日常实际需求，相信开花必有结果时！

（3）铺货款。我们考察过一家600平方米的超市，它首批进货约5000种，金额是40万元左右。以此推算，100平方米的面积，1000种商品，铺货款应该是在8万元左右。当然这只是理论上的数据，如果谈判到位，能拿到供应商哪怕是30%的代销额度，进货金额也可以缩减2.5万元，那就是5.5万元。

（4）每月其他费用预估。房租、水电费、人工费、邮费、运输费、税（营业额的5%，加上城建和教育附加费）、其他办公费，算出合计数。

（5）预估营业额。网店的普遍毛利在10%～20%之间，做好预估月营业额和预估月毛利额。

我们预估的营业额是最低标准，只要坚持微利销售，每月再配合几次打折促销，相信用不了多久，习惯去大型超市购物的消费者就会被吸引过来。据了解，税务局对零售业的征收方式一般采取预估，我们会向税务局争取以每月1000元为交税标准。

总结：网店的投资，回收成本大概在半年到两年左右时间。也许这样的效益不太能吸引各位股东的投资兴趣，但要相信，"取之于民、服务于民"是办网店的宗旨，而平稳踏实的发展则是做事、做人的根本！

4.2.2 学会计算损益平衡点——每月营业额多少才能挣钱

我们来关注一下利润是如何计算的。利润=收入–成本，成本包括固定成本和变动成本两部分。固定成本是不受业务量影响、与营业额无关的成本，如店租、固定资产折旧就是固定成本的典型代表，它们都是即使营业收入为零也不得不支付的费用。像店租、员工工资、域名费用、网费等，即使这个月的营业额只有5000元，也必须支付同样的费用，这就是固定成本。变动成本是随着业务量增长而呈正比例增长的成本，它会随着营业额的增加而相应增加，随着营业额的减少而相应减少，比如材料成本。如果卖一盘定价为40元的菜，它的材料成本只需20元，如果卖两盘，它的材料成本就是40元，这就是变动成本。

边际贡献又称为"边际利润"，是指销售收入减去变动成本后的余额。即：边际贡献=收入–变动成本。边际贡献是运用盈亏分析原理，进行产品生产决策的一个重要指标，所以利润=边际贡献–固定成本。边际贡献一般可分为单位产品的边际贡献和全部产品的边际贡献，其计算方法为：

单位产品边际贡献=销售单价–单位变动成本

全部产品边际贡献=全部产品的销售收入–全部产品的变动成本

在产品销售过程中，边际贡献首先用来弥补企业生产经营活动所发生的固定成本总额，

在弥补了企业所发生的所有固定成本后,如有多余,才能构成企业的利润。这就有可能出现三种情况:

(1)当边际贡献等于所发生的固定成本总额时,企业只能保本,不亏不赚。

(2)当边际贡献小于所发生的固定成本总额时,企业就要发生亏损。

(3)当边际贡献大于所发生的固定成本总额时,企业将会盈利。

因此,边际贡献实质反映的就是产品为企业盈利所能做出的贡献大小。只有当产品销售达到一定的数量后,产品的边际贡献才有可能弥补所发生的固定成本总额,为企业盈利作贡献。

边际贡献率=边际贡献/收入

变动成本与收入是有一个固定比例的,这个比例就叫做"变动成本率",是指变动成本与收入的比例,即:

变动成本率=变动成本/销售收入×100%

=(单位变动成本×销售量)/(单价×销售量)×100%

=单位变动成本/单价×100%

得出:边际贡献率=1–变动成本率

毛利率=毛利/销售收入=(销售收入–销售成本)/销售收入

利润=(1–变动成本率)*收入–固定成本。

如果知道了变动成本率和固定成本,可以算出来利润为0时的营业额,即每个月需要多少营业额才保证不亏损。

对于一般的网店,通常只有材料的进货成本属于变动成本,其他的成本费用都可以看成是固定成本。

举例计算:某服装网店,月固定费用达到9000,变动成本率为50%(变动成本率=材料变动成本率+销售税金变动成本率=45%+5%),请问该店每月营业额达到多少才能保证不亏损?

0=(1-50%)*收入–9000,则收入=18000元。

4.2.3 增加利润额——哪种方法更容易实现目标利润

增加利润额的方法有很多,比如增加营业额、降低固定费用。此外,提高产品毛利率(即边际贡献率)也是一个可行的方法。

1. 增加营业额

营业额取决于客数和客单价两项。

所谓客数是指实际购买产品的顾客人数;所谓客单价则是指每位顾客平均购买产品的金额。

营业额=客数×客单价

由这一公式可以看出,要提高营业额就是要增加客数和提高客单价。

客数取决于来店客数和购买产品率。来店客数的数量大多要高于客数,因为客数仅仅是指那些实际购买了产品的顾客人数。来店的客人不一定每位都会买,有的顾客只是来咨询而已。

客数与来店客数之间的比率就是购买率,它指的是实际购买产品者在所有光临顾客中所占的比例。

客数=来店客数*购买率

同样的道理，客单价就是客人购买产品金额占平均购买产品额的比例。

客单价=每人平均购买产品数量*每种产品的平均购买单价

通过这几个公式可以知道，要提高营业额，店方应该增加来店的人数，提高顾客的购买率，同时要尽量让顾客在网店中购买价格高的产品。

要做到这些，就必须提高消费者对网店的期望。在现在这个社会里，顾客对于一个网店的期望，不再是廉价的产品，而是优质的服务，所以网店在提升业绩时要牢牢抓住"服务"这个中心。

（1）乐于为人服务。对于所有的网店来说，尽管竞争的对象不同，但是要想增加营业额，店方就必须提供超越产品之外的服务。一个网店经营高手对这点体会最深：生意兴隆的秘诀是优质的产品质量与优良的服务相辅相成！

产品零售是在店员与顾客之间进行的，双方都是人，人是感情动物，具有敏锐的感受性，因此在进行销售时，一定要洞悉顾客的心理，打动顾客的心弦，这才算是进行了"服务"！

网店的服务内容，大致可分为销售前服务、销售中服务和销售后服务三个阶段，也可称为售前服务、卖场服务和售后服务。搞好这三种服务就能全方位为顾客服务，店里生意自然会兴隆。

所谓售前服务是指开始营业前的准备工作，包括店内的销售工作、产品的标价、补货、产品陈列等内容，以及指导有关产品知识或回答顾客咨询的方法等。

为了要让顾客感到满意，营业前的准备工作是必不可少的，做好这些工作对于促进营销大有裨益，正所谓"磨刀不误砍柴工"！

（2）抓住顾客的品味。网店零售领域存在两种不同的取向：一种称为"个人导向"；一种称为"顾客导向"。

所谓"个人导向"，指网店以自身的损益、利害、喜好作为思考的重点，并以此作为行事的基础方式。几乎所有的网店都在不知不觉中受到个人导向的影响。

但也有许多网店经营高手能做到完全不沾染"个人导向"的观念，一切行事均以顾客为主，经常考虑到顾客的立场，如果是顾客所希望的，一定诚心诚意地实行。这种行为方式称之为"顾客导向"。

目前网店的一个普遍性缺陷就是大多数网店只重视个人导向。顾客的眼睛是雪亮的，他们知道哪个网店真正把顾客的意向了解得一清二楚，所以只有重视顾客导向的网店才会获得顾客的青睐，其业绩才会如"芝麻开花——节节高"！

网店经营者一定要牢记：在过去的网店，所谓的"个人导向"尚能生存，但在今日的网店只有秉承"顾客导向"才能安身立命。

上面是从加强服务的方面谈如何增加营业额的问题，在具体的行销过程中，还需强化服务，增加营业额。

2. 提升毛利率——挖掘材料费用和采购的利润

材料费用属于变动成本，降低材料费用，就意味着降低材料的变动成本率，即提升毛利率。要提升毛利率有两种方法：一是提高单价；二是降低材料成本。如果提高单价，消费者不容易接受，比较而言材料成本对利润的影响更大，降低材料成本比提高单价更容易被顾客接受。

大多数时候，人们通常把采购部门当作一个"花钱"的部门，而把销售部当作是一个挣钱的部门。然而 GE 通用电气公司的前 CEO 曾经这么说过："采购和销售是公司唯一能'挣钱'的部门，其他任何部门发生的都是管理费用！"。供应商也代表着潜在成本的巨大资源，付出相对较小的努力可取得显著性的成果。

据《全球供应链管理年鉴》统计，全球有 70%的企业其采购成本所占销售收入的百分比达到了 50%～70%。在许多企业中，采购成本占到了企业总成本的 50%，甚至 70%，低于 20%的情况极少。从全世界范围来看，对于一个典型的企业来说，一般采购成本即原材料和零部件的采购成本等要占销售额的 60%，工资和福利占 20%，管理费用占到 15%，利润占 5%。而对于中国企业，其采购成本甚至要占到销售收入的 70%左右。如果采购成本占到总成本的 50%，能节约 8%的话，利润贡献边际点就会增加 4%，而利润增长百分比就会是巨大的。数据表明：对于大多数企业来说，1%的采购成本降低，就意味着 10%左右的利润增加。在飞利浦电气公司，采购额下降 2%可以增加利润率 12.1%；在 EPC 工程中，采购成本每下降 1%，能提高工程总利润 10%～20%。

采购成本俨然成为利润提升的最大杠杆，尤其是那些采购成本占销售收入比例越高的企业，其采购成本对利润的贡献就越为明显。在企业管理的各个领域，从没有一个领域像采购一样具有如此大的潜在机会，而又如此被管理者忽视。大多数企业老板或企业管理者都没有注意到对采购的管理也意味着巨额利润，他们更热衷于找客户，更热衷于终端管理，而认为采购管理只是一件具体事宜，是采购部门的份内事，不值得高层去关注。如果企业把大量的时间精力用来控制不过占 40%的管理费用和工资福利这部分成本，而忽略了其主体部分——采购成本，往往是事倍功半、收效甚微。

但要明确一点：降低材料成本不能以降低产品品质为代价，那样不但不能创造利润，还会影响产品的质量，从而流失更多的客户。

制作利润表，如表 4-1 所示。

表 4-1 利润表

项目	上年数	本年数
销售收入		
直接成本		
毛利		
综合费用		
折旧前利润		
折旧		
支付利息前利润		
财务收入/支出		
其他收入/支出		
税前利润		
所得税		
净利润		

4.2.4 加强现金管理

1. 制作现金日记账

现金是流动性最强的资产,得好好管理。关于现金的管理,可以设置一本"现金日记账",记录每日收取的现金数额、支出的现金数额以及结存的现金数额。可以去买一本现金日记账,也可以自己用 Excel 软件手工制作一份。日记账要做到日清月结。

格式如表 4-2 所示。

表 4-2 现金日记账

日期	凭证号	摘要	科目	收入金额	支出金额	结存金额	核对备注

注:①记账日期栏,登记现金实际收付的日期。
②凭证号栏,登记收付款凭证的编号。
③摘要栏,简要说明经济业务的发生或完成情况。
④对方科目栏,登记与现金收入的来源或支出的去向有关的会计科目,其作用在于了解经济业务的来龙去脉。对于非专业记账的,该栏可以不填写。
⑤收入金额栏,登记实际收到的具体金额。
⑥支出金额栏,登记实际支出的具体金额。
⑦结存金额栏,登记结存的现金结存余额,可以是每笔结出余额,也可以每日终了统计结出余额。
⑧核对备注栏,是为对账专设的。可以理解为与实际现金结存数对账,将账面现金余额与实际现金余额相核对,如果相符,就用"√"表示。

每月末,可以进行"月末统计",看看这个月总共收入了多少现金,付出了多少现金,结存多少现金。每月初,在摘要栏中填写"月初余额",将上月结存的余额填入结存金额栏,可以方便查询。

银行存款也可以和现金一样,设置一本"银行存款日记账",专门用来登记有关银行存款的收入、支出与结存的具体情况,格式与现金日记账基本一样。

2. 加强现金管理的主要具体做法

(1)加速收款,推迟付款。为了提高现金的使用效率,加速现金周转,企业应尽量加速收款,即在不影响未来销售的情况下,尽可能地加快现金的收回。

在收款时,应尽量加快收款的速度,而在管理支出时,应尽量延缓现金支出的时间。

一般而言,当客户延迟付款,而供应商急于回款,企业付款周期比收款周期短时,便可能陷入资金周转困难的境地;相反,当企业付款周期长于收款周期时,企业业务量越大,则相当于从供应商那里获得的"无息贷款"也就越多。有效的网店管理,要注意管理好应付账款,既能够避免现金被无效占用或者出现现金断流的不利局面,还能够巧妙地给企业衍生出相当多的现金用以支撑各种经营活动。

(2)加强存货管理。存货管理是网店现金流管理的重要组成部分。存货会占用现金,过多的存货会导致网店出现现金流紧张的状况。

网店的利润率低，但如果能够把每天进的货品都卖掉，回报就会很高，甚至于考虑零库存的经营方法。

加强存货管理的一个重要方面就是提高存货周转率。存货周转率是衡量和评价网店购入存货、销售收回等各环节管理状况的综合性指标，有两种表示方法：存货周转次数和存货周转天数。其计算公式如下：

存货周转次数=销货成本/平均存货

存货周转天数=360/存货周转次数

存货周转率指标的好坏反映网店经营存货管理水平的高低，它影响到短期偿债能力，是整个网店管理的一项重要内容。一般来讲，存货周转速度越快，存货占用水平越低，流动性越强，存货转换为现金或应收账款的速度就越快。因此，提高存货周转率可以提高企业的变现能力。

3. 编制现金预算

现金预算是网店对现金流动进行预计和管理的重要工具，它是用来反映未来某一期间的现金收入和支出，以及二者对抵后的现金余缺数的预算。现金预算包括现金收入、现金支出、现金溢余或短缺、资金的筹集和运用四个部分。通过编制现金预算可以帮助网店有效地预计未来现金流量，为网店提供预警信号，及早采取措施。

编制现金流量预算时，网店应该将各具体目标加以汇总，并将预期收益、现金支出、财务状况及投资计划等，以数量化的形式加以表达，建立全面预算方案，预测未来现金收支的状况。此外，应根据年度现金流量预算，以周、月、季、半年及一年为期，建立流动式现金流量预算，这样更有利于依据网店现金流量的实际状况作出适时调整。

4.2.5 摸清家底——编制资产负债表

资产负债表也称财务状况表，是表示企业在一定日期（通常为各会计期末）的财务状况（即资产、负债和所有者权益状况）的主要会计报表。它能表明企业某一特定日期所拥有或控制的经济资源，所承担的债务和所有者对净资产的要求权，如表 4-3 所示。

表 4-3 资产负债表

资产	期初数	期末数	负债和所有者权益	期初数	期末数
流动资产：			负债：		
货币资金			短期负债		
应收票据			应付票据		
应收账款			应付账款		
在制品			应付工资		
成品			应交税金		
原料			长期负债		
流动资产合计			负债合计		
固定资产：			所有者权益：		

续表

资产	期初数	期末数	负债和所有者权益	期初数	期末数
土地和建筑			股东资本		
机器与设备			未分配利润		
在建工程			年度净利		
固定资产合计			所有者权益合计		
资产总计			负债和所有者权益总计		

首先,"资产负债表"是依照"资产=负债+所有者权益"的等式排列的。在表的左半部分,是资产部分,即商店所有财产的总和;右半部分是商店对外负债和所有者权益之和。从会计学的基本理论和架构来说,"资产"之和等于"负债"和"所有者权益"之和。

其次,"资产负债表"左、右两部分内容的排列也极有规律性和科学性,左半部分的资产排列是依照资产的流动性来排列的。所谓流动性,也就是变现性,是资产转变为现金的可能性。

1. 资产部分

企业的资产首先表现为现金,但要现金增值就一定要转变为另外的形式进行周转才可能,在商店的表现就是采购商品再卖出去。在这个买卖过程中,现金转变成了多种形式:商品、应收款、费用、工资等。

在商店的资产中,通常接触到的,除了现金和银行存款这两个账页的合计数登记进"货币资金"中外,最容易变现的顺序是:

(1)短期投资。指商店投资易变现的资产,如国库券、企业债券、股票等。有价证券最易变现,排在现金和银行存款之后。

(2)应收票据。收到购买方开出的、银行承付的汇票,随时可到银行兑成现金,排在有价证券之后。

(3)应收账款。采购方采购商品所欠的货款,如果有长期往来、信誉良好,又有合同保障,收回可靠性也很高,排在应收票据之后。

(4)存货。商店采购回来的商品,能全部卖出去是开店的理想,但马上全部卖出去又是不现实的,只能用正常销售速度卖出,故变现性不是很高,排在最后。

(5)待摊费用。待摊费用是指商店较大的费用支出,在当期没有全部放在"利润表"中冲减收入,而是用一段时间去分摊的,故变现性较差。

以上这些容易变现的资产称为流动资产,和流动资产相比不太容易变现或短期内也不准备变现的,称为长期资产。

对于商店经营者来说,长期资产所占比重不大,有的甚至没有,如果有,一般就是:

(6)固定资产。目前的会计制度规定,使用时间在1年以上、单价在2000元以上的资产,像自有经营场地、空调机、运输车辆、冷冻柜等属于固定资产。在这一栏里反映的是固定资产在购建时的全部开支,并且这个金额是不变的(如果没有固定资产的新增或更新淘汰的话),变的是下面两个项目。

(7)累计折旧。累计折旧是指固定资产的磨损部分,用专门的方法将磨损的部分记录下来,每期的记录数,相加记录在这个栏里,因而这个栏的数是越来越大的(表示固定资产磨损被提取的部分)。

（8）固定资产净值。固定资产净值的数字是这样得到的：

固定资产原值–累计折旧=固定资产净值

所以，固定资产一栏记录的是原值，为了保持它的最初价值的完整，虽然磨损但不减少它的记录，磨损部分通过累计折旧记录下来，原值减去折旧得到的就是净值，折旧数大了，净值就少了。在汇总资产时，是以净值来汇总的。

对于小型商店而言，资产类一般也就是上述这些项目。将流动资产和长期资产相加，就得到最后一栏"资产总计"数，它反映了企业拥有多少资产，包括现实的商品、货币、现金、未收到的货款、固定资产等。

2. 负债部分

资产负债表的右半部分，分为上下结构。上半部分为负债，是商店欠外面的钱，排列的顺序是依照需要偿还的先后来排列的；下半部分是所有者权益，一般是不需要拿走的。负债部分，是商店最常需要填的内容，主要有：

（1）短期借款。短期借款一般是商店欠银行的借款，是首先要考虑还的，排在第一位。

（2）应付票据。应付票据是商店以汇票等形式开出的票据欠款，和短期借款同一性质，排在第二位。

（3）应付账款。应付账款是商店欠供应商的货款，是最常见的形式，也是负债最主要的部分，排在第三位。

（4）应付工资。应付工资是商店欠店内员工的工资数，排在第四位。

（5）应付福利费。属于工资性质，按照职工工资总额的一定比例提取，用于职工福利设施的建设和开支。

（6）应交税金。应交税金是商店应交未交的各项税金。税金是对国家、社会做出贡献的法定义务，不能拖欠。

提示：就流动负债来说，常见的是上面几种，但这几种中哪一种都不能拖欠，否则就会带来麻烦，轻则罚款，重者关店。因此，流动负债就是以最先需要偿还的顺序排列的。

对小商店而言，长期负债和其他负债都不常见，就不一一列出来说明了。上面列出的常见流动负债项目，在填表时将账本中各个栏目数字加总填入即可。

3. 所有者权益——投入资本

对于商店而言，"资产负债表"中"所有者权益"栏，主要是填入投资者投入的资金，投入的资金又叫"实收资本"，是最少变动的栏目。开办网店，要有资金投入，如商店类最低是10万元人民币，投入的10万元经过会计师事务所验证后，就填写在这栏。一般情况下，这个数字是每年都不变的。除这一个栏目外，新制度还要求小商店应填写"资本公积"（由投入资本溢价的结果）和"盈余公积"（指商店在税后利润中提取而形成的部分）。

投入资本按规定是不变的，如果要变更也是有条件的，即只能增加投入而不能减少。增资要经过会计师事务所验资后到工商局去变更营业执照的注册资本栏。减少投资一般是不允许的，特别是将投入资本减少到规定的注册资本之下，将不获批准。

4. 所有者权益——未分配利润

资产负债表中未分配利润是指商店的"本年利润"与"以前年度未分配利润"之和，即主营业务收入–主营业务成本–费用工资–盘点损耗=企业盈利，企业盈利的专业术语就叫"本年利润"，它把每月月底形成的企业盈利记在这个名称下，直到年底。而在每个月底，公司计算盈利时就要计算应交的各种税金（增值税、营业税、城建税、教育费附加、所得税等）。其中，计算出的营业税和城建税等，记在"利润表"中"主营业务税金及附加"，作为成本费用从收入中扣减；而计算出的所得税，虽然是企业盈利的减少，但不去扣减企业的盈利，而是记录在另外一个叫"利润分配"名称下，这个名称专门用来记录所交的所得税。这样，企业的盈利用"本年利润"记录，上交的所得税是减少企业的盈利，用"利润分配"来记录，剩余的数就成了"未分配利润"，所以"利润表"的这一栏，是"资产负债表"中"本年利润"与"利润分配"的差。

到此栏为此，"资产负债表"的右边常见的就是这些项目了。将"负债"和"所有者权益"加总得到汇总数，这个数应等于左边的"资产"总计数。因为企业的资产是遵循"资产=负债+所有者权益"这一结构的，不论什么性质的公司，不论规模大小，皆是如此。

对商店而言，税务局规定要填的也就是"利润表"和"资产负债表"这两个报表。

4.3 网上开店信息流统计与分析

4.3.1 流量数据分析

1. 网站流量数据分析

（1）什么是网站流量？通常所说的网站流量是指网站的访问量，用来描述访问一个网站的用户数量以及用户浏览的网页数量等指标。常用的统计指标包括网站的独立用户数量、总用户数量、网页浏览数量、每个用户的页面浏览数量、用户在网站的平均停留时间等。

（2）什么是网站流量统计分析？网站流量统计分析是指在获得网站访问量基本数据的情况下，对有关数据进行统计、分析，以了解网站当前的访问效果和访问用户行为并发现当前网络营销活动中存在的问题，为进一步修正或重新制定网络营销策略提供依据。

（3）怎样分析自己的网站？进入统计后台，会看到今日详情、昨日详情、当日详情等。进入今日详情后第一个就是访问量，它能够全面地统计后面的搜索引擎，这样就可以看到今天是哪个搜索引擎进了自己的网站。接下来就是关键词，通过它可以看到主要是什么词进了自己的网站，这样可以看到网址是已输入的还是从搜索引擎来的。还有就是通过"回头客"和"浏览深度"也可以看到用户是第几次来，从而进行具体分析。

1）转换率：用来衡量网站内容对访问者的吸引程度以及网站的宣传效果。

转换率=进行了相应动作的访问量/总访问量

2）回访者比率：用来衡量网站内容对访问者的吸引程度和网站的实用性，网站是否有令人感兴趣的内容，从而使访问者再次回到你的网站。

回访者比率=回访者数/独立访问者数

3）积极访问者比率：用来衡量有多少访问者是由于对网站的内容高度感兴趣才访问网站的。

积极访问者比率=访问超过 11 页的访问者数/总的访问数

4）忠实访问者量：是用来衡量长时间的访问者所访问的页面占所有访问页面数的比例。

忠实访问者量=大于 19 分钟的访问页数/总的访问页数

5）访问者参与指数：代表部分访问者多次访问的趋势。

访问者参与指数=总访问者数/独立访问者数

6）浏览用户比率：是指在 1 分钟内完成的访问者占总访问者的比例。

浏览用户比率=少于 1 分钟的访问者数/总访问数

2. 网站流量指标

网站流量指标分为以下几点：

（1）独立用户数量。对于独立用户而言，每一个固定的访问者只代表一个唯一的用户，无论他访问这个网站多少次。独立用户越多，说明网站推广越有成效，也意味着网络营销越有效果，因此是最具有说服力的评估指标之一。

（2）重复用户数量。该指标反映了站点用户的忠诚度，站点用户的忠诚度越高，重复用户数量越高。

（3）页面浏览数。页面浏览数的英文为 Page Views，简称 PV，它是在一定统计周期内所有访问者浏览的页面数量。PV 可信度不是很高，而且非常容易作弊，因而很多针对 Alexa 排名的作弊手段之一就是采用各种办法刷 PV 值。

（4）每个用户的页面浏览数。每个用户的页面浏览数是一个平均数，是在一定时间内全部页面浏览数与所有用户数相除的结果，即一个用户浏览的网页数量。这一指标表明了用户对网站内容或者产品信息感兴趣的程度，也就是常说的网站黏性。此指标反映了用户从网站获取信息的多少。注意，此指标需要和独立用户数、每个用户的平均页面浏览数量等进行比较才能分析出网站的总体访问量变化趋势。

（5）某些具体文件或页面的统计指标。此相关统计指标包括页面显示次数、文件下载次数等。通过此指标，可以迅速地看出最近用户的访问热点，也可以看出访问站点的哪些页面及其对应的关键词在搜索引擎中表现较好。

3. 用户行为指标

用户行为指标分为以下几点：

（1）用户在网站的停留时间。用户在网站上停留时间的长短，反映出一个网站粘性和吸引用户的能力。

（2）用户来源网站。通过对用户来源网站的统计，可以了解用户来自哪个网站的推荐，哪个网页的链接，还可以看出部分常用网站推广措施所带来的访问量，如网站链接、分类目录、搜索引擎自然检索、投放于网站上的在线显示类网站广告等。

（3）用户所使用的搜索引擎及其关键词。从流量分析软件可以清楚地看到，用户是通过搜索哪些关键词来到你的网站的，可以辅助你对关键词实际优化情况有大致的了解。

另一个更重要的方面是，从这些关键词中可以扩展出很多可以增加的内容。这能帮助发现你想不到的关键词，这样就可以适当地对自己内容发展方面的策略做一些调整。

（4）用户浏览网站的方式。此相关统计指标包括用户上网设备类型、用户浏览器的名称和版本、访问者计算机分辨率显示模式、用户所使用的操作系统名称和版本、用户所在地理区域分布状况等。

4. 用户浏览网站的方式

（1）分析用户浏览网站的方式。了解用户浏览网站的方式对于网站优化来说至关重要。要想达到理想的网站优化效果，对网站用户进行必要的甚至细致的分析是最基本的保障。通过有效的用户行为分析，如来自搜索引擎的关键词访问统计、哪些页面最受欢迎及为什么受欢迎、有哪些页面不受欢迎及原因在哪里等，找到用户浏览网站的规律，从而能够为改善用户的体验、改进网站以更好地满足用户的需求提供基本思路。这样，才可以改进客户服务并使网站更具吸引力。

（2）网站访问情况分析。通过对访问者来源情况的分析，可以对网站的访问量组成有个基本的认识，了解用户通过什么途径到达网站，是其他网站的链接还是搜索引擎，主要又是来自哪个搜索引擎。比如访问量基本上有搜索引擎支撑，恐怕就要考虑更广泛地建立链接，扩展访问来源，而不是自以为是地以为 SEO 取得了成功。如果来自搜索引擎的访问量中主要为谷歌，就需要考虑加强对其他搜索引擎的优化，这样，才能使访问来源的结构组成更合理。

1）来自搜索引擎的关键词。用户在搜索引擎中使用什么样的关键词找到我们的网站？通过对此项内容的分析，可以找到关键词中的规律，如选定的关键词是不是有效，是否存在与内容相关甚至更佳但被忽略的关键词等。在此基础上，更改、调整或强化相应关键词，以求达到更好的网站优化效果。

2）最具吸引力的页面。网站访问量最大的页面是哪些？通过分析这些网页的关键词、内容风格等可以更准确地把握搜索引擎的优化规律，同时，这些网页也解释了用户浏览时希望查找什么类型的信息。

要达到更好的网站优化效果，就需要将从这类页面中归纳出的优化技巧更普遍地应用到其他网页上，要使网站更具吸引力，就需要突出显示此类内容。

3）最不受欢迎的网页。哪些网页是无用页面或基本上没人访问？分析其原因，如果搜索引擎未收录该页面或该页面在 SERP 中的排名很低，导致用户无法在搜索引擎中找到该页，那么需要改进该页的优化措施；如果该页在 SERP 中存在且排名还不错，但访问人数却不理想，则可能是该页内容属于绝大多数用户不感兴趣的，这就需要调整网站中相应内容所占的比例。

4）用户在网站内的浏览行为。用户在网站上停留多长时间？他们如何浏览网站？对此类问题的分析首先可以帮助我们发现网站结构是否合理，网站内的导航是否有效。要知道，很多时候网站导航和信息路径之间的不一致也会造成用户浏览的困难。

对网站结构方面的分析还包括用户是否跳过多个页面，或者仅在某个页面上停留较短时间即离开网站，若存在跳过页面或停留时间短的情况，往往意味着用户难以找到他们所需要的具体内容，也可能表示网站页面的载入时间过长，导致用户失去兴趣。当然，对访问数据的分析还涵盖其他很多方面，但以上几点应是初期最主要的考虑。通过对分析结果的归纳和总结，可以帮助我们有效地改进与提高网站。

4.3.2 销售数据分析

运营数据化，用数据说话，用数据来发现问题，解决问题，相信大家都不陌生。现在电子商务公司对数据分析开始重视起来，但大多都是上了一个数据分析工具，比如量子、CNZZ、51la，需要每天关注。

（1）网站使用率：PV/UV、在线时间、跳失率、深度访问率，这是最基本的，每项提高都不容易，需要不断改进每个页面中，每一个发现问题的细节。

就拿跳失率来说，高了肯定不是好事，但要知道问题出在哪里。在做活动或者上广告的时候，跳失率会很高，意味着人群不精准，或者广告诉求和实际内容差距很大，或者本身页面有问题。

（2）流量来源分析：监控各渠道转化率，针对不同的渠道，做有效营销，UV 代表推广力度，转化率代表效果。转化率的数据让我们很清晰地了解什么样的渠道转化效果好，那么以此类推，同样的营销方式，用在同类的渠道上，效果差不到哪儿去，就可以去开发同类的合作渠道，复制成功经验。

此项分析主要是给运营和推广部门做指导方向。

（3）运营数据：总销售额、订单数、客单价、订单转化率、退货率。

由于用户下单和付款不一定会在同一天完成，这些数据每周汇总，每周数据一定是稳定的。重点指导运营内部的工作，如促销策略、定价策略、产品推广。

（4）用户分析：会员的地区分布、年龄分布、重复购买率。

重复购买率体现的是电子商务的竞争力，绝对是内功，这包括知名度、口碑、客服、包装、发货等每个细节。没有好的重复购买率是没有任何前途的，所以很多大卖家投放首页焦点广告，上硬广告，就是获取用户第一次购买，从而获得长期的重复购买。

（5）投资回报率：投资回报率=某时间周期每笔产出/某时间周期每笔订单成本。

这是衡量一个网店营运效果和营运效率的最终指标。投资回报率高，意味着每笔订单投入的成本产出更多的收益。

计算投资回报率，一定要有一个时间周期。设定时间周期，也是资本具有的时间价值决定的。同时，新开的网店的营运并不在乎投资回报率的高低，更在乎投资的资金回收周期。只有充分地利用资本的时间价值，才能更好地了解营运的状况。

善于数据分析，可以使你的网店如虎添翼。

因此，专职卖家们深知，要把网店的生意做大做强，必须十分关注、认真分析店铺经营相关数据，随时根据数据分析的结果调整店铺，才能不断地进步。

在网上开店，学会分析和使用店铺经营相关数据，会收到事半功倍的效果！比如，分析下面几个数据，就可以看到店铺存在的问题，并有目的地进行优化。

（1）粘度——店铺总 PV（总点击量）/店铺 UV（到店人次）。

分析这个数据，可以看到买家到你的店铺平均点了几样宝贝，靠这个，就能找到有优势的宝贝以及最适合的推广手法。

（2）店铺转化率——购买产品的人/到店的人次。

这个数据可以说明来店铺的平均 100 个人里面有多少留下来买了东西。转化率上去了，销售额就上去了。转化率与宝贝的性价比、店铺促销力度、客户忠诚度、宝贝描述关系较大。以淘宝网为例，淘宝网的平均客户转化率在 1%左右，相当于来了 100 个人，有 1 个人产生了交易。如果你的店铺的转化率远低于这个水平，说明你的店铺状况不太好，需要改进了。

（3）平均客单价——一段时间内总销售/总购买人数。

这个数据能说明买家在你的店铺花了多少钱，而花钱多少往往是跟货品是否充足、宝贝是否吸引人、宝贝销售搭配是否合理这几个方面息息相关的。

（4）平均成交单价——总销售/总销售件数或者平均客单价/平均成交单价。

这两个数据能体现买家到你的店铺目前最容易接受的价格，还有就是到店铺的人一般会购买哪几样东西。借这个数据可以调整单品的价格，还可以优化宝贝的销售组合。

4.3.3 网站的优化

（1）通过数据分析，提高论坛推广效率。

（2）通过数据分析，提高联盟广告的流量。

做联盟推广的时候，开始很困难，因为竞争对手的价格高，内容吸引人，很难说服站长挂笔者的联盟广告。后来通过数据分析知道：哪些广告尺寸是站长最喜欢挂的；哪些广告代码在站长那点击率又最高；站长一般以什么样的形式展现广告的效果最好，分析出这些数据后，就拿这些经验，去说服站长挂笔者的广告，从而使笔者当时负责的联盟产品，不到 2 个月的时间流量提高了 4 倍。

（3）通过数据分析，找到最适合优化的关键词。

先分析跟我们网站内容相关的关键词有哪些，哪些词是流量比较大的，哪些词已经被做了多少个竞价排名，这些词我们网站现在排的位置是多少，排在我们前面的竞争对手的网站质量又如何，哪些词的 SEO 竞争比较激烈。做好这一切的数据准备工作，从中选出流量相对比较高、竞价排名做得少，而且竞争不是很激烈的关键词，然后有针对性地去做这些词的 SEO，从而很快能见到效果。有些词可能搜索量很大，但是第一页都被做了竞价排名。不管什么样的推广方式，都一定要先做好数据分析，然后有效率、有针对性地去做，不浪费自己的时间，也不浪费公司的资源。

一个好的网站，除了前面讲到的要有一个好的结构、有潜力的域名、正确的关键词定位等因素外，后期的关键优化也是必不可少的。要更好地优化选定的关键词，一般需要注意以下几点：

第一，对网站的关键词竞争度的分析。如何分析网站关键词的竞争度呢？

1）通过搜索引擎查看搜索页面收录数量。

2）分析竞争对手的网站关键词。

3）查看搜索引擎关键词的竞价数量。

4）关键词所属网站的快照情况以及网站的 PR。

5）观察关键词所属网站的 URL。

第二，分析了关键词，接下来自然就是对关键词的设置了。如何对网站的关键词正确设置，也是非常重要和必要的，一般只要注意几点就行：

1）关键词的数量（一般控制在三到五个即可）。

2）明白关键词的真正作用（关键词是对网站标题的一个补充）。

3）一旦定下来就不要随便修改和添加、减少关键词。

第三，关键词密度及关键词密度调整。首先要知道什么是关键词密度：关键词密度就是我们所强调的关键词在网页中出现的次数与网页中其他文本内容的比例。

1）关键词密度对网站排名的影响和关键词密度适合的范围。

2）关键词在网页中的布局以及如何调整。

关键词出现位置一般可在以下部分中：

- 标题 关键词 描述
- 顶部 logo 图片
- 导航、栏目

- 文章、公司简介中
- 图上的 ALT
- 友情链接
- 网站底部
- 站内链接与外部链接

在做关键词密度的时候一定要以自然为原则，不要为了加关键词而生硬地加入关键词。

不断学习与商品相关的专业知识，这是为顾客提供优质服务的前提。建议开店的同时自己要首先熟悉产品的种类、特点和使用知识，对于一个一问三不知的店家，顾客能放心购买他的东西吗？专业的服务会让顾客亲身感受到产品的品位，感受到购买商品的快乐，能感受到快乐的顾客就是长期的顾客。在你周围聚集了一批长期的熟客，店铺的生意能不好吗？当然这需要有个逐渐建立的过程，需要耐心地为顾客提供周到的服务，对于诚信体系尚不完备的今天，这是取得顾客信任并成为回头客的最关键因素！

宣传和推广是每日要做的长期工作！在浩如烟海的网络上，你的店铺如同森林中的一棵小树苗，一开始是没人注意到的，这如同把店铺开在深山里，是难得有人光顾的，这样的店铺是不会赚钱的！所以，宣传、推广就成为日常最重要的工作之一。在论坛上多发帖子、介绍产品相关知识、多和网友交流沟通、提高店铺及店主的知名度，让大家逐渐关注到你和你的店铺是非常重要的。当店铺具有相当高知名度的时候，如同你把店铺从深山搬到市区，每天会有很多人来你的店里看看，有人光顾就会有生意！这也是商业区店铺租金高昂的原因。做这个比喻就是让各位卖家深刻理解网络店铺成功的基础！利用一切可能的机会把自己和店铺介绍给大家，让更多人认识、了解、相信是网店成功的必由之路！当然，这要花很多时间，但这是必需的付出。市场竞争如此激烈的今天，创业没有轻松的捷径，只有勤劳、用心的人才可能成功！

借助一些商业手段和技巧吸引顾客眼球！多参观学习别的店铺的长处，尤其是那些成功的店铺，采取一些如一元起拍卖或者部分商品不求赢利但求吸引顾客光顾的方法提高顾客的关注度。这些方法和技巧需要根据不同的产品在实践中逐渐摸索尝试，超级市场里的一些促销手段值得借鉴。顾客的期望永远是花最少的钱买到最好的东西。尽管如此，商业活动中，商家仍然掌握着主动，采用巧妙的促销模式同样能在取得足够利润的同时让顾客感觉到满意。建议卖家把自己的店铺当成实体店铺，去参考他们的运作模式。

本章小结

（1）网上开店，利润的构成公式可简化为：利润=营业额–成本–费用。

（2）开网店，从开店的第一天开始，就要学会如何记账，并通过财务的帮助提升利润。通过对店铺的经营状况进行系统的记录，发现店铺经营管理中存在的问题、提升管理水平、控制成本、提升店铺的盈利能力。

（3）控制进货成本，合理进行商品定价，合理控制邮费和运费，正确进行记账管理都是帮助提升利润的重要内容。

（4）开网店创业时，注意学会做一份投资预算，对每月的损益平衡点进行计算，掌握增加利润额的关键方法，加强现金管理，学会编制和解读资产负债表都是必须做的功课。

（5）网店运行以后，注意对网店流量的各类数据进行分析，并对网站进行及时优化。

问题与思考

4-1 在网店经营过程中，利润是如何构成的？
4-2 如何正确进行记账？
4-3 什么是损益平衡点？如何计算？
4-4 淘宝网为什么独立推出支付宝？
4-5 网站如何做数据分析？

第 5 章 网店经营与销售技巧

本章学习目标

本章将介绍网店经营和销售的技巧，还有网店经营致富的一些经典故事。通过本章的学习，读者应掌握以下内容：
- 掌握网上商品的定价目标和方法
- 了解网店经营和销售的沟通技巧
- 掌握利用增值服务提高网店知名度的方法
- 了解网上经营的成功案例及互联网营销的最新发展

引例 网络制片人赚钱

周林在西安电视台有一份令人羡慕的工作，但他打算辞职，一门心思想当职业网络电影制片人。目前，周林的"黑色胶片"视频空间在优酷网原创达人榜单中人气位列第二，已经有数百万人点击过他的短片，同时也受到很多广告商的青睐，片约不断。

周林大一开始就和同学一起拿着 DV 拍片，直到在电视台工作后，才开始把自己拍的几部小短片放到网上，没想到一夜之间就火了。"后来我们才明白视频里的商机，商家看中了视频的高点击率，主动联系我们拍摄广告视频。"周林得意地说，"开始名气太小，一部 4 分钟左右的片子，广告收入也就一两千元，现在名气大了，最多的时候一个月可以赚到 2 万元。"为了节约拍摄成本，周林都是自编自导自演，扣除一部片子 2000 元左右的成本，收入非常可观。

周林还透露，他的工资几乎都花在了买设备上，一共花了 5 万多元，"还好家人支持，否则我也没法坚持。"现在周林已经有一套自己都很得意的拍摄设备，摄像机、旁轴机、调试灯光的设备等。"我正在筹划一部网剧，这部剧是《奋斗》和《武林外传》的结合。等正式开拍了，我想辞去现在的工作，全心全意投入拍片之中，最终的梦想就是能拍一部电影登上大银幕。"

http://www.chinanews.com/cj/cj-cfgs/news/2009/11-16/1966865.shtml

> **关注**：精明的广告商敏锐地把握到网络拍客赚钱这一点，开始花钱寻找知名"拍客"为其商品打造植入广告的网络电影。有了资金，不少人开始购买专业设备，拍摄专业的网络短剧和网络电影，于是很多玩家变成专职从业者，把拍摄网络电影从兴趣变成谋生手段。

5.1 网上商品的定价

客户对于商品选择的第一印象是商品的价格，如果价格策略运用得恰当，那么离成功就近了很多。

许多消费者利用网络购物的一个重要原因是价格便宜。对产品的功能和外观等挑选完成后，另一个要考虑的重要因素应该是产品价格。由于网络信息非常透明，买家可以很容易地得到同一类产品的价格信息。顾客到网上搜索商品，一般都会从最便宜的商品开始看起，因此如果定价过高，而商品本身又没有其他明显的竞争优势，顾客肯定会流向商品价格低的店铺；如果定价低，有可能会提高销售量，但如果长期没有利润，网店也不能生存。所以卖家要学会给商品定一个合适的价格。

5.1.1　网上商品定价目标

在实施定价前，先要确定自己的定价目标。定价目标是卖家希望通过制定产品价格要达到的目的。这个目的，决定了卖家选择什么样的定价方法。新手卖家们当务之急首先要考虑利润目标，定价必须符合利润目标的要求。按时间长短可以分为短期目标和长期目标，短期目标着眼于近期的利益，争取在短期内获得尽可能大的利润目标。长期目标则着重于将来的一定时间利润达到一定水平，而不计较短期可能损失的利润。

网上商品的定价目标不是单一的，它是一个多元的结合体。下面就是一些常用的定价目标：

（1）以获得理性利润为目标。
（2）以获得适当的投资回报率为目标。
（3）以提高或维持市场占有率为目标。
（4）以稳定价格为目标。
（5）以应付或防止竞争为目标。
（6）以树立形象为目标。

5.1.2　网上商品定价的原则

网上商品定价一定要遵从稳定性、目标性和赢利性的原则。

稳定性是指同类产品价格在很短时间内不要波动很大，特别是降价。这样做的结果会使老顾客感觉上当，新顾客又会驻足观望。

目标性是指要时刻注意产品的消费群体，因地因时制定价格，不要把低档品高价卖出。

盈利性指不要打价格战，这样对谁也没有好处。对卖家，因为利润太低，甚至亏本，势必会降低质量和服务；而对买家，因为价格太低，也会对产品质量产生怀疑。

1. 考虑产品价格构成要素

首先我们必须考虑产品价格构成要素，成本是最基本的，也可以根据顾客对产品的认知价值来制定。定价的关键是顾客对价值的认知，而不是销售者的成本。这里要提醒新手卖家们，不要一味跟风那些实力雄厚的多钻、皇冠卖家，要有自己的定位及定位目标。

2. 不要迷信价格战

如今商品供应数量充足，品种繁多，质量上乘，商品质量和价格不再是市场竞争的主导，而是以品牌、服务、促销为核心的非价格因素占据市场主导地位，新手卖家们要注重自己的服务态度，处处站在买家角度，注重促销方法，加强促销手段。

5.1.3 网上商品定价的策略

通常网上开店，商品快速初步定价的具体步骤是：首先，根据自己的成本来计算出自己的初步价格；然后，在同类商品中进行合理的比较，取一个适当的中间值；最后，综合前两点和自己所卖商品的实际情况来最终定价。一般经过这样的简单步骤就可以将一个商品的基本价格确定下来。网上开店的定价是一种艺术，每个人都有可能把这种艺术发挥到极致。如果要使商品销售猛增的话，就必须熟悉下面的一些定价策略。

1. 产品组合定价策略

把店铺里一组互相关联的产品组合起来一起定价，而组合中的产品都是属于同一个商品大类别。比如男装，就是一个大类别，每一大类别都有许多品类群，比如男装就有西装、衬衫、领带和袜子几个品类群，我们可以把这些商品品类群组合在一起定价。这些品类群商品的成本差异以及顾客对这些产品的不同评价再加上竞争者的产品价格等一系列因素，决定了这些产品的组合定价。产品组合定价可以细化分为以下几个方面：

（1）不同等级的同种产品构成的产品组合定价。这类产品组合，可以根据这些不同等级的产品之间的成本差异，顾客对这些产品不同外观的评价以及竞争者的产品价格，来决定各个相关产品之间的价格。

（2）连带产品定价。这类产品定价，要有意识地降低连带产品中购买次数少、顾客对降价比较敏感的产品价格，提高连带产品中消耗较大、需要多次重复购买、顾客对它的价格提高反应不太敏感的产品价格。

（3）系列产品定价。对于既可以单个购买，又能配套购买的系列产品，可实行成套购买价格优惠的做法。由于成套销售可以节省流通费用，而减价优惠又可以扩大销售，这样流通速度和资金周转大大加快，有利于提高店铺的经济效益。很多成功的卖家都是采取这种定价法。

（4）把同种产品，根据质量和外观上的差别，分成不同的等级，分别定价。这种定价方法一般都是选其中一种产品作为标准品，其他分为低、中、高三档，再分别定价。对于低档产品，可以把它的价格逼近产品成本；对于高档产品，可使其价格较大幅度地超过产品成本，但要注意一定要和顾客说清楚这些级别的质量是不同的。

2. 阶段性定价策略

阶段性定价就是要根据商品所处市场周期的不同阶段来定价。

（1）新上市产品定价。这时由于产品刚刚投入市场，许多消费者还不熟悉这个产品，因此销量低，也没有竞争力。为了打开新产品的销路，在定价方面，可以根据不同的情况采用高价定价方法、渗透定价方法和中价定价方法。

对于一些市场寿命周期短，花色、款式翻新较快的时尚产品，一般可以采用高价定价方法。

对于一些有较大潜力的市场，能够从多销中获得利润的产品，可以采用渗透定价方法。这种方法是有意把新产品的价格定得很低，必要时甚至可以亏本出售，以多销产品达到渗透市场、迅速扩大市场占有率的目的。

对于一些经营较稳定的大卖家可以选择中价定位。这种办法是以价格稳定和预期销售额的稳定增长为目标，力求将价格定在一个适中的水平上。

（2）产品成长期定价。产品进入成长期后，店铺生产能力和销售能力不断扩大，表现在销售量迅速增长，利润也随之大大增加。这时的定价策略应该是选择合适的竞争条件，能保证店铺实现目标利润或目标回报率的目标定价策略。

（3）产品成熟期定价。产品进入成熟期后，市场需求已经日趋饱和，销售量也达到顶点，并有开始下降的趋势，表现在市场上就是竞争日趋尖锐激烈，仿制品和替代品日益增多，利润达到顶点。在这个阶段，一般采用将产品价格定得低于同类产品的策略，以排斥竞争者，维持销售额的稳定或进一步增大。

这时，正确掌握降价的依据和降价幅度是非常重要的，一般应该根据具体情况来慎重考虑。如果你的产品有明显的特色，有一批忠诚的顾客，这时就可以维持原价；如果你的产品没有什么特色，就要用降价方法保持竞争力了。

（4）产品衰退期定价。在产品衰退期，产品的市场需求和销售量开始大幅度下降，市场已发现了新的替代品，利润也日益缩减，这个时期常采用的定价方法有维持价格和驱逐价格方法。

如果希望处于衰退期的产品继续在顾客心中留下好的印象，或是希望能继续获得利润，就要选择维持价格。维持性定价策略能否成功，关键要看新的替代品的供给状况。如果新的替代品满足不了需求，那么还可以维持一定的市场；如果替代品供给充足，顾客肯定会转向替代品，这样一定会加速老产品退出市场的速度，这时即使你想维持，市场也不会买账了。

对于一些非必需的奢侈品，它们虽然已经处于衰退期，但它的需求弹性大，这时可以把价格降低到无利可图的水平，将其他竞争者驱逐出市场，尽量扩大商品的市场占有率，以保证销量、回收投资。

3. 薄利多销和折扣定价策略

网上顾客一般都在各个购物网站查验过同样产品的价格，所以价格是否便宜是顾客下单的重要因素。怎样定出既有利可图，又有竞争力的价格呢？

（1）薄利多销定价。对于一些社会需求量大、资源有保证的商品，适合采用薄利多销的定价方法。这时要有意识地压低单位利润水平，以相对低廉的价格，增大和提高市场占有率，争取长时间内实现利润目标。

（2）数量折扣定价。数量折扣是对购买商品数量达到一定数额的顾客给予折扣，购买的数量越大，折扣也就越多。采用数量折扣定价可以降低产品的单位成本，加速资金周转。数量折扣有累积数量折扣和一次性数量折扣两种形式。

累计数量折扣是指在一定时期内购买的累积总额达到一定数量时，按总量给予的一定折扣，比如常说的会员价格；一次性折扣是指按一次购买数量的多少而给予的折扣。

（3）心理性折扣定价。当某类商品的牌子、性能、寿命不为顾客所了解，商品市场接受程度较低的时候，或者商品库存增加、销路又不太好的时候，采用心理性折扣，一般都会收到较好的效果。因为消费者都有喜欢折价、优惠价和处理价的心理，只要采取降价促销手段，这些商品就有可能在众多的商品中脱颖而出，吸引住消费者的眼球，大大提高成交的机会。当然这种心理性折扣，必须要制定合理的折扣率，才能达到销售的目的。

4. 分析买家的心理，投其所好定价策略

消费者的价格心理主要有：以价格区分商品档次的心理、追求名牌心理、求廉价心理、买涨不买落心理、追求时尚心理、对价格数字的喜好心理等。在商品定价过程中，必须要考虑顾客在购买活动中的某种特殊心理，从而激发他们的购买欲望，达到扩大销售的目的。

5.1.4　网上商品定价方法

1. 分割定价法

定价如果使用小单位，可以使顾客在心理上有种"拣"到便宜的感觉。价格分割有下面两种形式：

（1）用较小的单位定价。如：每千克1000元的人参，定成每克100元；小麦每吨2000元，定成每千克2元。

（2）用较低单位的商品价格比较法，比如："每天少抽一支烟，每日就可订一份牛奶"。

2. 同价定价法

生活中常见的一元店，采用的就是这种同价定位法。把网店里的一些价格类似的产品定为同样的价格销售，这种方法干脆简单，省掉了讨价还价的麻烦，对一些货真价实、需求弹性不大的必需品非常有用。

3. 数字定价法

这种方法属于心理定价策略。比如"8"和"发"经常被人联系在一起，所以用"8"来定价，可以满足顾客想"发"的心理需求，所以一般高档商品的定价都会带有"8"字。另外，经过多次试验表明，带有弧形线条的数字，如5、8、0、3、6容易被顾客接受，而1、4、7不带弧形线条的数字就不太受欢迎。

在定价的数字上，要结合我国国情，尽量选用能给人带来好感的数字。比如很多中国人都喜欢"8"、"9"数字，会认为这些数字会给自己带来好运，但大部分人都不喜欢"4"字，因为和"死"同音。

4. 心理导向定价法

（1）声望定价。许多商品在买家心中声望较高，买家购买这些商品，重视商品的商标、品牌，重视商品能否显示其身份与地位。声望定位，既可满足消费者的心理需要，又能促进销售，但应该注意质量保证，否则新手卖家小店也是难以持续。

（2）整数定价。对于高档商品，名牌优质商品，往往采取整数定价。例如，韩国进口耳环97元，可定价100元。满足其高贵、自尊的要求，有利于商品销售。

（3）采取尾数定价。对于一般消费品采用带有零头的数结尾。本应定价10元的商品按9.9元定价，可以造成不到10元的价格便宜的心理，在销售产品中受到买家的欢迎。

5. 低价安全定价法

低价安全定价法属于薄利多销的定价策略。网上商品天生就有低价的优势，试想如果卖得比超市价格还高，谁还会来买呢？这种定价方法比较适合消费品快速直接销售，因为它有很大的数量优势。低价可以让产品很容易被消费者接受，优先在市场上取得领先地位，所以如果能够做厂家的网络营销代理，就可以采用这种低价安全法。

6. 制定运费要合理

在定价时，注意运费的设置要合理。在网上，一般卖家承担运费会让买家很高兴，所以卖家完全可以把邮费算到商品的价格里。比如在商品标题中写到："一口价包邮烤面包机仅需35元"。这样顾客一旦选择了商品就可以清楚地知道自己要付出的价钱。这类定价一般适合小物品，如邮票、书籍、CD等。

网上顾客最不喜欢的做法是，卖家把商品价格定位1元，但邮费却定为30元、50元甚至更高，这会使买家有明显受到愚弄的感觉。

5.2 网店经营的沟通技巧

沟通在现代经营中有着很重要的意义。前不久，国外有调查显示一个新的观点，认为网上商店的最大缺点之一就是缺少人性化的交流，很难有逛街那种亲临现场的感觉，留言有时不能得到及时的回复。所以尽管商品描述很好，商品定价也比较合理，且每天也都有很多人驻足，可为什么这般煞费苦心也无法提升成交率呢？商品的质量无疑是第一位的，而除了商品的质量影响生意外，与客户之间的沟通和交流也是非常重要的。所以，应该加强沟通，如与访问者的沟通，与供应商的沟通，以及与竞争对手的沟通等，为网店经营成功之路的建立打下坚实的基础。

5.2.1 如何与供应商沟通

对供应商来说，网点就是客户，所以要明确的是，我们如何对待供应商，客户就会如何来对待我们。在与供应商的交流中，要说服他们，让他们知道与我们的合作是互利的。

通常供应商比我们更了解商品质量和现实市场，他们知道哪些是高质量的外销货，哪些是内销货，知道哪些商品的市场反应好。而我们是网络时代的弄潮儿，能很方便地知道网上顾客的消费特点和习惯。我们可以把这些信息反馈给供应商，再由他们通知生产商去改进商品，最终使商品能够符合顾客的口味，这样对我们和供应商都是有好处的。最重要的一点是一定要善于沟通，与他们沟通顺利，就可以利用他们的资金进行铺货销售，即使出现滞销问题，也可以换货，无后顾之忧。

此外，有很多卖家在经营了一段时间后，会直接向厂家进货，以降低成本。但这里还是要提醒广大卖家，一定要慎重做决定，因为直接向厂家进货的数量较大，相应地就会增大经营风险，如果需要换货，成本也会有所上升。总之高风险，高收益，卖家一定要仔细衡量。

开店特别是自助经营的实体店，面临最大的一个问题就是进货问题，进的好不好，进的便宜不便宜，会直接影响到店铺的销售问题。进货时我们不免要和批发商打交道，下面说说关于开店进货需要注意的几个问题，便于新手参考。

（1）见机行事不要过于追求低价。批发商卖服饰最头疼的就是砍价问题，如果价格差不多了，千万不要再跟老板讨价还价，批发不像零售，没有那么大的利润。

（2）调换货物不是每个批发商都能做好的售后服务。有些批发商遭遇调换问题时会给你否定答案，这个时候你要尽量地询问可否调换服装的号码和颜色，而不是调换款式，尽量做好长期友好合作。

（3）货物的质量和数量。关于数量问题，不管你有多么困难都要查清数清，质量问题如果有很大的销售障碍，要和批发商沟通，尽量在短时间内给予调换。这一点全靠你和商家的沟通和协调能力。

（4）跟单付钱之前，先看看老板给你开的单，看看上面的单价和件数对不对。要做个有心人，不要让黑心的批发商在单子上面做手脚，当然也能防止粗心的批发商出现数字错误。

（5）索要联系方式。出于礼貌和再次合作的需要，一定要向批发商索要名片和联系方式，做好再来光顾的准备。做固定的长期客户，会省很多事情。

5.2.2　如何与访问者沟通

访问者就是潜在的客户，与访问者有良好的互动和沟通，可以增加访问者变成买家的概率。一般新手刚开始上网购物，遇到的问题会比较多，所以针对某一商品的提问自然会很多，甚至还有可能问一些比较尖锐苛刻的问题。这时就要体现卖家的修养和风度，通常在与访问者沟通的时候，只要做好以下几个方面，相信一切问题就可以迎刃而解了。

（1）在回答买家提问的时候要想办法化解其尖锐的问题。第一次交易的时候，买家难免会有不信任的感觉，就算打了很多次交道，也有一些买家会问一些刁钻的问题。遇到这样的买家，你可能也会打退堂鼓，觉得多一事不如少一事，索性不搭理不做这桩生意了。其实这种方式是不可取的，因为卖家也许会因为一时怕麻烦而丢了一个客户。这时卖家千万要有耐心，而且要设身处地地为买家想一想。试想，如果我们自己是买家一定也会提出很多问题，甚至也会提出一些苛刻的问题。

（2）切忌开门见山、单刀直入、给人强卖的感觉。买卖成交大多是买家主动找上门来的，所以，当买家寒暄时卖家最好不要开门见山地向人家介绍商品，免得引起误会，给人以推销或强卖的感觉。卖家可以先和买家说些无关痛痒的话，比如找些共同话题聊天等，先做个铺垫，制造轻松的气氛，然后再切入正题。若卖家一味地围绕自己的商品打转，买家就有可能会对卖家产生不信任。

（3）在买家询问或者产生纠纷的时候，卖家要做一个倾听者。

不管买家多么无理，不管自己多么委屈，都要先听完买家的话。听完之后再解决问题，这样会让买家觉得自己被尊重、被重视。

俗话说得好：做事先做人。在网上做买卖也是一样，一定要先做人，做好人一切问题就不成问题了。

此外，在给访问者或是买家回复留言的时候，一定要解决他们提出的问题。对于价格方面的问题，回答要准确肯定；对于技术上的问题，回答要简洁易懂。

5.2.3　如何与竞争者沟通

网络信息的沟通作用，可以帮助那些相互竞争的对手成为战略结盟的伙伴。"差距就是动力，互补才能双赢"已经成为网络经济的原则之一。

怎样和竞争者沟通，对新手是个考验，如果和大卖家进行价格战，那么最后吃亏的一定是你。所以这就要求你在网上卖东西之前，要做一定的市场调查，弄清楚这个行业内谁是大卖家，这个行业的饱和度怎样。如果自己的商品和大卖家店铺内卖的有重复，而大卖家又有开分店的想法，就可以主动和他协商，表示愿意做他这类产品的代理。这样你获得的不仅仅是少了个强劲的对手，更重要的是得到了大卖家的信用支持和销售经验，最终可以达到双赢的效果。

在和对手的竞争中应该特别注意以下几个方面：

(1)确定合理的价格。要确定合理的价格,不能以实力和对手进行赔本销售商品的比赛,否则既会破坏正常的竞争环境,也会导致两败俱伤。

(2)提高店铺服务的质量。这是与对手竞争的最好手段,只有提高服务质量才能得到顾客更深的信赖,才会保持自己的生命力。

(3)进行正当宣传。不要在论坛中发表贬低对手来提高自己的帖子,否则不但会引起对方的报复,还会有损店铺在顾客中的形象。

总之,诚信是本,即使是竞争也要坦诚。

5.2.4 利用计数器

许多网店、诚信通,包括企业自己建立的网站都不重视计数器。可以很坦白地说,没有充分利用它,简直就是浪费,网店、诚信通、网站想带来效益,也一定很低。

许多人认为,计数器就是看看今天有多少人看了我的网页儿。其实这是非常有用的数据。

通过计数器,首先可以知道你的网页究竟有没有人看,就好像你开个实体店一样,你是不是要知道哪儿人多,哪儿是旺区,你就开在哪儿?在网上没有旺区和淡区之分,唯一可分的,就是你的网页看的人多还是少。连这个都不知道,你的网页就相当于开在了淡区。当你知道看的人少的时候,你会怎么做?不用说了,肯定是马上去宣传自己的网站,让更多的人知道,你的成交几率才高。

第二,通过这个计数器,可以看到当前有多少人在线看你的网页,这都是实时的。越多人停留在你的网页,停留的时间越长,就说明他们对你的产品越有兴趣。

第三,计数器上有PV和IP,PV是指流量,就是多少个人在看,IP指的是地址。计数器中同一个IP地址它只会计一次。简单一点说,就是同一个人有可能多次进入你的网页去看,那每进入一次,PV就会增加一次,但是因为是同一个人,即使他重复进入,IP都只算一个,不会再增加。这又提供了重要的数据,PV越高不一定就是很多人在看,也许是同一个人在重复进入,但IP越高,就说明有许多不同的人在看。PV越高,说明总有人重复在看,说明他有兴趣,那你的成交率是不是越高?同样,IP越高,是不是说明你的网页已经有许多人知道?

第四,计数器一般都有后台,后台与你的网页相连,你可以进入到后台,不仅能看到PV、IP,还可以看到访客来源,他是在哪儿找到你的网页的。如果你发现哪个来源的人多,你是不是应该加强在那个网址的宣传力度?还有时段统计,了解哪个时段人多,例如早上九点到十点的人多,那个时候你是不是应该留守,以便应答别人?那你就不用一天到晚在计算机旁边。如果不是这样,你就是在做无用功。还有关键字统计,这个更是可以帮助你去知道要多用哪些关键字,提高你的网页被搜到的几率。还有每日可与前一日作比较,如果今天人少了,说明明天就要加强宣传了。

计数器其实不仅仅就是显示几个数据,更重要的是,根据这些数据可以,知道你的网页每天的情况,以便你能作出相对应的策略。开店之初,要卖得出东西,就要知道你的网页究竟有没有人看,连看的人都没有,有可能有生意吗?如果看的人多,成交几率就高。

5.3 有效利用增值服务提高网店知名度

5.3.1 拍摄吸引眼球的商品照片

商品好不好，卖相很重要。因为网店的虚拟性，能够上传一些吸引眼球的照片，顾客才会对此一见钟情。网店是通过商品图片展示所经营的产品的特征的，一幅模模糊糊、花里胡哨的商品图片给人的感觉非常不好，就像一张不干净的脸，吸引不了消费者的注意，因此必须选用能够反映产品实质的图片来充实商店。

对于网店来说，如何简单地制作一些能够吸引顾客眼球的商品图片，比寻找货源更重要，好产品更需要好照片来展现。对于兼职的网店新手来说，给到货的商品拍一张漂漂亮亮的照片还真不容易，下面介绍一下如何拍摄吸引眼球的商品图片。

商品图片是你给顾客的第一印象，为开好自己的网店，完全有必要花几个周末来学习 Photoshop 等处理图片的工具软件，把你的商品图片适当地美化。

如果自己动手，有时就算正确地操作照相机，也不一定能够拍摄出合心意的照片，这正是摄影的难处，同时也是摄影的乐趣。不过如果你能注意的话，一定可以拍摄出美丽的照片。

（1）尽量把想拍的物体放大拍摄。给产品拍摄图片时，应尽量把想拍摄的产品放大，这样拍摄的效果会更好。拍摄一张照片的时候，注意不要像拍摄说明那样，这也拍些，那也拍些，应尽量突出想拍摄的对象。

（2）注意观察周围的环境。不要把没有用的东西拍进照片里，如果画面内出现了不必要的东西，应改变拍摄的角度或方式，避免将这些物件摄入镜头内。拍摄商品图片时可以像图画一样选景。照片与绘画一样都是在四角的范围里进行，所以可以像绘画一样对画面进行构图选景后再拍摄想拍摄的对象。

（3）按快门按钮轻且快。如果在拍摄商品图片时手有一点儿抖动，就算调校好焦距和曝光，整张照片也会模糊不清。所以在按快门时，要把手腕的力传到指尖，飞快地按下快门，避免相机的晃动。

拍摄商品图片时应把握三大要素：曝光、焦距和构图，这三大要素是拍摄的根本。所谓曝光就是指胶卷或 CCD 影像感应器对光感应的强弱。如果不能把光线调节到最合适的强度，胶卷和 CCD 影响感应器就不能记录和确认影像，而光的强弱，可以透过调校"光圈"和"快门速度"来控制。

5.3.2 巧妙地布置网店

网店刚刚开起来之后，你会觉得网店页面空荡荡的，总觉得少点什么。可以把你的网店布置装修一下，这样看起来会更吸引人一些。精心的布置除了让你的网店看起来好看和吸引人以外，还有一点关键的作用，就是能让来网店的顾客感觉到，你是一个很用心的掌柜，在用心做这个网店。

1. 网店的模板和店标布置

模板和店标是网店的主要组成部分，一定要精心布置，使其美观大方，富有吸引力。

（1）网店的模板。

网店模板是网店的名片，模板的漂亮与否关系到网店经营的美观度。精美的网店模板能给顾客一种美的享受，并且可以留住顾客，提高销售额。

当前网店的模板一般有两种来源：一种是从别的网上下载的，一种是自己设计的。可以下载的网店模板又分为免费和收费两种情况。

免费网店模板，就是提供给使用者免费用的网页。网上的免费模板主要来自以下几个方面：

1）共享而来的模板。这种网店模板是由专业人士设计的网页作品，作者拥有版权，从法律的角度来讲只有作者授权使用才不构成侵权。虽然国内掀起了一次次知识产权保护高潮，但是由于对创意设计类的设计没有涉及，加之网上模板设计者多为个人行为，也没有申请专利，而是无私地放在网上供大家使用。在没有严格的法律制度规制下，加上采集网络页面技术的完善，使用共享网络模板是一件非常简单的事情，这类模板很容易免费下载得到。

2）学习交流提供的模板。网上有许多模板设计新手，他们出于学习交流的目的，往往把自己的模板贡献出来给大家使用。这类模板由于是免费的，在模板的装载速度方面，往往比不上购买的商业模板。

3）公司的增值服务。有一些公司为了增加服务价值，往往会提供一些免费的模板，这些模板是包含在其他的服务之中的。有些提供网络存储空间的网络服务商，会通过提供免费模板来吸引顾客访问其网站。对于要使用免费模板网上开店的用户，最好选择第三类模板，不仅高效、安全，同时也没有版权的纷争。

收费模板的费用一般由两个部分构成，一是对作者劳动的补偿费用，二是模板固定费用。

总的算来，在别人的平台上开网店总是受限制的，若经济条件许可，可以建立自己独立的网店，这样的店铺不仅容易管理，也方便客户直观快捷地浏览各类商品。虽然是虚拟的，但是功能丝毫不逊于实际店铺，尤其适合那些经营品种繁多的店主。不用别人的平台，也就不会受别人的限制了。

（2）网店的店标。

网店的店标设计蕴含很多乐趣，设计过程更是一种艺术创作。每一种艺术创作都有相应的理论作为指导，因此掌握店标设计标准，对店标的设计有一定的指导意义。

在制作店标前要做好准备，店标的制作既然是艺术创作活动，就需要捕捉艺术创作的灵感。广大网店店主并非艺术家，所以没有很强的艺术创作能力，但是我们要朝这个方向努力。艺术家的创作灵感来自于对现实生活的细致观察，来自于对现实生活材料的抽象提炼。许多人抱怨自己没有艺术细胞，其实只是自己没有仔细地观察罢了。要制作美观、大方的店标，离开对生活素材的积累是不行的。因此，倘若网店店主想制作出优秀的店标，必须做好积累生活素材的准备，特别要注意对语言的观察、对图片材料的积累等。

根据店铺内容制作店标，要求能表现店铺经营内容，有时尚感觉，这需要动态 gif 图片。制作店标时也可根据自己的喜好，做成更多更漂亮的店标。归根结底，做自己的店标，软件只是工具，真正重要的还是创意。开网店的朋友可以充分发挥自己的想象，做出属于自己独特个性的动态店标。

店标也可以同时作为论坛里的头像，这既是一个店的标志，也是一个卖家的标志，如果店标或头像做得很有特点,就能让人一眼记住,并且下次看到时也可以想起。

2. 其他需要精心布置的细节

(1)产品描述模板。不仅要对网店进行布置,比如"宝贝描述"里的产品介绍也要多加注意。一些网店店主写的"宝贝描述"就两行字,这样敷衍的描述,买家看了是不会感兴趣的。大家都是很用心地在做,但是我们要体现出产品特色,让买家们也体会到你的用心和真诚,这样信任又多了一分。

(2)店铺公告。店铺公告的作用就是把最新的优惠信息、联系方式等写在这里。那么怎么做成漂亮的图片公告呢?这里有两种情况:

1)如果有现成的图片,那只需要在图片上加文本框,写好内容,然后将修改好的公告图片存入已经申请好的相册,然后在"管理我的店铺"里的"基本设置"公告处插入代码,将其中的"图片地址"改成存在相册里的公告图片地址。

2)如果没有现成的图片,或想自己做一个图片,可以利用 PS 工具先制作一张,再按照上面的方法做成公告。

(3)店铺分类。把所有商品按类别分开,这样方便买家查看。分类的方法其实和做公告差不多,也是先将图片上传到网络相册,比如在淘宝网上开店就可以这样分类。由于淘宝网对分类的地址是有长度限制的,因此,必须要用支持超短地址的空间,在"管理我的店铺"的商品分类中插入代码,其中图片地址就是上传的图片地址。

(4)网店音乐。网店音乐也可以给网店增加声音方面的美感,但是,也要因人而异。很多朋友说不要加音乐,觉得可能有买家不喜欢,或者突然听到音乐会吓一跳,这个就看大家的选择了。

(5)签名档。没有签名档,去做一个,因为回帖的人可以根据这个知道你是卖什么的,这是很好的广告。

(6)计数器。布置网店时计数器也很不错,可以让我们知道有多少人来过自己的网店。

5.3.3 为网店取个好名字

开设网店,不怕生意难做,就怕店名取错。因为店名本身就是你的金矿,好的店名就是一个卖点,也是竞争的资本。网店名字与人名一样也是一种文化的反映。好的店名具有强有力的、不可替代的商业效果,对市场和顾客都会产生良好的效应,同时,还具有推销的作用。店名又是一种生产力,它代表着网店的形象、文化、知名度,好店名是好收益的先决条件。

网店的名字是区分不同卖家的符号,好的店铺名字同时也是一个好的品牌,会成为顾客认可和信任的标志特征,一个好的店名对网店的经营和发展有着重要的促进作用。好的店名能够受到更多网络消费者的关注,是网店财运的"吸盘",好运也会随之而来。所以想做网络生意,网店的名字千万马虎不得。

1. 网店取名的原则

为自己的网店取一个吸引顾客的好名字,就要做到名字好听、易记,体现出新颖、特别、简洁、响亮、有气魄,还要适应社会的文化。为网店取名需要注意的原则有以下几个:

(1)取名应简洁通俗、琅琅上口。给网店取名一定要简洁明了,通俗易懂,且读起来要响亮通俗、琅琅上口,如果店名用字生僻,读起来拗口,就不容易被买家熟记。

(2)取名应别具一格,独具特色。网店有千千万万,用与众不同的字眼,使自己的网店在名字上就显出一种特别,体现出一种独立的品味和风格,吸引浏览者的注意。

与自己的经营商品相关。店名用字要符合自己经营商品的类别,要选择一个让人从名字就能看出你的经营范围的词或短语,如果名字与商品无关,很可能导致浏览者的反感,更不用谈成交生意了。

(3)取名应用字吉祥,给人美感。用一些符合中国人审美观的字样,店名让人看起来就有一种美感,不要剑走偏锋,为吸引人而故意使用一些隐晦低俗、惹人反感的名字,这样的结果会适得其反。

除了给网店起一个好听又吸引顾客的名字之外,同时还需要对这个名字进行包装美化,以便于推广宣传和顾客了解网店的文化特征,所以还要做以下的包装和美化工作:

1)为自己的网店设计一个精美的店铺匾额。
2)做出自己的店主肖像。
3)创作一句过眼不忘的广告语。
4)写一段精彩的店铺介绍,或者给自己的商品和留言本加上美丽的色彩。

2. 网店取名的方法

要拥有一个赚钱的网店名字,掌握一些必要的取名方法是非常有用的。通常情况下,给网店命名可以采取如下几种方法:

(1)借名生辉法。借名生辉主要是借助人名和地名来给自己的网店命名。

1)巧借人名。巧借人名就是以产权人或创始人的名字来取名,或者用人们熟悉的人名来取名,在我国一直比较流行。借名生财是可能的,如著名的老字号"张小泉剪刀店"、天津的"狗不理"、香港地区的"金庸饭店",以及现代的"李宁牌"体育用品系列等。

2)巧借地名。用地名为网店取名也是一种常见的方法,这种方法就是以商店所在地的地名或者蕴含的形式来取名,例如"王府井大百货"、"光明眼镜店"、"广州润家"等。

地点除了作为普通称呼之外,还具有广泛而深刻的含义。在提到这些地名时,经常能联想到这个地方的风景、历史、文化、物产等丰富的内涵。北京的紫禁城和长城、杭州的西湖、湖南的衡山等,都是广为选用的地名。

此外,很多城市都有自己的别名,这些别名富有诗意,非常优美,因此人们常用它们作为商店或者商品的名称。如广州别名"羊城",商家就利用这一名字,别具一格地给摩托车起名"五羊摩托车"。

(2)借典脱俗法。诗词歌赋里面蕴含很高的文化和文学价值,能够使人产生丰富的联想,因而也能够成为网店命名的素材。例如"天外音"乐器店,取自唐代诗人宋之问的"桂子月中落,天香云外飘"。

(3)借用商品特色。给网店取名如果能够表明特色,往往能够达到多重效果,例如宣传网点业务、网店市场定位等。通常借用商品特色,可以从商品本身特色和商品对应的消费者特色两个角度来思考,用标明商店、商品特色及服务质量的方式来取名也是一种很好的取名方法。商店把特色包含在店名里面就好比一则"微型广告",这是一种广为使用的取名方法。毕竟,有特色才有竞争力,有特色才有生命力。

比如,美国曾开了一家特殊的服装店,投"肥婆"们之所好。但取什么名字呢?因为专门经营肥大衣裤,店主抓住经营的特色,试探着取名为"肥婆衣店",结果生意出奇得好。如今"肥婆衣店"已开设了 18 家分店。

（4）投其所好。投其所好就是迎合消费者的审美观点，以流行或深受人们喜爱的事物来给网店命名。通常可以在以下 5 个方面加以考虑：迎合怀旧心理需要、迎合时尚心理需要、迎合喜"洋"心理需要、迎合求吉心理需要、迎合猎奇心理需要。上面美国这家衣店之所以能够成功，在于他们针对消费者需求而求购无门这一消费空挡，用店名进行特色诱导，投其所好地引导消费。

（5）巧用数字。用数字给网店命名也是一个不错的方法，因为巧用数字的优点和长处很多，一般来讲，优秀的数字命名的网店简便易行、便于识别、给人印象深刻、表达寓意等。

用数字命名的基本方法主要有以单个数字结合其他的字来命名、以两个常用数字命名、以三个数字命名等。

用数字加上吉利字构成的店名，如"一品香包子店"、"双和纽扣店"、"三得利钟表行"、"四海春茶庄"、"五芳斋糕团店"、"六必居酱园"、"八仙醉酒家"、"百福来宾馆"、"万事达鞋垫"。

在通常情况下，用数字来命名时，最好不要使用超过四个数字的名称。因为这样的名字读起来很不顺口，也不好记忆，不利于传播。

（6）善选角度。选择的角度不同可以得到不同的网店名字。可以分别从经营者、消费者、商品产地、文化、竞争者等角度来给自己的网店取名。

（7）综合考虑多种因素。一个好的网店名字不是只考虑某一个因素就一蹴而就的，要综合许多因素加以全面考虑。

总之，给自己的网店取名切忌大而空，要避免动不动就冠上"中国"、"商城"这类大名，例如"中国购物网"、"西部电子商城"等，这样的名字其实很空洞，访问者进来后可能大多笑一笑就会走了。好的网店都有响亮上口、优雅有个性、大气又适中的特点。

5.3.4 网店经营的注意事项

1. 选择合适的商品

有些东西是不适合在网上销售的，比如很重的家具等，要考虑到重量、体积的问题，不方便邮寄的东西，买家是否愿意在网上购买？除非把顾客群设定为同城的。有些很常见的，周围超市很便宜就能买到的，就别在网上发布了，加上邮费很不划算。

2. 淘到好货源

经常逛逛阿里巴巴，还有当地的批发市场。好东西都是淘来的，会发现很多价格合理又特别的好东西。

3. 拍好照片

有人说过，一张好图胜千言，可见图片是非常关键的，尤其对于网络销售来说，首先要拍好。就如同做衣服容易改衣服难一样，不要太指望拿一张拍摄得很差的图片去修，除非你有特别高的 PS 水平。拍摄的时候，让主体尽量突出、清晰、背景简单。

4. 制作照片

了解游戏规则很重要，淘宝的图片显示是正方形的。所以为了获得最好的视觉效果，请把图片做成正方形，并且尺寸为 500×500 像素。在这张上传的图片上尽量不加细节图，让主体突出。这样，买家在浏览的时候，图片可以脱颖而出。缩略图的最大尺寸为 80×80 像素，所以，尽量地占据这个空间。

5. 标题的功夫

淘宝目前的搜索是针对标题的，所以，如果标题里有合适的关键词，就会被搜索到。关键词的设定要仔细考虑一下，不妨从买家的角度设想，搜索的习惯是什么样的。把能想到的关键词尽可能地放到标题里，提高被搜索到的可能性。

6. 宝贝描述

当买家被图片和标题吸引来，这个时候宝贝描述要开始发挥作用了。尽量提供1~2张图片（根据不同类别可能需要更多）作为细节展示，文字说明详细。买家看不到、摸不到实物，所以，如果卖家能营造一种身临其境的氛围，会对买家的购买产生促进作用。

7. 营造氛围

卖的东西越高档，就越应该在整体包装和营造氛围上下功夫，并且提供适当的容易产生购买量的东西。还记得第一次在北京的东方新天地看到琉璃工坊，惊讶于那份精致和美丽。但是也实在没有闲钱去买那份奢侈，转来转去，发现有卖书的，于是买了一本，于是了解到杨慧珊和琉璃工坊背后的故事。

8. 保持一个好的心态

做生意不是每天都可以赚钱的，做生意会遇到很多痛苦的事情，不必因为一个人、一件事情影响你的心态。生意不好的时候多看看别人，跳出自己的小圈子，去学习更成功的那些人。成功的人一定有他们的特质：勤奋，坚持，有远见……得中评、差评的时候不必生气，一定是有自己做得不够好的地方。笔者在开店的最初得过一个差评，当时的确很难受，但是后来想想，觉得这未必是坏事情。那个差评始终都在，也一直都在警示着我，让我不断努力，做得更好。世界就是你看它的样子，你开心，你看到的世界也是开心的。像对待朋友一样，和你的买家聊天，做生意的过程就会变得轻松和快乐。

5.4 网店经营致富故事秀

5.4.1 网络拍客赚钱

随着视频网站的走红，"拍客"这一新兴职业应运而生。网络拍客，是指在数码时代和互联网时代下，利用各类相机、手机或DV摄像机等数码设备拍摄的图像或视频，通过计算机编辑处理后，上传网络并免费分享、传播影像的人群。这类人群，他们不分年龄、不分职业、也不论拍照人使用的工具是有拍照功能的手机还是数码相机，更无需专业技巧，只要有一双善于观察的眼睛，就能随时随地将自己身边发生的点点滴滴用图片形式记录下来，然后通过发送一个彩信或电子邮件，就可以以最快的速度将照片发布到网络上与大家分享。拍客所呈现的主要形式是图文影像和视频影像两种。

在某种程度上说，"拍客"就是网络时代的"星探"，西单女孩在春晚献歌一曲就是网络明星发迹最成功典型的案例。2008年12月20日，"非我非肥沃"（网名）在西单地下通道拍摄了任月丽演唱《天使的翅膀》的视频，25日把视频传到了土豆网上，之后这段视频受到网友的追捧迅速走红，任月丽自此得名"西单女孩"，之后她还参加《土豆天使》、《东方天使》、《我要上春晚》等选秀活动，在网络人气评比中一路领先，终于登上了春晚的大舞台。

网络拍客这种网络媒体区别于传统媒体的最突出的特点在于它为双向传播提供了平台。作为原受众方的拍客正利用这一平台进行反向传播，实现着由"受者"到"传者"的角色转换，这使拍客获得了充分的话语权，受众不再甘心被动接收已经呈现出的信息，而是在这场信息传递的变革中跃跃欲试，把传统模式的"你拍我看"变为"你看我拍"。其次，网络拍客多涉及的是与他们生活相关的奇闻轶事，通俗化、平民化的视角弥补了公共媒体机构对一些事件报道的缺失，鲜活地演绎着现代社会的人生百态。最后，拍客群体的构成具有普遍的随意性，拍客时代，人人都有做拍客的潜力与可能。媒体中视频拍摄功能的开发与技术成熟使得任何人都有成为导演的可能。

精明的广告商敏锐地把握到这一点，开始花钱寻找知名"拍客"为其商品打造植入广告的网络电影。有了资金，不少人开始购买专业设备，拍摄专业的网络短剧和网络电影，于是很多玩家变成了专职从业者，把拍摄网络电影从兴趣变成谋生手段。一些 80 后当红原创"拍客"已经混得风生水起，不但年收入过百万，买房买车，甚至还要开公司了。

8 集系列短剧《office 嘻哈四重奏》在网上获热捧，仅在优酷网的累计观影人次就达 3000 多万。80 后青年导演卢正雨，拍摄网络电影是为了谋生，他将客户的要求以植入式广告等形式融入短片中，他甚至执导了中国第一部竞技网络电影《电竞之王》，主演是林申，草根导起了明星的戏，倒也算相当牛！他曾经做客《鲁豫有约》，在节目中，他把自己为周星驰制作的《我们的故事》送给星爷，不但看哭了小徐娇，连星爷都对他赞赏有加。从一位普通的大学生，成为如今的当红网络剧导演，卢正雨是发展最好的网络剧原创导演之一。网络视频作为营销手段已经逐渐形成规模，营销效果好，所以网络视频作者的职业前景非常可观。

5.4.2 微博促销

微博即微博客（MicroBlog）的简称，是一个基于用户关系的信息分享、传播以及获取平台，用户可以通过 WEB、WAP 以及各种客户端组件个人社区，以 140 字左右的文字更新信息，并实现即时分享。最早也是最著名的微博是美国的 twitter，根据相关公开数据，截至 2010 年 1 月份，该产品在全球已经拥有 7500 万注册用户。2009 年 8 月份中国最大的门户网站新浪网推出"新浪微博"内测版，成为门户网站中第一家提供微博服务的网站，微博正式进入中文上网主流人群视野。

相对于博客需要组织语言陈述事实或者采取修辞手法来表达心情，微博只言片语"语录体"的即时表述更加符合现代人的生活节奏和习惯，而新技术的运用则使得用户（作者）也更加容易对访问者的留言进行回复，从而形成良好的互动关系；同时，与博客上面对面的表演不同，微博上是背对脸的交流，就好比你在电脑前打游戏，路过的人从你背后看着你怎么玩，而你并不需要主动和背后的人交流。可以一点对多点，也可以点对点。当你跟随一个自己感兴趣的人时，两三天就会上瘾。移动终端提供的便利性和多媒体化，使得微博用户体验的粘性越来越强。此外，微博网站现在的即时通讯功能非常强大，通过 QQ 和 MSN 直接书写，在没有网络的地方，只要有手机也可即时更新自己的内容，哪怕你就在事发现场。类例于一些大的突发事件或引起全球关注的大事，如果有微博客在场，利用各种手段在微博客上发表出来，其实时性、现场感以及快捷性，甚至超过所有媒体。

美国百思买公司是全球最大的零售企业，每年圣诞节都会有大型促销活动，这些促销活动的信息以前都是靠广告通知消费者的。为了聚拢 2009 年圣诞节购物潮的人气，百思买打出微博的大旗，组织了 2500 名员工上微博发送产品促销信息。结果 2009 年圣诞节，百思买获得了比任何一年都要好的促销效果。百思买 2500 名员工的微博团队，是由百思买公司最热情的、最有产品知识的员工组成的，他们来自门市店，或者来自公司总部。他们通过微博的电脑屏幕，回答客户对产品的各种疑问，解决技术难题和客户售后服务。这些做法大大提高了公司的经济效益，取得了意想不到的成绩。

5.4.3 秒客赚钱

秒杀是网上购物竞拍的一种新方式。所谓"秒杀"，就是网络卖家发布一些超低价格的商品，所有买家在同一时间上网抢购的一种销售方式。由于商品价格低廉，往往一上架就被抢购一空，有时只用一秒钟。目前，在淘宝等大型购物网站中，"秒杀店"的发展可谓迅猛，联想、飞利浦、惠普等众多名牌产品也推出"秒杀"，一些价格不菲的电脑只需一元，"秒杀"让网购一族为之疯狂，由此诞生了"秒客"一族。他们用最少的钱购得高价位的商品，专业的秒客一族也叫"网络杀手"，其工作是帮助雇主"秒杀"到超低价商品，从中提成，这对秒客一族来说也是一笔不菲的收入。

"网络杀手"小李，现在读大三。小李尝试"秒杀"后，以超低价格买到 40 多件商品，其中有服装、化妆品、皮包等，最划算的是以 36 元的价格买到一张从重庆到上海的机票。因很少"失手"，很快有人找到他，要求帮忙"代秒"，并答应给一定费用。

5.4.4 卖点子

所谓网上卖点子，就是在网上向企业或公司提供有明显经济价值的信息和建议，根据所产生的经济效益获得相应的酬金。

湖北省某一塑料厂因产品不对路而滞销，几百人没有活干，上万个塑料杯压库，生产陷入困境。为救活这个工厂，李先生出主意在每个塑料杯上印上京广线沿途各个站名，然后拿到铁路线上销售。工厂依此法去做，果然很受旅客欢迎，不仅积压的塑料杯卖光了，而且还生产了新的产品，当年就扭亏为盈。这个看起来并不特殊的"点子"也为李先生赚了上万元，真可谓"一个点子值万金"。

卖点子关键是点子要准，提出的点子要具有很强的科学性、系统性和实用性，才能产生明显的收益。为此，从事这个行业要认真收集决策咨询背景材料，提出点子前需先进行周密的市场调查和准确的企业诊断，点子被采纳后还要随时观察市场行情，及时把信息反馈给企业。点子行业刚刚出现，就引起了社会的普遍关注，不少企业纷纷出钱购买好"点子"，这一行业火着呢！随着市场经济的发展，企业与市场的联系更加紧密。从"点子"行业火起来的事实不难看出，当第三产业向纵深化发展时，为企业提供社会化服务，是大有可为的。

5.4.5 Facebook 的成功

谈起 Facebook，互联网圈子里面的人应该对其都不陌生，但很多朋友也只是有所耳闻却未曾亲见，这是一个源自美国哈佛大学校园内的一个网站。Facebook（非官方中文名称：脸书、面书或非试不可、非死不可）是一个社交网络服务网站，于 2004 年 2 月 4 日上线。从 2006 年 9 月到 2007 年 9 月间，该网站在全美网站中的排名由第 60 名上升至第 7 名。同时 Facebook 是美国排名第一的照片分享站点，每天上载 850 万张照片。据报道，Facebook 首席执行官马克·扎克伯格（Mark Zuckerberg）6月25日在法国表示，Facebook的活跃用户数量将在2007年某个时候达到10亿人。这就是Facebook，由一个出生于1984年的美国小伙打造的网络社交帝国，它改变了许多人的生活方式，也创造了互联网企业发展的一个传说，更是直接地影响了这一代人，比如寻找和联络好友，比如传递和获取信息，甚至比如美国总统竞选以及某某国家的政治动乱都与Facebook扯上了直接的关系。

Facebook模式又可以称为SNS模式（Social Networking Services），即社会性网络服务，旨在帮助人们建立社会性网络的互联网应用服务，简单地说，就是建立一个网络社交服务平台，国内的人人网、开心网、51.com、天际网都属于此类。用户在Facebook这个平台上，可以创建属于自己的一个专区，并可以在里面分享自己的照片、个人兴趣以及生活点滴，可以寻找、联络身边的好友并且互动，可以畅玩各种网络游戏，可以体验无数开发商提供的各种应用和服务，甚至还可以进行在线交易。关键是这里面的一切基本上都是真实的，并且这里面的一切基本上都是免费的。

Facebook成功的秘密：

（1）抓住了趋势，也就等于抓住了未来。互联网未来发展的趋势是什么？社区化！一个好的网络社区能够提升用户的生活效率，使得用户不至于在纷繁的信息时代迷失。这也是为什么腾讯QQ早在三年前就开始尝试整合多种业务，打造"在线生活"的社区平台的原因。

（2）把握住了时机和节奏。Facebook的成功有偶然也有必然，据传开设Facebook的初衷竟是扎克伯格的一个酒后恶作剧。那晚他酒醉后正因为失恋而纠结着，突然想到了利用黑客的方法获取到哈佛全校女生的照片后，就建了个网站放了上去以供人投票和娱乐，没想到这个网站一炮而红。然后这个网站逐渐在哈佛传开，接着是美国其他校园，再接着是政界、商界，再逐渐开放到普通邮件注册。而恰到好处的平台开放战略也使得Facebook再次借力第三方合作商而得以腾飞。

（3）更加真实，更加互动。在Facebook里面，因为都是自己熟悉的好友，接收到的也基本上都是真实的信息，这让用户觉得心里踏实、有趣。与此同时，网络不再是"虚拟"的空间，而成了现实生活的另一个版本，在这个版本里面，沟通和互动有时候会显得更有效率，并且更加有"人"味。

（4）更加懂得合作共赢。2007年因为Facebook启动开放战略，使得Facebook的用户数剧增，目前在Facebook平台上大大小小的第三方合作商有数千家，吸引了大量的程序员或公司为其开发各种类型的应用模块，使其网站的用户之间多了很多应用模块，又反过来刺激了用户的增长。

（5）简单、实用加口碑传播，这可以说是Facebook的核心竞争力之一。Facebook网站是非常简单的，从页面设计到网站功能都是很简单的，让人很容易上手；另外，Facebook的本质只是一个通讯平台，作为一个通讯平台，首先可以高效传播信息，这点是非常实用的；而另一方面，作为一个好友圈的通讯平台又自然容易形成一传十、十传百的口碑传播，并且在这个平台上使用的人越多，越具有粘性。

5.4.6 我爱打折网

我爱打折网（55bbs），成立于2004年5月，最初主要为北京地区的白领提供一个购物打折交流和共享信息平台，其后触角伸至广州及上海。我爱打折网涵盖了购物、美食、丽人、婚嫁、旅游等一切跟生活消费有关的内容，通过消费资讯、消费体验和消费经验的共享与交流，致力于为用户的消费生活提供更好的参考与指引。"我爱打折网"提倡打折只是一种精神，提倡人人共享的理念，网站拥有注册会员150多万名，用户访问群基本为年龄在20～40岁，收入稳定的年轻消费者。

我爱打折网于2004年5月开始正式运行，它抓住了社会上一个不小的群体——喜欢打折消费的群体，以群体的需要为出发点，以公共论坛为主体形式所建立的网站。该网站从一个投资20多万的不知名网站，到2007年，已经成为世界排名第2780位（2007-12-18在Alexa上综合排名），国内排名第22位（2007年12月18日发布的"全球中文电子商务网站百强榜"排名）的网站，资产逾千万。这不能不说是特定时期的一个消费娱乐类网站的神话。

我爱打折网能取得如此大的成功，一是网站的定位与生活息息相关，面向大众群体，并采用会员体验分享。例如，会员去到商家进行消费体验时，会详细记录下各种商家环境、产品、特色等，然后在55bbs上的相应版块发主题帖进行宣传推广，使会员可以直观地感受到商家的特色和魅力，用生动而有说服力的语言来引导会员到商家跟风消费，形成很好的口碑传播；二是网站为商家和消费者搭建了一个信息平台。在此平台上，商家以较低的费用为自己进行广告宣传，及时发布自己的促销优惠信息，这与阿里巴巴、易趣等商务网络平台有异曲同工之妙。所不同的是，阿里巴巴与易趣是完全自助式的，网站只提供平台，商家的包装与宣传完全由商家自己做，而"我爱打折网"则为还不具备网络条件或者还没有开展网络营销的商家提供了有偿包装营销活动，这一方面成为该网主要的赢利手段，另一方面，通过该网站的信息整合，大大解决了信息不对称的问题，为消费者带来了更大的消费乐趣。其所建立的特色数据库，成为该网站的价值核心。可以说，这么做是非常人性化的，它满足了不同消费者的需要。

5.4.7 凡客诚品

凡客诚品（http://www.vancl.com/），现在已经是大家耳熟能详的品牌了。创始人陈年在2007年10月，选择自有品牌网上销售的商业模式，发布VANCL凡客诚品。短短两三年时间，凡客诚品的广告遍布互联网，服装的质量和服务也是被人夸口称赞，品牌在年轻群体中影响巨大。目前，凡客诚品已跻身中国网上B2C领域收入规模前四位。其所取得的成绩，不但被视为电子商务行业的一个创新，更被传统服装业称为奇迹。

"凡客诚品"如何能够快速成功呢？下面是几点分析。

（1）使用联盟策略。昔日的电子商务明星PPG为VANCL提供了前车之鉴，就连VANCL创始人陈年也一直自称是PPG的好学生。在VANCL看来，一个好学生的标准是不仅要模仿，更要学会创新，而这种创新，最大的表现就是专注于网络营销。2007年，曾经创立卓越网的陈年重召卓越旧部，把拥有8年互联网经验的一个团队组建起来卖衬衫。在他看来，VANCL互联网的经验来自于它的一群管理团队，同样，VANCL的网络营销之路很大程度上也是来自于其团队基因。不管你是浏览某个门户网站，还是进入某个不太知名的中小网站，或者浏览某个人的博客，都会发现VANCL的影子。也许你不经意地点击，就进入了VANCL的官方网站。然而你却不知道，你已经为你开始登录的那个网站或者博客贡献了一份点击量，他们据此可以从VANCL那里领取一定的合作分成，这些都是VANCL的"联盟网站"。

（2）注重用户体验，做好称心服务。在创立凡客的早期，陈年就设立了一个特殊的细节：用户的投诉和建议直接发到所有高管的信箱。对退换货政策，凡客的公开承诺：当面验货，无条件试穿；商品质量问题，30天内无条件退换货。

（3）顺应市场需求，丰富产品种类。单一的衬衫已经达到了极限，凡客及时推出女装、鞋、童装等一批新产品，并为各类产品设计个性化的营销方式，满足了不同人群的需求。

（4）价廉物美，用品质说话。价格优势，是凡客诚品近几年快速增长的原因之一。据悉，一般的服装品牌会将成本价的6~10倍作为最终的销售价格，具有一定知名度的品牌则将价格设定在成本价的20倍左右。而凡客的销售价仅仅是成本的1.5倍，这就是凡客可以建立起庞大的网络销售渠道的重要原因。

凡客诚品的成长速度是互联网的奇迹，其最主要的原因是成功运用电子商务开展网络营销，用最低的成本打造出了有影响力的品牌。

5.4.8 赶集网

赶集网（http://bj.ganji.com/）是由北京飞翔人信息技术有限公司创办的网络，是一家坐落在北京清华留学生创业园的初创企业，公司由来自美国硅谷的归国人员创办。赶集网分设房产、同城交友、招聘、兼职、二手物品交易、大学联盟、顶极摄影频道等最本地化的信息服务。赶集网是中国最大、最活跃的本地生活信息门户。自2005年成立以来，赶集网就受到广大网民的亲睐，迅速普及到大众日常生活中。经过多年的发展，赶集网的服务已经覆盖了人们日常生活的各个领域，遍及全国各地。截至2010年8月，赶集网日均有30万人发帖，350万人访问，页面访问量达4000万。并且，赶集网的每条信息都经过专业的反垃圾信息系统过滤，甚至需要经过严格的人工审核，以确保信息的真实有效。全球知名互联网监测分析机构comScore公司2009年与2010年第一季度的数据显示，赶集网的用户粘性持续稳居中国分类信息网站之首。

赶集网的成功主要归结于：

（1）赶集网的经营策略是属于一种近些年发展流行的所谓的"近联网"模式。近联网这种商业模式使整个城市就像一个大社区，城市中的每个人都可以利用网上提供的免费服务，完成就近交易。近联网模式不仅服务个人，还能为所有具有地域性服务特点的中小企业提供信息发布与广告平台，在这方面，近联网具有巨大的优势。它强调的是一种地域性的交易，很自然地减少了电子交易的风险性问题。正是由于这种近联网的模式，使得大部分网民都可以免费发布信息，不觉中提高了网站流量，使网站得到了推广。

（2）自成立以来，赶集网一直致力于为广大网民解决身边的实际问题，为人们提供免费的信息发布交换平台，让广大网民切身享受到本地近距离的便捷生活信息服务。作为分类信息行业的领导者，赶集网不断优化用户体验，以为广大网民提供"实时、海量、有效"的信息为己任。

（3）2009年5月，伴随3G时代的到来，赶集网适时推出了赶集网手机版。2010年9月，赶集网手机客户端正式上线，采取全平台、跨品牌的手机内置与免费下载模式，为移动互联网用户提供更优化的基于位置的生活信息服务。网民无需计算机，轻松按动手指就能一手在握赶集网的各种生活信息。手机赶集网作为国内领先的无线分类信息网站，为8亿手机用户提供最全面、最快捷的生活信息。随时随地免费发布和浏览海量生活信息是手机赶集网的最大特色，让赶集网与广大用户的联系更加紧密。

5.4.9 我买网

我买网（http://www.womai.com）是由世界 500 强企业中粮集团有限公司于 2008 年投资创办的食品类 B2C 电子商务网站。我买网致力于打造中国最大、最安全的食品购物网站。我买网坚持的使命是让更多用户享受到更便捷的购物，吃上更放心的食品。

我买网商品包括：休闲食品、粮油、冲调品、饼干蛋糕、婴幼食品、果汁饮料、酒类、茶叶、调味品、方便食品和早餐食品等百种品类。是办公室白领、居家生活和年轻一族的首选食品网络购物网站。

我买网始终关注食品安全问题，在质量方面：我买网保证所有销售商品都带有 QS 食品质量安全认证标志。在食品保质期方面，我买网商品进出库原则为：保质期超过 1/3 的不进库，保质期超过 2/3 的不出库。

我买网采用专业食品库房，室内的通风、温度、湿度、灰尘等指数和商品之间摆放的关系都经过严格的把控约束。在 2010 年，我买网着重加强了仓储物流系统建设，对库房进行升级，面积较前增大 5 倍，储存商品的种类成倍提升，保证消费者能够更快享受到来自我买网优质、健康、新鲜的食品。

针对企业的团购客户，我买网推出了面额为 300 元、500 元、800 元、1000 元不等的"我买卡"。消费者只需要将我买卡的用户名、密码输入到网站相关页面，即可下单采购。在使用"我买卡"支付的同时，也可参加网站其他促销活动。使用"我买卡"购物具有灵活、支付方便的特点，同时"我买卡"也是馈赠亲友、孝顺长辈、关爱员工、商务送礼的上佳选择。

我买网能够为团购客户专门定制个性化礼包，根据客户需求设置礼包中商品的种类和数量。此外，我买网也会针对各种节日庆典设计不同主题的产品礼包，满足客户的节日产品需求。

我买网的规划包括以下几点：

（1）打造食品领域全新的网络销售平台，实现新渠道的战略布局，增加新商机。

（2）开创崭新的创新渠道，成为新产品持续创新的动力源泉。通过积累与分析网购消费者购买习惯和购买行为，根据其需求进行产品创新，甚至针对网购渠道消费人群进行产品定制。

（3）促进新产品快速上市，保证新产品的成功率。新产品上市不再经历经销商开发、零售商选择的漫长过程，不必支付昂贵的进店费，可以快速呈现到消费者面前，实现和消费者的直接互动。

（4）将我买网打造为中国最好的食品购物网站，成为品牌传播、渠道拓展的集成平台，代表中粮持续创新、保持活力的新形象，为国人提供最安全、最丰富、最便宜、最便捷的食品及其服务。

我买网的网站业绩如下：

2010 年 1 月，我买网获得中国电子商务时代投资峰会组委会颁发的 2009 电子商务风云榜"十大新锐明星企业"；

2010 年 3 月，我买网成为唯一荣获由中国电子商务研究中心评选的"最佳食品类网络购物平台奖"网站；

2010年5月，我买网获得了由APEC（亚太经济合作组织）颁发的"中国电子商务最具潜力投资价值'金种子'奖"；

2010年7月，凭借"广投放、精监测、深优化"的营销策略荣获艾瑞颁发的"艾瑞效果营销奖之2009-2010中国最佳效果营销奖"，独家包揽了"网络广告联盟类"和"搜索引擎营销类"两个类别的双奖项。

本章小结

（1）网上商品的定价，要以获得理性利润、适当的投资回报率、提高或维持市场占有率、应付或防止竞争并树立形象为目标。

（2）网上商品的定价可以采用低价安全定位法、心理导向定价法、同价定价法、数字定价法、分割定价法，同时考虑运费的制定要合理。

（3）网店经营沟通要注意与供应商、访问者和竞争者之间的沟通，良好的互动和沟通可以有效地解决一些问题。

（4）拍摄好的商品照片、网店的布置、好听的网店名称都是利用增值服务提高网店知名度的有效方法。

（5）利用互联网赚钱已经开始多元化发展，拍客、微博等新兴的一些元素已经成为最新流行时尚，成功的网店经营是需要学习和借鉴的。

问题与思考

5-1 网上商品定价的原则和方法是什么？
5-2 与供应商、访问者、竞争者沟通要注意哪些事项？
5-3 如何提高网店的知名度？
5-4 上网搜索相关儿童用品资料，分析一下当前网上儿童用品店销售热门的产品是什么？
5-5 网店经营需注意哪些事项？

第6章 五星级服务客户

本章学习目标

本章重点掌握客户关系管理的产生，先介绍客户关系管理的一部分理论知识，然后重点对消费者行为，影响买家的消费心理因素进行介绍。通过本章的学习，读者应掌握以下内容：
- 客户关系管理产生的背景
- 客户管理的具体内容和流程
- 客户关系管理为企业带来的好处
- 五星级售后服务
- 与客户做有效沟通

引例 细节决定成败

泰国的东方饭店堪称亚洲饭店之最，几乎天天客满，不提前一个月预订是很难有入住机会的，而且客人大都来自西方发达国家。泰国在亚洲算不上特别发达，但为什么会有如此诱人的饭店呢？大家往往会以为泰国是一个旅游国家，而且又有世界上独有的人妖表演，是不是他们在这方面下了功夫。错了，他们靠的是真功夫，是非同寻常的客户服务，也就是现在经常提到的客户关系管理。他们的客户服务到底好到什么程度呢？我们不妨通过一个客户关系管理实例来看一下。

一位朋友因公务经常出差泰国，并下榻在东方饭店，第一次入住时良好的饭店环境和服务就给他留下了深刻的印象，当他第二次入住时几个细节更使他对饭店的好感迅速升级。那天早上，在他走出房门准备去餐厅的时候，楼层服务生恭敬地问道："于先生是要用早餐吗？"于先生很奇怪，反问"你怎么知道我姓于？"服务生说："我们饭店规定，晚上要背熟所有客人的姓名。"这令于先生大吃一惊，因为他频繁往返于世界各地，入住过无数高级酒店，但这种情况还是第一次碰到。

于先生高兴地乘电梯下到餐厅所在的楼层，刚刚走出电梯门，餐厅的服务生就说："于先生，里面请"，于先生更加疑惑，因为服务生并没有看到他的房卡，就问："你知道我姓于？"服务生答："上面的电话刚刚下来，说您已经下楼了。"如此高的效率让于先生再次大吃一惊。于先生刚走进餐厅，服务小姐微笑着问："于先生还要老位子吗？"于先生的惊讶再次升级，心想"尽管我不是第一次在这里吃饭，但最近的一次也有一年多了，难道这里的服务小姐记忆力那么好？"看到于先生惊讶的目光，服务小姐主动解释说："我刚刚查过电脑记录，您去年的6月8日在靠近第二个窗口的位子上用过早餐"，于先生听后兴奋地说："老位子！老位子！"小姐接着问："老菜单？一个三明治，一杯咖啡，一个鸡蛋？"现在于先生已经不再惊讶了,"老菜单,就要老菜单!"于先生已经兴奋到了极点。上餐时餐厅赠送了于先生一碟小菜,由于这种小菜于先生是第一次看到,就问:"这是什么?",服务生后退两步说:"这是我们特有的某某小菜",服务生为什么要先后退两步呢,他是怕自己说话时口水不小心落在客人的食品上,这种细致的服务不要说在一般的酒店,就是在美国最好的饭店里于先生都没有见过。这一次早餐,给于先生留下了终生难忘的印象。

后来,由于业务调整的原因,于先生有三年的时间没有再到泰国去,在于先生生日的时候突然收到了一封东方饭店发来的生日贺卡,里面还附了一封短信,内容是:亲爱的于先生,您已经有三年没有来过我们这里了,我们全体人员都非常想念您,希望能再次见到您。今天是您的生日,祝您生日愉快。于先生当时激动地热泪盈眶,发誓如果再去泰国,绝对不会到任何其他的饭店,一定要住在东方饭店,而且要说服所有的朋友也像他一样选择。于先生看了一下信封,上面贴着一枚六元的邮票。六块钱就这样买到了一颗心,这就是客户关系管理的魔力。

> **学习和借鉴**:在引例中,可以看出来东方饭店非常重视培养忠实的客户,并且建立了一套完善的客户关系管理体系,使客户入住后可以得到无微不至的人性化服务。迄今为止,世界各国的约20万人曾经入住过那里,用他们的话说,只要每年有十分之一的老顾客光顾饭店就会永远客满,这就是东方饭店成功的秘诀。现在客户关系管理的观念已经被普遍接受,而且相当一部分企业都已经建立起了自己的客户关系管理系统,但真正能做到东方饭店这样的还并不多见,关键是很多企业还只是处在初始阶段,仅仅是上马一套软件系统,并没有在内心深处去思考如何去贯彻执行,所以大都浮于表面,难见实效。客户关系管理并非只是一套软件系统,而是以全员服务意识为核心贯穿于所有经营环节的一整套全面完善的服务理念和服务体系,是一种企业文化。在这方面,泰国东方饭店的做法值得很多企业去认真地学习和借鉴。

6.1 客户关系管理

中国的改革开放和国际化,使我们对市场、营销、服务都不再陌生,对商业、资本、管理从无知到有知,从漠视到重视,这是我们三十多年来所取得的最重要的进步之一。商务信息技术的广泛使用,导致信息的获取越来越便捷,这使许多行业的产品在价格、质量和服务上的差异越来越小,为如何在竞争中领先对手这一老话题又增添了新的内容,这就是如何做好客户关系管理(Customer Relationship Management,CRM)工作。计算机网络和通信技术的迅猛发展,尤其是使用费用的大幅度降低,使CRM成为世界各国研究的新热点和各企业竞争制胜的手段。

6.1.1 客户关系管理产生

"以客户为中心"的表述,多年来一直频繁地出现在企业管理活动中,但只有在网络经济和电子商务中,企业才具备了真正实现"以客为本"战略的基本条件。人们之所以更加青睐"以客为本"战略,是因为它包含的理念顺应了网络经济的要求,使传统的营销和企业有可能参与互联网时代的商业竞争而不被淘汰。

1. 来自需求

与客户发生业务几乎涉及公司所有的部门,但在很多企业,销售、营销和服务部门的信息化程度越来越不能适应业务发展的需要,我们会从客户、销售、营销、服务人员、企业经理那里听到各种抱怨,越来越多的企业要求提高销售、营销和服务水平。日常业务的自动化和科学化是客户关系管理应运而生的需求基础。

(1)来自销售人员的声音。从市场部提供的客户线索中很难找到真正的客户,销售人员常在这些线索上浪费大量时间,如果出差在外时能看到公司电脑里的客户、产品信息,那么,当其面对一个老客户时,他就会明白应该如何报价才能留住老客户。

(2)来自营销人员的声音。一年中,在营销费用上开销了200万元,怎样才能知道200万元的回报率?在展览会上,一共收集了4700张名片,怎么利用它们才好?展览会上,向1000多人发放了公司资料,这些人对企业的产品看法怎样?其中有多少人已经与销售人员接触了?应该和那些真正的潜在购买者多多接触,但怎么能知道谁是真正的潜在购买者?怎么才能知道其他部门的同事和客户的联系情况,以防止重复地给客户发放相同的资料?有越来越多的人访问过企业的站点了,但怎么才能知道这些人是谁?企业的产品系列很多,顾客究竟想买什么?

(3)来自服务人员的声音。其实很多客户提出的电脑故障都是由于其自身的误操作引起的,很多情况下都可以自己解决,但回答这种类型的客户电话占去了工程师很多的时间,工作枯燥而无聊。为什么其他部门的同事都认为企业的售后服务部门只是花钱而挣不来钱?

(4)来自客户的声音。客户从企业的两个销售人员那里得到了同一产品的不同报价,哪一个才是可靠的?客户以前买的东西现在出了问题,这些问题还没有解决,又怎么上门推销?一个月前,客户通过企业的网站发了一封 E-mail,要求销售人员和其联系一下,怎么到现在还是没人理?客户报名参加企业网站上登出的一场研讨会,但一直没有收到确认信息,研讨会这几天就要开了,客户是去还是不去?

(5)来自经理人员的声音。有个客户半小时后要来谈最后的签单事宜,但一直跟单的人最近辞职了,而自己作为销售经理,对与这个客户联系的来龙去脉还一无所知,有三个销售员都和这家客户联系过,如何知道他们都给客户承诺过什么?现在手上有个大单子,作为销售经理,该派哪个销售员才放心呢?这次的产品维护技术要求很高,该派哪个维护人员呢?

对于上面的问题,可以归结为两方面:其一,企业的销售、营销和客户服务部门难以获得所需客户的互动信息;其二,来自销售、客户服务、市场、制造、库存等部门的信息分散在企业内,这些信息的零散性使企业无法对客户有全面的了解,各部门难以在统一的信息基础上面对客户。这就需要各部门对面向客户的各项信息和活动进行集成,组建为一个以客户为中心的企业,实现对面向客户的活动的全面管理。

2. 来自技术的推动

计算机、通信技术、网络应用的飞速发展使得上述需求的实现不再停留在梦想阶段。信息技术的发展使得信息在以下几个方面的应用成为可能:企业的客户可通过电话、传真、网络等访问企业,进行业务往来;任何与客户打交道的员工都能全面了解客户关系,根据客户需求进行交易,了解如何对客户进行纵向和横向销售,记录自己获得的客户信息;能够对市场活动进行规划、评估,对整个活动进行全方位的透视;能够对各种销售活动进行追踪;系统用户可不受地域限制,随时访问企业的业务处理系统,获得客户信息;拥有对市场活动、销售活动的分析能力；能够从不同角度提供成本、利润、生产率、风险率等信息，并对客户、产品、职能部门、地理区域等进行多维分析。这些功能把对客户的尊重落到实处。办公自动化程度、员工计算机应用能力、企业信息化水平、企业管理水平的提高都有利于客户关系管理的实现。电子商务在全球范围内正开展得如火如荼，正在改变着企业做生意的方式。通过Internet，可开展营销活动，向客户销售产品，提供售后服务，收集客户信息。重要的是，这一切成本低廉。

3. 来自管理理念的更新

在理性消费时代，消费者不但重视价格，更看重质量，追求的是物美价廉和经久耐用，此时，消费者价值选择的标准是"好"与"差"；随着生产能力的扩大，产品出现过剩，进入感觉消费时代，消费者的价值选择不再仅仅是经久耐用和物美价廉，而是开始注重产品的形象、品牌、设计和使用的方便性等，选择的标准就是"喜欢"和"不喜欢"；而信息技术的广泛应用，使各厂家的产品和服务的差别越来越小，人们进入感情消费时代，消费者越来越重视心灵上的充实和满足，更加着重追求在商品购买与消费过程中心灵上的满足感，因此，其价值选择的标准是"满意"与"不满意"。

企业管理观念随市场环境变化的演变也经历过不同的阶段。最初企业所处的市场环境为卖方市场，产品销售基本上不存在竞争，只要生产出产品就能卖出去，企业管理的目标是如何更快、更好地生产出产品。后来随着生产能力的不断增强，市场出现了竞争，企业生产出的产品如果卖不出去，就无法实现资本循环，为了实现从商品向货币的转换，取而代之的是"销售额中心论"，企业一方面提高产品的质量，另一方面强化促销，所追求的是更高的产品销售额。随着市场竞争的激烈程度，企业发现单纯追求高销售额的同时，由于生产成本和销售费用也越来越高，利润反而下降，这绝不是经营者所期望的效果。因此，企业转而追求利润的绝对值，通过在生产和营销部门的各个环节上最大限度地削减生产成本和压缩销售费用来实现利润最大化。但众所周知，成本是由各种资源构成的，相对而言它是一个常量，不可能无限制地削减，当企业对利润渴求无法或很难再从削减成本中获得时，他们自然就将目光转向了顾客，并试图通过削减客户的需求价值来维护利润。为此，企业开始从内部挖潜转向争取客户，进入了以客户为中心的管理阶段。由于需求构成了市场，也构成了企业的获利来源，而在市场上需求的最佳状态是满意，顾客的满意就是企业效益的源泉，这样客户的满意程度就成为当今企业管理的中心和基本理念，形成客户满意中心论，这也正是客户关系管理的产生及近年来成为又一新热点的原因。

6.1.2 客户管理

1. 谁是我们的客户

在现代市场活动中，客户的行为都是千差万别的。如今社会上各行业正面临着越来越激烈的竞争，而且这种势头将逐渐加剧。追根溯源，重新认识客户资源的重要性，让网店必须面对这样一个根本性的问题，那就是：到底谁是我们的客户？客户界限在哪里？最有利润的客户是谁？

客户是对企业产品和服务有特定需求的群体，是企业生产经营活动得以维持的根本保证。客户和消费者对企业来讲是不同的概念，他们的差别主要表现在以下几个方面：

（1）客户是针对某一特定细分市场而言的，他们的需求具有一定的共性。比如，某计算机公司把客户分成金融客户、工商企业客户、教育客户、政府客户等。而消费者则是针对个体而言的,他们处于比较分散的状态。

(2) 客户的需求相对较为复杂,要求较高,购买数额较大,而且交易过程延续的时间比较长。比如,客户购买了电脑以后,会牵涉到维修、耗材的供应、重复购买等问题。而消费者与企业的关系一般是短期的,也不需要长期、复杂的服务。

(3) 客户注重与企业的感情沟通,需要企业安排专职人员负责和处理他们的事务,并且需要企业对客户的基本情况有深入的了解。而消费者与企业的关系相对而言比较简单,即使企业知道消费者是谁,也不一定与其发生进一步的联系。

(4) 客户是分层级的,不同层次的客户需要企业采取不同的客户策略。而消费者则可看成是一个整体,并不需要进行严格区分。

因此对于企业来讲,客户到底是谁?可以分析,客户的概念有外延和内涵之分:外延客户是指市场中广泛存在的、对企业的产品或服务有不同需求的个体或机构消费者;内涵客户是指企业的供应商、分销商以及下属的内部职能部门、分公司、办事处、分支机构等。

在买方市场的今天,客户可以在成千上万的网店中选择他们自己适合、满意的厂商为他服务。随着客户识别能力的增强,一些陈旧的技能和服务水平将不再受客户青睐。客户对产品质量要求越来越高,对服务品质要求越来越严,一些仍然提供一般的技能、一般的产品、一般的服务的企业将会导致客户流失。客户满意的程度等于企业盈利的高度。要想赢得生存、取得竞争优势,各类网店要有一种管理客户的新体系,只有不断健全、完善这种管理体系,以客户为中心、为目标,提供卓越的服务价值才能赢得市场。

客户管理的业务流程如图6-1所示。

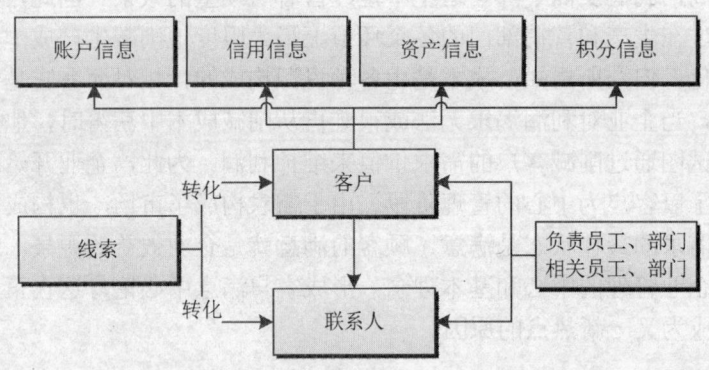

图6-1 客户管理的业务流程

谁是我们的客户呢?客户就是为企业送钱的人,这么重要的人,为什么不去了解他们呢?了解客户的需求越清楚,越有利于你的网上销售活动,越容易找到一个更合适的客户开发方法。有一位哲人说过这样一句话:只要你投其所好,便掌握了他。

2. 客户的价值

客户价值就是指客户给企业所带来的收益,取决于时间和价格两个因素。长期稳定的关系表现为客户的生命周期。客户价值管理是企业进行针对化营销、服务的有力保障,因为企业的资源必定是有限的,通过客户价值的量化管理帮助我们实现有限企业资源的高价值分配,通过CRM系统可以定义多种评估模型、评估范围和评估条件,以金字塔的形式动态实时展现企业当前的客户价值分布情况,并通过系统可以详细地了解到不同价值阶段的客户分布情况、价值分布情况、价值构成情况等,为帮助企业进行不同价值客户的营销、服务的差异化管理带来帮助。客户生命周期管理如图 6-2 所示。

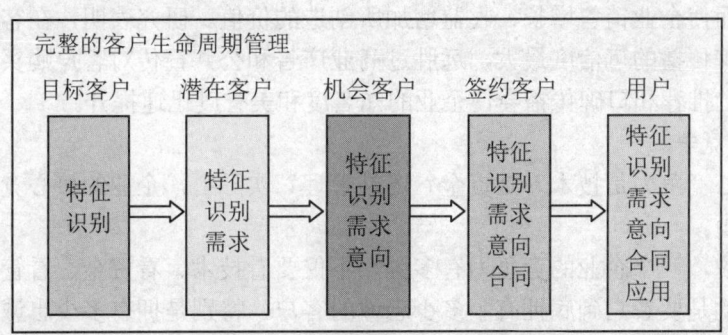

图 6-2　客户生命周期管理

客户对于企业的价值不单是客户直接购买为企业带来的利润贡献,更是客户在其整个生命周期内为企业创造的所有价值的总和。体现在以下几个方面:

(1)利润源泉。

企业要实现盈利必须依赖客户,因为只有客户购买了企业的产品或服务,才能使企业的利润得以实现,因此客户是企业利润的源泉,是企业的"摇钱树",是企业的"财神",管好客户就等于管好了"钱袋子"。

企业的命运是建立在与客户长远利益关系基础之上的。企业好比是船,客户好比是水,水能载舟也能覆舟。客户可以给企业带来利润,使企业兴旺发达,同时也可以使企业破产倒闭。

沃尔玛创始人萨姆·沃尔顿说:"实际上只有一个真正的老板,那就是客户。他只要把钱花在另外的方式上,就将公司的董事长、所有雇员全部都炒鱿鱼。"

企业利润的真正来源不是品牌,品牌只是吸引客户的有效工具,再强势的品牌如果没有客户追捧,同样是站不住脚的,这可以解释为什么有些知名品牌异地发展遭遇"瓶颈"——不是品牌本身出了问题,问题在于品牌没有被异地的客户接受。可见,客户是企业生存和发展的基础,客户起的作用是决定性的,一个企业不管它有多好的设备、多好的技术、多好的品牌、多好的机制、多好的团队,如果没有客户及客户的忠诚,那么一切都将为零。

(2)聚客效应。

自古以来,人气就是商家发达的生意经。一般来说,人们的从众心理都很强,喜欢锦上添花,追捧那些"热门"企业,因此,是否已经拥有大量的客户也会成为人们选择企业的重要考虑因素。也就是说,已经拥有较多客户的企业将容易吸引更多的新客户加盟,从而使企业的客户规模形成良性循环。

(3)信息价值。

客户的信息价值是指客户为企业提供信息,从而使企业更有效、更有的放矢地开展经营活动所产生的价值。这些基本价值包括:企业在建立客户档案时由客户无偿提供的信息;企业与客户进行双向互动的沟通过程中,由客户以各种方式(如抱怨、建议、要求等)向企业提供的各类信息,包括客户需求信息、竞争对手信息、客户满意程度信息等。

客户提供的这些信息不仅为企业节省了收集信息的费用,而且为企业制定营销策略提供了真实、准确的第一手资料，所以，客户给企业提供的信息也是企业的巨大财富。

(4) 口碑价值。

客户的口碑价值是指由满意的客户向他人宣传本企业的产品或者服务，从而吸引更多新客户的加盟，而使企业销售增长、收益增加所创造的价值。研究表明，在客户购买决策的信息来源中，口碑传播的可信度最大，远胜过商业广告和公共宣传对客户购买决策的影响。因此，客户主动的推荐和口碑传播会使企业的知名度和美誉度迅速提升。

(5) 对付竞争。

企业的核心竞争力是技术？是资金？还是管理？实际上，企业的核心竞争力是企业拥有优质客户的多少。

从根本上说，一个企业的竞争力有多强，不仅要看技术、看资金、看管理、看市场占有率，更为关键的是要看它到底拥有了多少忠诚的客户，特别是拥有多少忠诚的优质客户。业务流程重组的创始人哈默先生就曾说过："所谓新经济，就是客户经济。"

在产品与服务供过于求，买方市场日渐形成的今天，客户对产品或者品牌的选择自由越来越大，企业间的竞争已经从产品的竞争转向对有限的客户资源的争夺，尽管当前企业间的竞争更多地表现为品牌竞争、价格竞争、广告竞争等方面，但这些竞争实质上都是在争夺客户。

3. 客户的定位分析

(1) 如何获取客户信息及客户定位。

在传统的商务模式中，客户渴望得到产品的咨询服务，通常要经过一个曲折的被动的自行联络过程，或借助于中间代理，与企业直接交往的机会并不多，因此大多数企业的客户定位仅是局限在市场营销的层面。现在，传统上的中间代理、销售渠道和分支机构都将因为 Internet 的运用，或逐渐被取代或消失，企业与其客户或供应商等合作伙伴更多地将建立以"电子关系"为表象的、互动的客户关系。企业的客户定位如果不十分明晰和准确的话，任何业务的开展和效益的取得都将无从谈起。

White Whale 公司提出的"四步法"被视作是开展客户定位时的一种效果良好的方法。

第一步，准确识别谁是你的客户。有些企业拥有为数极其庞大的客户群体，对于其中的一些客户，企业或许还没有意识到其价值。不知道客户的姓名和身份，企业想与之建立"一对一"关系从何谈起？企业大部分的客户记录来源于内部账目、客户服务系统和客户数据库，有一些企业还频繁地启动营销方案和会员制度等来了解其客户群，还有的则选择并利用来自用户群、分支机构、战略合作伙伴或者第三方的数据资料。无论采取哪种方法，都要获得客户真实、具体的身份，以开展下一步的交流和互动。

第二步，区分客户群中不同类型的客户。有些客户相比之下可能会带来更大的利润，有的客户则更具有长远的价值。衡量客户对企业的价值的标准要看客户对企业产品消费的增加潜力及其对企业的长期价值，可以用每个客户的平均收益、较高利润的产品或服务的使用百分比、销售或订单的趋势以及客户支持或服务的成本等替代值来评估客户的长期价值。为客户群分类时，一定程度上运用 80/20 规则来区分不同的客户，往往能收到理想的效果。然后根据客户对企业的价值的不同将其分在不同级别的组内，同一组内的客户对企业有相同或相似的价值。对企业价值最大的客户组被称为"最具价值"客户（MVC）；对企业的价值仅次于 MVC 的客户组被称为"最具成长性"客户（MGC），这组客户也有可能成为最具价值客户；还有一类客户组被称为"低于零点"客户（BZ），是因为企业为支持和服务于这一客户组的成本可能会超出边际收益,因此对于企业意味着负面的价值。在最具成长性客户与低于零点客户之间还会有多个其他客户组,他们没有明显的长期价值,但仍然会给企业带来利润。

第三步,与对企业有长远利益的客户发展"一对一"关系、进行高质量的互动。可以肯定,企业对于最具价值客户、最具成长性客户与低于零点客户必然要区别对待。企业应当让最具价值客户知道他们的重要性,让他们能清楚地感觉到企业是按他们的需要提供新产品和服务。

第四步,提供个性化服务、产品,或满足客户的特殊需要,提高其购买力。为了使最具价值客户的需要得到满足,企业应该使其信息沟通,产品和服务带有个性化性。个性化的程度应该与客户需要相对应。

(2) 如何开展客户细分。

企业开展客户定位之后,就会发现最重要的问题是如何发现客户的真正需求,并定位于努力满足这种需求。因为一旦明确客户真正的需求所在,定位问题就更多地变成技术性的操作问题。

1) 客户是否有需求欲望。如果一个客户对所提供的产品或服务毫无兴趣,那么和他的接触就毫无意义。连驾照都没有的人一般不会去购买新车的。对潜在的客户是否已经意识到有必要购买某种产品的心理予以分析。

2) 客户是否有购买力。即使客户的购买欲望十分强烈,所需购买的数量也较大,但仍不能将其视为现实的客户,还要分析其现实的购买能力。对那些缺乏足够资金的潜在客户,必须持谨慎态度。

3) 客户是否有购买决定权。在很多销售活动中,弄清谁有最后的购买决定权很重要,销售人员能准确地接触其中的关键人物,即找到决策者,那么就有了销售成功的 60% 的机会,因此,分析潜在客户有无决策权,也就成为客户资格评估的一个不可缺少的环节。

(3) 如何规避客户流失。

企业在进行客户定位时,常会面临的另一个主要难题便是客户流失(customer lose)。因为客户不断发生流失,企业因而不仅难以对变化过快的客户群进行深入地分析,也几乎没有时间针对特定客户开展关系互动。同时,客户的流失还会沉重打击企业推行"以客户为中心"战略的信心,因为可能出现苦心经营和维持的客户关系一夜之间分崩离析、不复存在的悲剧。对于一个商业组织来讲,客户流失就如同摩擦力对于一个机械系统的作用:摩擦力损耗着机械系统的能量,客户的流失则不断损耗着企业的人力、物力和财务。

客户流失并不是对客户关系的否定,而是对实施它的迫切性和必要性的再次证明,因此在客户定位的工作中,也包括对客户流失的状况进行监控、分析客户流失的原因等内容,这样企业就可以发现其经营管理中急需改进的环节,有时甚至可以把流失的客户重新吸引回来,并建立起更为牢固的客户关系。

4. 客户的分级

客户细分是指按照一定的标准(年龄、性别、收入、职业、地区等)将企业的现有客户划分为不同的客户群,同属一个细分群的客户特征彼此相似。这种客户细分方法虽然简单易行,但难以直接反映客户对企业的价值和客户关系的阶段,难以指导企业保持客户关系和实施有效的客户关系管理,当然也难以提高客户、特别是最有价值客户的满意度和忠诚度。

(1) 客户分级的必要性。

客户的分级是企业依据客户对企业的不同价值和重要程度,将客户区分为不同的层级,从而为企业的资源分配提供依据。

1）不同的客户带来的价值不同。经验表明，每个客户给企业创造的收益是不同的。1897年，意大利经济家维尔雷多·帕累托发现经济及社会生活中无所不在的二八法则，即关键的少数和次要的多数，比率约为2:8，也就是说，80%的结果往往源于20%的原因，这就是帕累托定律。对于企业来说，就是企业80%的收益总是来自于20%的高贡献度的客户，即少量的客户为企业创造了大量的利润，80%的客户是微利、无利，甚至是负利润的。

2）企业必须根据客户的不同价值分配不同的资源。尽管每个客户的重要性不容低估，但是由于不同的客户实际为企业创造的价值不同，而企业的资源又有限，因此把企业资源平均分配到每个客户上的做法既不经济也不切合实际，也就是说，企业没有必要为所有的客户提供同样卓越的产品或服务，否则，往往事倍功半，造成企业资源的浪费。

3）不同价值的客户有不同的需求。一方面，客户个性化、多样化、差异化的需求决定了其希望企业能够提供个性化、定制化的产品或服务，因此企业必须对客户进行分级，然后根据不同级别客户的不同需求给予不同的服务和待遇，这样才能有效地满足不同级别客户的个性化、多样化、差异化的需求。

4）客户分组是有效进行客户沟通、实现客户满意的前提。有效的客户沟通应当根据客户的不同采取不同的沟通策略，如果客户的重要性和价值不同，就应当根据客户的重要性和价值的不同采取不同的沟通策略。因此，区分不同客户的重要性和价值是有效进行客户沟通的前提。

实现客户满意也要根据客户的不同采取不同的策略，因为不同客户的满意标准是不一样的。所以，实现客户满意的前提是要区分客户的满意标准，这就要区分客户之间的差别。处于顶端的约20%的客户为企业创造了大部分（70%~90%）的收入和利润，支撑着企业的运营，已经成为众多竞争者锁定的稀缺资源。如果企业能够找出这些带来丰厚利润、最有价值的客户，并且把更多的资源用在为他们提供优质的产品和服务上，就能够提高他们的满意度。总之，对客户施行分级管理是有效管理客户关系的前提，也是提高客户关系管理效率的关键，更是对客户实施有效激励的基础。企业也只有对客户进行分级管理，才能强化与高价值客户的关系，降低为低价值客户服务的成本，也才能更好地在实现所有客户的利益最大化的同时实现企业利润的最大化，实现企业与客户的双赢。

（2）客户分级方法。

按照不同的标准，可把客户分成不同的类型。

1）按照客户重要性分类。客户是企业生存和发展的动力源泉，是企业的重要资源，应对客户进行科学有效的管理，以追求利益的最大化。按照客户价值进行分类，可把客户群分为关键客户（A类客户）、主要客户（B类客户）、普通客户（C类客户）三个类别，即ABC客户分类法，如表6-1所示。

表6-1 用ABC分类法对客户进行划分

客户类型	客户名称	客户数量比例	客户为企业创造的利润比例
A	关键客户	5%	50%
B	主要客户	15%	30%
C	普通客户	80%	20%

表6-1所列的数字仅为参考值,不同行业、不同企业的数值各不相同。比如,在银行业中关键客户的数量可能只占到客户数量的1%,但为企业创造的利润可能超过50%;而某些企业,如宾馆的关键客户数量可能远大于5%,为企业创造的利润也可能小于50%。

关键客户:这类客户是优质核心客户群,由于他们经营稳健,做事规矩,信誉度好,对企业的贡献最大,能给企业带来长期稳定的收入,值得企业花费大量的时间和精力来提高该类客户的满意度。对这类客户的管理应做到:第一,指派专门的营销人员经常联络、定期走访,为他们提供最快捷、周到的服务,使他们享受最大的实惠,企业领导也应定期去拜访他们;第二,密切注意该类客户的所处行业趋势、企业人事变动等其他异常动向;第三,应优先处理该类客户的抱怨和投诉。

主要客户:一般来说,是企业的大客户,不属于优质客户。由于他们对企业经济指标完成的好坏构成直接影响,所以不容忽视,企业应倾注相当的时间和精力关注这类客户的生产经营状况,并有针对性地提供服务。对这类客户的管理应注意以下几点:第一,指派专门的营销人员经常联络,定期走访,为他们提供服务的同时要给予更多的关注,营销主管也应定期去拜访他们;第二,密切注意该类客户的产品销售、资金支付能力、人事变动、重组等方面的异常动向。

普通客户:是指除了上述两种客户外,其他80%的客户。此类客户对企业完成经济指标贡献甚微,消费额占企业总消费额的20%左右,不过他们数量众多,具有"点滴汇集成大海"的增长潜力。

以上划分较好地体现了营销学的"80/20"法则,即企业80%的收益来自20%的客户。当然,80%的普通客户中,还可以进行进一步划分。有人认为,其中30%的客户是不能为企业创造利润的,但同样消耗着企业许多资源。因此,有人建议把"80/20"法则改为"80/20/30"法则,即在80%的普通客户中找出其中30%不能为企业创造价值的客户,采取相应措施,使其要么向重要型客户转变,要么中止与企业的交易。

2)按客户忠诚度划分。按照客户对企业的忠诚度来划分,可把客户分成潜在客户、新客户、常客户、老客户和忠诚客户等。潜在客户是指对企业的产品和服务有需求,但尚未开始与企业进行交易,需要企业花大力气争取的客户;新客户是指那些刚开始与企业发生交易,但对产品和服务还缺乏全面了解的客户;常客户是指经常与企业发生交易的客户,尽管这些客户还与其他企业发生交易,但与本企业的交易数量相对较高;老客户是指与企业交易有较长历史的客户,对企业的产品和服务有较深入的了解,但同时还与其他企业有交易往来;忠诚客户则指对企业有高度信任,并与企业建立起了长期、稳定关系的客户,他们基本就在本企业消费。

5. **客户关系**

企业在具体的经营管理实践中,建立何种类型的客户关系,必须针对商品的特性和对客户的定位来做出抉择。著名营销学大师菲利普·科特勒(Philip Kotler)对企业建立的客户关系的不同水平、程度区分为以下五种:

(1)基本型。特征为销售人员把产品销售出去后就不再与客户接触。

(2)被动型。销售人员把产品销售出去后,同意或鼓励客户在遇到问题或有意见时联系企业。

(3)负责型。产品销售完成后,企业及时联系客户,询问产品是否符合客户的要求,有何缺陷和不足，有何意见或建议，以帮助企业不断改进产品，使之更加符合客户需求。

（4）能动型。销售完成后，企业不断联系客户，提供有关改进产品的建议和新产品的信息。

（5）伙伴型。企业不断地协同客户努力，帮助客户解决问题，支持客户的成功，实现共同发展。

6. 实施客户关系管理的目的

（1）利用现存关系提升利润。通过整理分析客户的历次交易资料，强化与客户关系，以提升客户再次光顾的次数或购买数量，通过确认顾客、吸引顾客以提高获利率。例如在与客户洽谈汽车保险续约时，如果发现顾客资料中没有人寿保险的记录，或许可以尝试推销人寿保险；又如银行或信用卡公司经常邮寄产品目录或旅游信息给客户，藉以提升企业获利机会，都是常见的行销手段。

（2）利用整合信息提供卓越服务。利用客户资料，针对顾客需求加强对顾客的服务，提高客户对服务的满意度。例如国内某家信用卡公司曾经由分析客户消费资料，提醒客户不要忘记为太太买礼物，因为她的生日快到了，同时依据历次消费金额的记录提供同级购物参考资料，让客户非常感谢该公司的体贴细心。

（3）创建新价值和稳固顾客忠诚度。客户关系管理的实施，让客户和潜在顾客感觉到公司对他们的需求很重视，也具有响应客户要求的能力，值得考虑成为该公司的忠诚支持者。

因此，可以看到 CRM 解决方案的核心思想就是通过跟客户的"接触"，搜集客户的意见、建议和要求，并通过挖掘分析，提供完善的修改化服务。而网上开店越是提供个性化的商品和服务，越容易得到消费者的青睐。

6.1.3 客户关系管理（CRM）为企业带来的好处

以客户为中心，意味着对客户关系的管理也将被提升到企业核心的经营层面。事实上，客户关系管理（CRM）就是企业在网络经济时代的营销管理转型所迫切需要的解决方案，是企业紧抓住市场这个龙头的强有力工具。

1. 成本领先优势和规模优势

一方面，客户可以提供一个成本优势，从而也就提供收入优势。为新客户服务花费的费用，比起老客户来要昂贵得多，这是因为为新客户服务需要更高的初始化成本。如果公司能够增加回头客的比例，总成本会呈现下降趋势。另一方面，如果企业的忠诚客户在企业的市场中占据相对较大的份额，就会为企业带来相应的壁垒，形成规模优势，也会降低企业的成本。一般客户从众心理很强，大量的客户群也会成为他考虑的重要因素。

2. 市场价值和品牌优势

从战略的角度讲，客户不仅是承兑收入流的资金保管者，而且是能够提高市场价值的宝贵财富，这主要是通过商标价值表现出来的。商标价值是一个企业与其消费者或与起决定性作用的客户之间相互发生联系的产物，商标不能孤立地存在，它们因客户的认可而存在。没有客户作为出发点，企业便不能创造或维持商标的价值。

较大的市场份额本身代表着一种品牌形象。另外，客户的舆论宣传对企业的品牌形象也有重大作用，特别是客户中的舆论领袖起的作用更大。客户的舆论宣传有两种价值取向：一是客户对企业的产品、服务很满意,就会宣传企业的品牌;另一种是因不满意企业的产品、服务而对企业进行负面宣传。两方面的影响都在。企业只有提供高质量的、令客户满意的产品服务,树立良好的企业形象,才能获得客户的正面的宣传和评价。

3. 客户信息价值

客户信息对企业来讲具有重要的价值,它会直接影响企业对客户消费行为的把握,进而影响企业的经营行为。譬如沃尔玛连锁超市会通过对会员客户的购买行为、消费习惯等信息的分析,来制定面向该客户的产品服务组合和提供相应的企业关怀。亚马逊通过会员客户的资料、会员浏览网页的习惯和程序等信息分析客户的消费特点与个人爱好,并据此来制定服务不同客户的不同策略。

4. 网络化价值

客户的网络化价值是指商业客户使用某企业的产品、服务时,该商业客户的客户为了便于与其进行商业行为,也会采用该企业的产品、服务,因此形成了一种网络化的消费行为。

基于以上对客户价值的认识,企业十分重视通过转变经营管理理念和利用现代科学技术为客户提供更为满意的产品或服务,来维持和发展与客户的关系。一些先进企业正在经历着从以产品为中心向以客户为中心的转移。

我们正处在一个变革的时代、创新的时代。比竞争对手领先一步,哪怕仅仅一步,都可能意味着成功。

6.1.4 网店运营商业模式——立足客户

在网上开网店是一种利用互联网作为主要经济活动平台的商业模式。互联网作为经济活动平台的主要特点有:时空压缩、双向互动和虚拟空间(Cyber space)。任何一个网络用户,当他拥有一台连入互联网的计算机终端时,地理因素对其活动的限制便大为缩小;网络上消费者和生产者之间的联系,不再是传统经济中二者之间主动和被动的关系,而是双向交互的;社会各成员,都可以建设自己的站点,形成一个虚拟的数字社会。正是由于 Internet 作为经济平台的这些特点,网店运营的模式将出现以下突破。

1. 网店运营经济模式的突破

(1)交易费用大大降低。传统商店运营中,生产者和消费者处于信息不对称地位,商品要经过多次流通,借助于各种中介才能完成交易,通常要付出较高的交易费用。如果交易活动借助 Internet 进行,消费者和生产者将直接完成交易,可以避免流通无序和过多的中介层次,从而使交易费用降低,经济效率显著提高。

(2)市场时空无限延展。"全天候"运行的市场运营将真正实现,经济活动中由于时空间隔所造成的成本将大幅降低,"7 天 24 小时"的网络经济运行模式,将为网店市场带来巨大的机遇。

(3)网上的经济活动加速运行。商业信息的高速传递,将带动商业经济运行速度倍增,即使商务活动只是部分依赖于网络,其速度也将有明显提高。

(4)客户地位和品牌效应更为突出。利用网店网络的消费者的选择余地很大,因此要保持客户忠诚非常困难,但同时对任何网店而言,只要拥有客户就意味着拥有成功的机遇。

2. 网店运营管理模式的改变

(1)管理环境的改变。网店运营是基于互联网的经济模式,是典型的知识密集型经济形态,以不断创新的知识为要素基础。而知识经济中主导型要素不再是能源、设备和金融资本,而是具备知识、管理技能和创新能力的人才。

(2)竞争焦点的变化。网店运营中竞争的焦点在于如何能创造符合用户新的需求的产品、服务或事实标准,如何发现并满足客户需求的问题前所未有地凸显出来,并成为竞争对手直接较量的关键。

(3)经营战略的变化。网店的产品战略要注重满足营销中发现的需求,同时要加强研发和科技投入;人才战略的重点要转移到人才的培训、激励上;营销的重点要向知识及服务倾斜;发展战略则要调整到提高核心竞争力、提高成长速度等方面。

3. 网店管理的信息化图谱

利用信息化手段,将传统的商店搬到网上,在网络经济时代,建立并不断提升自身竞争力,所形成的"新态"商店管理体系具有深刻的内涵和广阔的外延。这个完整而崭新的管理体系,包含相应的解决方案。

(1)突出知识化的"智力资本管理(Intelligence captial management,ICM)":增加员工的知识积累,扩大其掌握的知识量,利用知识资本为企业创造收益。

(2)突出专业化的"组织设计管理(Organization design management,ODM)":按专业分工原则,将紧密型组织改建为多个"功能模块式"组群,通过科学的组织设计,使网店既具备整体竞争实力,又具备快速反应能力。

(3)突出一体化的"企业资源管理(Enterprise resource planning,ERP)":为降低成本、提高效率,重新设计并优化业务流程,提高内部制造、财务、库存等业务流程的自动化程度,横贯渠道、降低耗费,实现内部管理与信息同步化。

(4)突出网络化的"客户关系管理(Customer relationship management,CRM)":网店将全方位管理客户资源,通过管理客户接触点,加强互动,降低销售成本,发现新市场和渠道,提高客户满意度、忠诚度和企业客户价值。

(5)突出融合化的"企业文化建设(Enterprise culture construction,ECC)":在网店内部建立以客户为中心、尊重科学、求真务实的文化氛围,形成凝聚人心、强调创新、融合资源的优秀企业文化。

6.2 引入五星级服务理念

6.2.1 消费者行为研究的必要性

电子商务已经成为一大热点,成为国家的经济发展点。无论是传统的制造业还是新兴的金融企业,都把电子商务作为企业经营的一种新方式,纷纷投入巨资建立网站。各大企业纷纷迅速抢占电子商务这块市场份额,电子商务的发展离不开消费者的支持。为什么消费者会放弃传统的实体店,而选择网店购买消费品呢?

这类行为的发生必须有一定的基础:网络的高速发展、物流的便捷,以及计算机的普及等这些有利的条件已经满足了消费者网上购买的条件,同时这些消费者停留在网络的行为习惯也滋长了网购行为。我们必须了解消费者在使用电子商务的消费心理。

可以以经济能力把这类消费者分为两大类:第一类,经济条件充裕的。这些消费者,他们已经习惯了购买各类型的产品，他们喜欢去各大商场购买，同时也是电子商务最大的购买者，他们选择电子商务的目的就是快捷、时尚；第二类，经济条件一般。他们向往高档次的消费，碍于面子问题，他们害怕去高档商场，现在唯一能满足他们欲望的就是选择电子商务，也许他们没有去实现消费，但却了解各大网店的消费信息，一旦出现促销，他们就会通过电子商务发生购买行为。

消费是人们为满足自身精神或物质需要而产生的一种行为活动。而顾客的心理是指顾客在交易过程中发生的一系列极其复杂、极其微妙的心理活动，包括顾客对预购买产品在数量、价格等问题上的一些想法，以及应该选择什么样的支付形式和支付条件等。在顾客根据自己的需求去商店购买相应的产品这一行为中，心理上也会有许多活动，驱使自己采取不同的态度，它可以决定商品成交的数量，甚至可以决定交易的成功与否。因此对顾客的消费心理必须给予高度重视、全面掌握，尤其关注以下一些心理动态。

1. 求真务实心理

这是顾客特别是我国消费者普遍存在的心理动机。他们购买物品时，首先要求商品必须具备实际的使用价值，讲究实用，拒绝假冒伪劣产品，而对于商品的外形美观上则要求不高。这类顾客主要以家庭妇女和低收入者为主。

建议：实际上，大多数网店店主都不喜欢这样的顾客，买根针也会斤斤计较。但是你又不得不佩服这些人，因为他们总能有办法让你以令人心痛的价格卖出商品。这里建议经营生活必需品之类的卖家，要注意在文字描述中突出产品实惠、耐用等字眼。

2. 追求廉价心理

"物美价廉"是大多数消费者普遍存在的消费心理。这里的追求廉价就是一种"少花钱多办事"的心理动机，其核心是"廉价"和"低档"商品，货比三家的购买形式更是被他们发挥到极致，折价或处理商品备受他们青睐。总之，只要价格低廉，其他一切都不太在意。

建议：一般具有这种心理动机的人以经济收入较低者为多。当然，也不排除习惯精打细算、生活节约的高收入的人。通常老板对于这样的顾客都没有什么特殊的办法，只能将商品以略高于出厂价去吸引他们。即使是这样，还是会有一些顾客对自己喜欢的、质量也满意的商品犹豫不决，进行讨价还价，有的甚至为了一元钱或者几毛钱而争论不休，导致想要买的东西却买不成。所以建议卖家一定要做好与顾客长时间议价的心理准备。

3. 盲目从众心理

盲目从众并不是一种值得推崇的行为。从科学角度说，盲目从众心理是创新最大的敌人。从商品买卖角度来看，这就是一种仿效式的购买心理动机，其核心是不甘落后，他们对社会风气和周围环境非常敏感，总想跟着所谓的潮流走。他们非常容易加入到多人抢购某种物品的行列中，至于这种商品是否值得购买，总是买了之后才会想到。

建议：通常有这种心理的顾客多为女性，她们平时习惯观察周围人的打扮，喜欢打听一些别人的购物信息，并将这些信息充分运用到自己的购买行为中。她们还极容易接受别人的劝说，只要有人说好，她们就会毫不犹豫地掏钱买，相反，只要有人说不好，那她们多半就会选择放弃了。所以这里建议卖家如果有大批需要处理的商品，就可以根据这种心理来编写商品描述，并突出该商品价格上的显著优势，就很容易聚拢人气，进而客源不断。

4. 包装诱惑心理

散发无限魅力的精致个性商品造型或精美抢眼的商品包装总是能吸引顾客的眼球，是激发他们掏钱购买的利器，因为爱美是人的一种本能和普遍要求。通常这类顾客所关注的不仅仅是商品的价格、质量、性能及服务，对商品的包装、款式、颜色及造型等欣赏价值上也很注重，甚至还更胜一筹。他们在购买商品时往往不以实用价值为宗旨，而是更为看重商品的风格和个性。

建议：这类顾客是最受卖家欢迎的，因为他们是店铺提高利润率的主力军。且这些顾客也多以城市的年轻女性为主，他们特别注重商品本身的造型美、色彩美，商品本身能否对自身和周边环境起到一个装饰和美化的作用是他们必定的考虑因素。所以建议经营化妆品、服装类商品的卖家，要注意在文字描述中写明"包装物"、"造型"等字眼。

5. 显名炫耀心理

这是一种以显示自己的地位和威望为主要目的的购买心理。他们特别重视商品的品牌，以此来显示自己的社会地位和购买力。具有这种心理的人，普遍存在于社会各阶层，一般可以将其分为以下两种类型：一种是具有一定的经济实力，需要以响亮的品牌来显示自己身份的高收入人群；另一种就是一味追求时髦，热情冲动的城市青年男女。

建议：根据对上述两种类型人群的消费观的了解，可以知道那些高收入人群普遍都对名牌有一种安全感和信赖感，觉得质量信得过，不容易上当受骗。而那些热情冲动的青年男女则多是存在一种"炫耀"的心理，为了买名牌不惜节衣缩食也不会讨价还价。因此，精明的卖家就可以善加利用顾客的这种"显名"和"炫耀"心理动机来做生意。在关于商品的文字描述中要突出品牌的名字，并适当运用一些恰当的显示尊贵的字眼，产品图片更要光线亮泽，且在定价方面应该以一口价为主，摆出一副拒人于千里之外的高贵冷漠姿态，以赚取更高的额外利润。

6. 求新猎奇心理

新奇的事物或现象总能轻易激发人们的好奇心，这是追求商品新颖和奇特为主要目的的心理动机。具有这种心理的顾客，大多喜欢购买新的消费品，寻求商品新的功能、新的花样、新的款式，同时，他们喜欢赶"潮流"，重视"时髦"和"奇特"，追求时尚，追求新的乐趣、新的享受和新的刺激。而对于商品是否实用，价格是否合理等因素考虑得较少。

建议：这类顾客多数时候也是最没有主见的，只要稍加劝诱，就容易使他们下定购买的决心，通常在经济条件较好的城市男女中较为多见。所以建议卖家在文字描述上要格外突显"时髦"、"奇特"之类词汇，图片也要色彩明亮、鲜艳。此外，强调商品的新颖独特是非常有必要的，即使是商品本身实用性不是很强，也要赞赏购买者"识货"、"有远见"，以唤起他们的购买欲望。

7. 特殊偏好心理

偏好实际是潜藏在人们内心的一种情感和倾向，偏好心理就是一种以满足个人特殊爱好和情趣为目的的购买心理。引起偏好的感性因素多于理性因素，往往有这种心理动机的人，多喜欢购买某一类型的商品。例如，爱养花的人买花，爱集邮的人买邮票，爱古玩的人买字画等。这种偏好心理的产生往往同人们从事的专业、学习的知识及生活情趣等有密切关系。因而偏好性购买心理动机也往往比较理智，指向也较稳定，具有经常性和持续性的特点。

建议：这类顾客以中老年人为主，他们大部分已经离休或退休，所以有更多的闲暇时间去了解商品信息。且有一点值得注意，许多老年消费者有补偿性消费动机，即在子女成人独立、经济负担减轻之后，有些老年消费者会试图寻找机会补偿过去因条件限制而未能实现的消费欲望，所以他们在穿着打扮、健身娱乐、旅游观光等方面的消费兴趣也是不容忽视的。此外，老年人的理智购买动机强，商品讲究实用、安全，注重商品价格，讲求物美价廉，尤其对折扣价、优惠价等较为敏感。但总的来说，他们的购买力相对稳定，购买的商品也比较固定，适合发展成老主顾。所以只要从各方面了解他们的喜好，为他们提供需要的商品，就能长久留住他们。这里也建议卖家根据老年人的消费观和消费习惯，在产品的文字描述中可以有一些"多功能"、"经济实惠"、"值得收藏"之类的字眼。

8. 低调隐秘心理

在购买一些特殊用品的时候，大多数人都喜欢低调行事，采取"秘密行动"。一旦选中需要购买的商品后，就希望在周围无旁人观看时，以最快的速度成交。如女青年购买卫生用品，男青年为女性朋友购买卫生用品时，就常是这种情况。再如国内外一些政府官员或大富商在购买一些高档商品时，也会有类似情况。所以像性用品之类的特殊商品在网上的销售市场是很大的。

建议：根据顾客的这种心理，这里建议卖家在宣传中可以着重强调购买的隐秘性。

9. 安全保障心理

可以说这种心理体现的是所有消费者的共同愿望，他们希望自己所要购买的商品在使用过程中及使用以后能够保障安全，像食品、药品、洗涤用品等要健康卫生，电器用品、交通工具等要保障使用安全，不能出任何问题。具体来说，就是他们非常重视食品的保鲜期，药品的无副作用，洗涤用品有无化学反应，电器用具有无漏电现象等有可能危害生命的安全隐患。

建议：基于上述理由，这里建议卖家在商品的文字描述，或是与买家交谈过程中要注意用词、用语，强调商品的"安全"、"环保"等字眼，以使顾客安心购买。

10. 唯恐吃亏心理

有一些消费者容易在欲购买的商品前摇摆不定、犹豫不决，这是一种瞻前顾后的购物心理动机，其核心是怕"吃亏上当"。这类顾客在购买商品的过程中，对商品的质量、性能、功效等会持怀疑态度，想买又怕不好使用，怕上当受骗，满脑子疑虑。因此他们就会反复向卖家询问商品的相关信息，仔细地检查商品，并非常注重售后服务工作是否到位，直到将心中的疑虑一一消除后才会下决心购买。

建议：网店卖家在和这类顾客打交道时，要着重说明自己店铺确实存在该商品，产品的质量经得起考验，万一出现质量问题可以根据情况第一时间换货或退货。

6.2.2 影响消费者行为的因素

在网络这样一个广阔的购物平台上，所有的人都可以是消费群体，根据消费群体的购物需求、消费行为和认知能力的不同，他们在购物方面也必然会呈现出不同的行为特征。若能对这种购物行为特征进行深入研究，并能有针对性地对网店进行精细设计，明确其市场定位，确立其完善的营销策略，则必然能提高网店的业绩。以下分别从性别、年龄、文化和收入等不同角度来分析现今各消费群体面对网购的一些消费行为及对网络营销所产生的不同。

1. 不同性别消费群体行为分析

中国互联网络信息中心（CNNIC）的调查数据显示，截至 2010 年 12 月，网络购物用户规模达到 1.61 亿，使用率提升至 35.1%，上浮了 7 个百分点。2010 年用户年增长 48.6%，增幅在各类应用中居于首位，男性网民所占比重进一步提升。2010 年，我国网民男女性别比例为 55.8:44.2，男性群体占比高出女性近 11.6 个百分点。网络购物用户中女性用户占据半边天，为 50.8%。尽管女性网购人数略高于男性，但半年内网购总金额略低于男性，为 78 亿元，男性网购总金额为 84 亿元。由此可见，网购已渐渐深入到广大女性群体中，从这里也验证了"购物是女人的天性"这句烂熟于心的话。

此外，女性网民很容易受到电视、报纸、互联网、杂志和广告等宣传渠道的影响，通过这些渠道，又可以了解到更多的购物网站和相关的购物信息，对于亲朋好友口口相传的消息更是深信不疑。而男性网民则大多都是从互联网这一渠道来获取相关信息的。

在浏览商品的时候，女性和男性网民基本上都是通过购物网站的站内搜索工具进行商品搜索的，当然也有其他方式。例如，通过浏览购物网站的首页查看商品；通过百度、Google 和雅虎等专门的搜索引擎搜索商品；通过进入某个特点的网店挑选商品等。当然，由于女性和男性存在的购物需求差异和各自的特性，对于男性网民来说，站内搜索工具的效率是最重要的，因此方便快捷的搜索功能是他们的首选。而女性则通常更为注重网店的视觉效果，大方精美的界面将影响她们的购物行为，因此在网店店面设计上要多费点工夫。当锁定某个商品的时候，网民往往会比较关注商品评论。因为在网购中，没有什么比商品评论更能强有力地说明店内商品的实质了。通过查看已经消费的顾客对该商品的评论，可以大大加深潜在顾客对该网店商品的认识，从而决定是否选择购买，其中又以女性网民为最。由此可见，重视商品评论是卖家不容忽视的环节。

2. 不同年龄层消费群体行为分析

年龄是影响网上购物行为不可否认的重要因素之一。在这里把网购年龄分为 18 岁以下的网民、18～35 岁的网民，以及 40 岁以上的网民这样三个层次，其中网络购物的主力是 18～35 岁的消费群体。

网购年龄在 18 岁以下的网民通常是通过电视这种渠道了解购物网站的，网购年龄在 18～35 岁的网民通过互联网在不同的论坛或者博客文章中知道购物网站的居多，购物年龄在 40 岁以上的网民则多是通过报纸这一渠道来了解购物网站的。而当在网络上购买了心仪的商品之后，对商品加以评论较多的则是 18～35 岁的网民，这些评论也影响着商品今后的销售量。

不同的年龄层对应的主消费商品不同，18～25 岁的网民对游戏、点卡类商品的消费比例远远高于其他年龄层的用户，而 25 岁以上的网民在手机、电脑、网络设备、书籍和音像制品方面的消费比例均高于 18～25 岁的网民。从消费水平和消费能力来看，25 岁以上的网民所消费的金额远远大于 18～25 岁年龄层。由此可见，游戏类商品的主力消费群体是低年龄群体或学生群体，但对整体网上购物做出主要贡献的还是 25 岁以上的用户人群。

3. 不同文化层消费群体行为分析

根据网购用户文化程度的不同，可以分为以下五种消费群体：初中及以下、高中、大专、大学本科和硕士及以上。

首先，不同文化程度的消费群体得知购物网站的渠道不同。初中及以下的消费群体基本都是通过亲朋好友口口相传而得知网购地址的，其他不同文化层的消费群体则基本是通过互联网得知网购地址，当然也有很多是通过亲朋好友而知晓。

其次，对于搜索商品，虽然不同文化程度的消费群体有着不同的浏览商品的习惯，但基本上可以确定大多都是通过购物网站的站内搜索工具这种主流方式。通常，学历越高的网民，对站内搜索工具的依赖性越强，学历较低的网民使用百度等专门的搜索引擎的比例偏高。

最后，从网上购物用户购买商品的类别上也可看出明显的学历分层。从学生用户来看，书籍和音像制品表现出明显的本科与硕士生的消费特征，游戏类商品表现出明显的中小学生与专科大学生的消费特征。而从非学生用户来看，书籍和音像制品也表现出明显的本科及以上学历用户的消费特征，游戏类商品则表现出明显的高中及以下学历用户的消费特征。由此可见，不论学生用户还是非学生用户在网上购物行为上的学历分层趋势都是一致的，即高学历用户与低学历用户相比更注重文化消费，低学历用户与高学历用户相比更倾向于休闲娱乐消费。而在接收到货物之后，其中又以本科及以上的高学历用户消费群体作出评价的居多，这些评论对商品今后销售量的影响是不可忽视的。

4. 不同收入消费群体行为分析

根据网购用户月平均收入的不同，可以分为以下 5 种消费群体：1500 元以下、2000～5000元、5000～8000 元、8000～1 万元与 1 万元以上。

从网购群体的消费水平来看，可以分为学生用户与非学生用户的网上购物消费水平差异和非学生用户不同收入群体购物金额的贡献差异两个方面。

据统计，占全部网上购物用户 25.5%的学生用户对网上购物金额的贡献只有全部网上购物金额的 10.4%，即平均每个学生用户的购物金额仅为非学生用户的三分之一。从对新生事物的接触机会、了解程度和接受程度来看，学生用户比非学生用户对网上购物应该有更多的认识与尝试，但事实却形成这样一个局面，原因主要是消费目标的不同，以及受收入来源和收入水平的限制两方面。因为学生群体的主要消费目标是书籍、游戏类等低价格商品，对 3C 类产品（计算机、数码、家电产品）、化妆品及首饰等中高价格商品的购买能力却不足。

人均收入水平与人均消费水平呈正相关。据统计，月收入 5000 元以上的高收入网上购物用户人均购物金额是月收入 1500 元以下网上购物用户的 3 倍以上，且在全部购物用户中占 16.2%的高收入群体，对全部网上购物金额的贡献比例则高达 35.1%。从这里就可以明确看出，不同收入水平的网购群体在购物金额上存在的显著差异。

从网上购物用户购买商品类别上看，也存在着明显的收入分层现象。调查数据显示，高收入群体在 3C 类商品和书籍类商品的消费比例较高，而对于服装、首饰、化妆品类商品的消费，却低于中低收入用户。这一分层现象也表明，人们在选择所消费的商品时，不仅仅是指消费商品本身，还包括消费这些商品所象征或代表的某种社会文化意义。像 3C 类这种贵重商品，本身就体现出了高收入阶层的消费特征。相对于网下购物，网上购物的最重要特点就是便捷与相对廉价，而高收入用户较为追求档次、品味与质量等，这些都促使他们在购买服装、首饰、化妆品等商品时更多地光顾网下的品牌专卖店。

6.2.3 影响买家消费心理的因素

近年来，随着互联网的快速发展和在商业领域的广泛应用，网上购物迅速增长。建立在信息技术基础之上的这一新的市场环境下，消费者的心理行为与传统购物心理行为有着显著区别。它不仅表现在消费者购物方式的变化，而且购买心理、购买决策的方式也发生了深刻的变化。据中国互联网信息中心最新统计，CNNIC 报告指出，2010 年我国网民继续保持增长态势，截至 2010 年 12 月，我国网民规模达到 4.57 亿，较 2009 年底增加 7330 万人；互联网普及率攀升至 34.3%，较 2009 年提高 5.4 个百分点。全年新增网民 7330 万，年增幅 19.1%。截至 2010 年底，我国网民规模已占全球网民总数的 23.2%，亚洲网民总数的 55.4%。在 4.2 亿的网民数量中，宽带网民规模为 36381 万，使用计算机上网的群体中宽带普及率已经达到 98.1%。农村网民规模达到 11508 万，占整体网民的 27.4%，半年增长 7.7%，低于城镇网民相应增幅。手机网民规模达 3.03 亿，较 2009 年底的 2.33 亿增加 6930 万人，同比增长 29.6%。手机网民在总体网民中的比例进一步提高，从 2009 年末的 60.8%提升至 66.2%。但经历了 2009 年的爆炸式增长之后，手机用户网民增幅已趋缓。人们的网上行为也开始与实际生活靠近，网上购物、网上银行等实用性应用走俏。数据显示网络购物使用率为 25%，用户人数达到 6326 万人，半年内用户量增加 1688 万人，这一数据表明，互联网大国的规模已经显现，网民对于互联网深层次应用的需求和接受程度大大提高，中国互联网正在逐步走向成熟。因此，研究消费者网上购物的消费心理与行为势在必行。

互联网上的即时双向互动、时空限制的消失、网上信息交流共享、自由非干扰性等特点，使得在网络营销的环境下，人们的购买方式发生了一定的改变，对产品的感知、评估的难易程度也发生了相应的变化，这使得网上购物的心理行为与传统购物的心理行为相差很大。具体而言，网上购物的心理特点表现如下：

（1）网上购物者感知风险高，网络口碑信息对购买决策有重大影响。由于网络的虚拟环境，企业难以对产品实体做出百分之百的真实展示，也无法消费者直接体验一下产品的各项功能，增加了消费者鉴别、选择企业或产品的难度和成本。加之现阶段网上购物的安全性仍然不足，消费者的私人资料在传输过程中可能被截取或被盗用，现时的加密技术的发展仍不能完善地解决这一问题，这意味着在网上购物有更大的购买风险和不确定性，消费者感知风险高，购买更趋理性。因此在网上购物中，网络口碑信息对购买决策有重大影响。在销售实践中，一些人买家电、买服装、化妆品等，会搜集其他人对自己要消费的品牌及产品的评价，如果网络口碑较差，就放弃购买。相关研究表明，网络负面口碑对于消费者购买决策的影响要明显大于正面口碑。事实证明，在网络环境中，一群网友的十句称赞可能不敌一个不满意网友的一句声讨。因此，一个良好的网络口碑不仅是企业的一种荣耀，也是一种高效低成本的网络营销手段。如果企业在网络营销中巧妙利用口碑的作用，会达到非常好的效果，降低市场运营成本。

（2）网上购物者一般富有创新精神、敢于尝试新事物。网上购物在我国的发展处于起步阶段，尽管近年发展势头良好，但由于是一种新型的购物模式，有着许多不同于传统市场的特点，其市场的竞争手段、游戏规则和运作方式均有特殊性，因此真正经常在网上购物的人并不多。据中国互联网信息中心（CNNIC）2006 年的报告显示，我国仅有 1/4 的网民经常在网上购物。这些基本上可以看作是网上购物的早期采用者。他们多属年轻、中产、搞教育的阶层。年轻的一代与互联网共生共荣、相伴而生，网络给予他们学习和认知世界的通路，他们的视野比父辈们更开阔、对潮流有更加敏锐的触角，同时网上购物者的受教育水平与收入相对较高，他们更多的追求工作与生活的平衡，注重全方位的生活质量。因而更易较快的理解和接受新的信息，也能经得起购买风险。他们敢于尝试新事物，是新型销售模式的带头人。

（3）网上购物者的便利性需求与高性价比需求同时并存。网上购物者受教育水平相对较高，他们往往工作压力大、生活节奏快、闲暇时间少，如何在越来越少的闲暇时间获得最大程度的休息和放松，成为他们要思考的主要问题之一。相应的，他们对购物的便利性越发重视，从而成为他们做出购买决策要权衡的一个重要因素，而网上购物可以提供时间和地点的便利。网上购物方式具有全天候24小时营业和依据消费者约定时间地点送货上门的优势，可以更好地满足消费者对购物时间和地点的要求。

作为网店经营者，通过研究消费者的购物心理，再结合有力的网络营销对策，抓住市场机遇，定能在今后的市场竞争中占有巨大的优势。

6.2.4 打造一个五星级售后服务

现在开店，不仅在于赚钱，还要讲人气的积累和售后服务的态度。

第一，人气的积累。要想顾客下次还来，先是你的宝贝具有吸引力，最重要是宝贝名。你可以换位思考下，比如你是顾客，你要是买东西，你觉得什么宝贝才能对你有吸引力？是宝贝名和宝贝描述。你可以巧设关键字，在淘宝上找一下，看看这个宝贝最多的是用什么名字，你再对这个名字加以描述和修改，来增加对顾客的吸引。也可以通过量子统计来看看这个顾客是通过什么方式、什么关键字来搜索到你的宝贝的。通过PF搜的红色的字就是关键字，而其他客户也是一样。打开链接看下，就知道他们到底是用什么关键字，那么自己的宝贝题目就可以逐一修改了，同时也就达到了关键词的优化。

第二，产品的售后服务。通常顾客买到一个宝贝后，如果出现了一点儿瑕疵，就会找这个店的售后人员，这就关系到你能不能留住这个顾客。如果你不理他，或者你服务态度差，这个顾客下次可能是不会来你的店里，而且有可能会给你差评。所以售后是网店最重要的一项工作。

售后人员一定要态度好、脾气好、有耐心，有时会碰到一些无理的顾客，这时就要看你的反应能力和你的应变能力了。有的人觉得网店的售后很好做，这就大错特错了。

售后服务的内容主要包括：①代为消费者安装、调试产品；②根据消费者要求，进行有关使用等方面的技术指导；③保证维修零配件的供应；④负责维修服务；⑤对产品实行"三包"，即包修、包换、包退（现在许多人认为产品售后服务就是"三包"，这是一种狭义的理解）；⑥处理消费者来信来访，解答消费者的咨询。同时用各种方式征集消费者对产品质量的意见，并根据情况及时改进。客观地讲，优质的售后服务是品牌服务经济的产物，名牌产品的售后服务往往优于杂牌产品。名牌产品的价格普遍高于杂牌，一方面是基于产品成本和质量，同时也因为名牌产品的销售策略中已经考虑到售后服务成本。

当然网店毕竟不是实体店，少了很多的售后项目，但是一个好的售后会影响店里顾客的购买意愿，你可以不做售后，但是你不能指望天天有新的顾客来买你的东西。做好了售后会保留住一些顾客，这样顾客介绍顾客，你的店才会人流不息。

总之做个好的售后，能够得到顾客认可，成为顾客朋友，推动顾客再次复购，达到培养忠诚顾客、巩固老顾客的目的，增强口碑效应，树立健康代表形象，有利于以老带新、促进个人销售业绩的提升。

这样打造出一个五星售后服务，得到的好处就不用多说了。

6.2.5 案例借鉴——美国 Hertz 公司的客户服务网络

在从注重数量向注重质量转变的消费时代，客户越来越要求企业提供细致、周到、充满人情味的服务，要求得到购买与消费的高度满足，于是，如何深切地体验客户的要求，改进对客户的服务方式，针对客户消费的每一环节进行细致而深入的服务，就成了企业赢得客户的必备条件。

Hertz 公司是世界上最大的汽车租赁公司。公司在 1989 年开发了 Hertz #1 Club Gold 程序，建立了一个强大的客户数据库系统，存储客户的各种资料和消费记录。从客户租赁汽车的每一个步骤出发，从电子剪贴板到 in-car 浏览系统到电子签名板，最大程度地便利客户租赁汽车，从而使客户租赁汽车成为一个令人愉快的过程。

自从 Hertz #1 Club Gold 程序投入使用以来，Hertz #1 Club Gold 成员已达到两百多万，占到 Hertz 公司在美国总的汽车租赁商务的 40%以上，而且到目前为止他们都是公司最忠实的客户。

以下简要介绍 Hertz 公司获得成功的关键性因素和从中获得的经验。

1. 商业目标

Hertz 公司的商业目标是最大程度地便利客户，从客户的角度出发，设计客户满意的服务过程，从而获得较大的市场份额。主要包括：

（1）向客户提供始终如一的、品牌化的消费体验。

（2）节省客户的时间，避免让客户对公司的工作产生不满。

（3）缓解电话中心的压力，降低公司运营成本。

（4）扩大公司市场占有率，拓宽海外市场。

（5）为客户提供自我管理的机会。

Hertz 公司通过使用和不断改进 Hertz #1 Club Gold 程序逐步达到公司的目标，以下将研究 Hertz 公司获得成功的商业秘诀。

2. 成功因素

（1）建立统一的客户背景数据库。

客户不愿意每次租赁汽车时都填写详细的申请表格，告诉汽车租赁公司相同的个人情况，浪费自己的时间。为了解决客户的这个问题，Hertz 公司提出了建立一个 Hertz #1Club Gold 客户背景数据库程序，通过这个数据库，Hertz 公司给它的#1Club Gold 客户提供一年一次的租赁协议，通过这个系统，客户不用在每次租借车时都签名，也不用在租借柜台前苦苦等待了！

Hertz 公司是第一个认识到保留客户背景数据库的战略重要性的汽车租赁公司。数据库中保留每一个客户的姓名、汽车等级偏好、信用卡号码、地址、公司信息和历史租赁记录。Hertz 公司在全世界范围内提供汽车租赁服务，以前客户的信息散落在不同的地区数据库之中，公司难以得到一个客户的完整信息。现在通过使用一个统一的全球化客户数据库，在全球范围内收集客户的信息，确保为客户提供一个统一的、稳固的服务体系。

（2）节约客户的时间，最大限度方便客户。

Hertz 公司监控飞机的到达和延误，以确保在客户到达前就为他准备好汽车。当客户一下飞机，就可以看到公司的电子信号，指引客户到汽车停放点，客户所租的汽车敞开着车厢停在事先选择好的停车位置，客户的姓名显示在所租车的位置上，当客户进去后，可以到一个临时指定的#1 Culb Gold 程序计数器那里，不用任何签名，只需向 Hertz 公司代表出示他们的驾驶执照，并取他们的车钥匙和租借记录，然后就可直接去取他们的车。

（3）帮助客户到达目的地。

Hertz 公司认为仅仅为客户提供一个地图并不能帮助客户到达他们的最终目的地，Hertz 公司在租赁的汽车上安装全球化的定位系统 GPS。GPS 系统输入了全美和世界一些地区的详细地图。Hertz 公司与加利弗尼亚州的 GPS 厂商 Magellan 系统公司合作对 Rockwell 的 GPS 进行了改进。特征是：在汽车上设有一个便于阅读的显示屏地图；用箭头大且清晰地指示客户在何时和何处转弯；当司机错过了出口或转错弯时能迅速给出新路线。

GPS 系统同时还可以查询离客户最近的旅馆、快餐店、加油站、医院等所有客户需要的场所的确切地址。Hertz 公司通过地图的更新、辅助的信息和实时的交通路线来优化和改善 GPS 系统。

（4）合理化汽车回收程序。

Hertz 公司也在汽车回收程序上做了一些创新。1997 年，公司引进了 Hertz 及时回收程序。当客户还车时，Hertz 公司的代理人在车旁向还车的客户问候，输入行车里程和油量信息，处理收回手续，并用便携式打印机给客户打印一个收据。Hertz 公司同时建立了许多 Hertz 回收中心，回收中心的停车场上有遮雨的账篷，当客户从车里出来，从车厢里取回行李和上车时，可以避免遭受风吹雨淋。Hertz 公司计划在 1999 年末建成 40 个回收中心。今天，及时回收程序已在美国和加拿大的 110 多个地区使用，澳大利亚和七个欧洲国家也在使用这个程序。

（5）自助式销售和旅行代理网络。

Hertz 公司建立了一个自动化销售网站，以满足客户和旅行代理人的查询和预订需求。网站提供客户服务和事务处理功能。客户可以输入他们要预订车的日期和地点，选择他们所感兴趣的车型，并可以得知预订是否得到确认。

Hertz 公司网站同时为旅行代理人提供网络预订系统。例如，旅行代理人不仅可以预订车辆，也可以获得客户的公司折扣信息和所提供的不同车辆的照片，后者是他们用标准的 CRS 系统所做不到的。这样，客户不仅可以在网络上获得信息和预订车辆，也可以通过旅行代理人获得他们所预订的车辆。这是一种 Hertz 公司所期望的自由争论的交互方式。

3. 商业功能描述

（1）建立统一的客户背景数据库。

功能：建立全球统一的客户数据库，记录客户的姓名、汽车等级偏好、信用卡号码、地址、公司信息和历史租赁记录，为客户提供更全面的服务。

Hertz 公司在全世界提供汽车租赁服务，以前客户的信息散落在不同地区的数据库之中，公司难以得到一个客户的完整信息，现在通过使用一个统一的全球化客户数据库，在全球范围内收集客户的信息，确保为客户提供一个统一的、稳固的服务体系。

评述：通过统一的客户数据库管理，公司可以快速得知客户的类别和消费习惯，迅速为客户提供客户想要的服务，减少客户的等待时间，提高公司的运作效率。

（2）帮助客户到达目的地。

功能：在汽车上提供全球 GPS 系统，为客户提供详尽的地图信息和住宿、餐饮信息。

Hertz 公司在每一台租赁汽车上加上了 GPS 系统，系统可以清楚地显示目前客户所处的位置，并可以纠正客户的错误行车路线，客户还可以通过系统查询最近的旅馆、饭店、银行和加油站等。公司不断更新系统的信息，争取为客户提供更好的服务。

评述：极大地便利了客户，帮助客户准确地到达目的地，为客户旅行行程提供周密的保障。

（3）自助式销售和旅行代理网络。

功能：为客户和旅行代理人提供查询和预订服务。

从 1996 年 11 月开始，Hertz 公司的第一个信息网站投入运行。客户可以输入他们要预订车的日期和地点、感兴趣的车型，就可以得到详细的报价单和公司折扣。

旅行代理人一般通过定期航线的计算机预订系统（CRSS）来访问 Hertz 公司的预订系统。通过网络，旅行代理人可以得到他们想要得信息，包括 Hertz 公司提供的折扣，从而有效地安排客户的行程。

评述：为公司客户和代理人都提供了一种良好的查询和预订方式，缓解了公司电话中心的压力，降低了公司营运成本。

（4）合理的客户交易流程。

Hertz 公司设立了客户租赁过程的四个主要步骤：

1）明确客户的租车需要。当客户预订车型后，预订系统就会访问车辆实时性数据库，提供给客户必需的信息——车辆类型、选车的日期、时间和地点、取车的日期、时间和地点。

2）依据合同上的条款、折扣和当前促销情况给车辆定一个价格。当客户预订的车辆确定以后，预订系统就访问客户数据库，获得对价格有影响的合同上的信息，如客户作为一个 AAA 成员是否符合折扣的条件，客户所属的公司是否与具有转让价格的 Hertz 公司签订了合同，然后为客户制定一个合理的价格。

3）得到客户信用卡的授权。当租车价格确定以后，预订系统就访问计费系统并获得该项交易的费用。当客户接受了预订后，预订系统就请求信用卡授权系统以使用客户的信用卡来记账。

4）提前打印租借记录。在客户去取车的时候，所有的租借记录被打印出来并放在预订车上的一个使用标签说明里。如果客户的航班被延误，或错过了航班，取车地点的恢复程序可以自动地启动。

预订程序的四个步骤程序与公司在 IBM 主机上运行的交易系统高速地连接在一起，随时为客户提供方便快捷的服务。

评述：预订系统提供了客户租赁汽车的整个程序，提高了办理每一笔业务的速度，减少了客户等待的时间，提高了公司效率，使公司的业务流程日益符合客户的需求。

4. 风险与对策

Hertz 公司需要建立一个统一的、全球化的通用客户数据库系统，无论客户在哪里旅行，都能得到 Hertz 公司相同的服务。

在设计工程中 Hertz 公司遇到了两个方面的问题：首先，每一个在美国以外的 Hertz 分公司都已拥有自己独立的数据库；其次，在汽车租借方面，每一个国家都有许多重要的文化差异。例如，在法国通常是汽车连同司机一起出租。公司的设计小组认真听取了一些不同的意见，并特别记录一些将保留在客户背景记录里的不同的信息以满足不同国家的需求。

经过调查和试验，很明显，要保证客户在全世界都得到公司相同的服务，唯一方法是拥有一个唯一的、全球化的客户数据库，这个数据库要求把涵盖全世界的预约和计算系统紧密地结合起来。

为解决这个问题，Hertz 公司扩充了#1 Club 数据库，把公司在世界不同地区的个别客户数据库汇总，形成一个统一的、全球化的客户数据库。同时，在背景数据库、预订系统、计费系统、信用卡授权应用软件和汽车存货清单和实用性数据库（这些都是分布在全世界的）之间插入新的接口。

现在 Hertz 公司在俄克拉荷马城的数据中心建立了一个统一的、全球性的客户数据库，随时通过互联网收集全世界范围内客户的信息。

5. 经验总结

以下是从 Hertz 公司的案例中获得的经验，可以为其他公司提供有用的参考信息。

（1）建立一套全面广泛的客户背景信息资料，让客户维持自己的背景资料，并不断得到更新。

（2）使用统一的全球化客户数据库，确保为客户提供一个统一的、稳固的服务体系。

（3）消除每一个浪费客户时间的步骤。Hertz 公司不断改进这项工作：建立电子符号以将客户指引到汽车停放点；让车厢敞开着；将地图放在车里；不需要客户费太多的力就可开走汽车。

（4）消除客户的焦虑。Hertz 公司让每个客户在乘坐往返汽车时就将自己列入电子乘客表中，并全面监控飞机的到达和延误以确保客户到达前就为他准备好汽车。

（5）使客户很容易地使用产品和服务。Hertz 公司为客户提供两种不同的获得行驶方向的方法：使用自助式销售的计算机控制行驶方向终端和信息站或选择一种汽车内部的 NeverLost GPS 系统。

（6）针对各种各样的客户交互通道，使用统一的后端系统。在 Hertz 公司的例子中，无论客户是直接通过电话，用自助式销售网络来同 Hertz 公司打交道，还是通过旅行代理来同 Hertz 公司打交道，效果都是一样的。

今天，Hertz 公司在全世界提供汽车租赁服务，仅在亚洲，Hertz 公司提供的服务范围就包括日本、韩国、新加坡、马来西亚、菲律宾、孟加拉国、文莱等国家。

从 1989 年 4 月，Hertz #1 Club Gold 程序在美国运用于汽车租赁服务以后，这项程序得到了广泛的使用。1991 年，该程序在加拿大被广泛地运用，1992 年就到了欧洲，1993 年到了亚非。今天，全世界已有 600 多个地区使用 Hertz 公司的#1 Club Gold 程序。在 38 个主要机场，Hertz 公司可以提供无线的遮蓬服务。客户的姓名和车的位置都有灯来显示，而且客户租赁的汽车会在一个不受天气影响的#1 Club Gold 租借地区等待，敞开着车厢停在事先选择好的停车位置，客户只需在出口处出示驾驶执照和租借记录就可以开着车走了。

Hertz #1 Club Gold 程序应用以后，Hertz 公司获得了极大的成功，成为世界上最大的汽车租赁厂商，而所有的成功因素都来自于 Hertz 公司对客户消费的每一个流程无微不至的关怀。只有赢得客户心，公司才能得到发展和盈利！

引自：http://www.emkt.com.cn/article/27/2756.html

6.3 与客户有效沟通

6.3.1 如何处理客户投诉

对客户服务工作来讲,处理投诉是一项非常具有挑战性的工作,而如何有效地处理客户投诉也是一个亟待解决的问题。网民认为目前网上交易存在的最大问题是安全性得不到保障、产品质量及售后服务得不到保障、付款不便、送货耗时并渠道不畅、价格不够诱人等问题。不仅仅是网上交易,就是网下现实交易,很多卖家都不重视售后服务。很多卖家认为提供良好的售后服务会增加开店成本,其实不一定。如果因为你在产品质量方面没有保证,当然会增加经营成本。在保证质量的同时,维持良好的客户关系,运用感情营销,会获得更多的订单。

1. 顾客为什么会抱怨甚至警告

顾客会抱怨是因为顾客感到不满意。顾客满意度主要涉及到三个方面:顾客的期望值、产品和服务的质量、服务人员的态度与方式。顾客对于产品或服务的期望值过高,顾客的期望在顾客对企业的产品和服务的判断中起着关键性作用,顾客将他们所要的或期望的东西与他们正在购买或享受的东西进行对比,以此评价购买的价值。简单地用公式表示:

顾客的满意度=顾客实际感受/顾客的期望值

(1)顾客的期望值问题。一般情况下,当顾客的期望值越大时,购买产品的欲望相对越大。但是当顾客的期望值过高时,就会使得顾客的满意度越小;顾客的期望值越低时,顾客的满意度相对就越大。因此,企业应该适度地管理顾客的期望。当期望管理失误时,就容易导致顾客产生抱怨。

管理顾客期望值的失误主要体现在两个方面:第一,"海口"承诺与过度销售。例如,有的网上商店承诺顾客包退包换,但是一旦顾客提出时,总是找理由拒绝。第二,隐匿信息。在广告中过分地宣传产品的某些性能,故意忽略一些关键的信息,转移顾客的注意力。这些管理的失误导致顾客在消费过程中有失望的感觉,因而产生抱怨。

(2)企业员工的服务态度和方式问题。企业通过员工为顾客提供产品和服务,员工缺乏正确的推荐技艺和工作态度,就会导致顾客的不满,产生抱怨。这主要表现在:

1)企业员工服务态度差。不尊敬顾客,缺乏礼貌;语言不当,用词不准,引起顾客误解。

2)缺乏正确的推销方式。缺乏耐心,对顾客的提问或要求表示烦躁、不情愿、不够主动;对顾客爱理不理,独自忙自己的事情,言语冷淡,似乎有意把顾客赶走。

3)缺少专业知识,无法回答顾客的提问或者答非所问。

4)过度推销。过分夸大产品与服务的好处,引诱顾客购买,或有意设立圈套让顾客中计,强迫顾客购买。

(3)产品或服务质量的问题。这主要表现在:

1)产品本身存在问题,质量没有达到规定的标准。

2)产品的包装出现问题,导致产品损坏。

3)产品出现小瑕疵。

4)顾客没有按照说明操作而导致出现故障。

2. 常见处理顾客抱怨的方法

（1）处理顾客抱怨的原则。

处理顾客抱怨的基本原则有两条：第一，顾客始终正确。这是非常重要的观念，有了这种观念，就会有平和的心态来处理顾客的抱怨。这包括有三个方面的含义：①应该认识到，有抱怨和不满的顾客是对企业仍有期望的顾客；②对于顾客抱怨行为应该给予肯定、鼓励和感谢；③尽可能地满足顾客的要求。第二，如果顾客有误，请参照第一条原则。顾客与企业的沟通中，因为存在沟通的障碍而产生误解，即便如此，决不能与顾客进行争辩，冲动导致失去了顾客与生意。

处理顾客报怨，可参考以下10条原则：

1）快速处理。如果抱怨在服务过程中发生，恢复正常工作需要快速处理；如果抱怨在服务完成后发生，应建立24小时或更短时间内的反应机制，即使充分地解决需要较长时间，快速的反应仍然是重要的。

2）承认错误但不设防。如果以设防的态度处理顾客的抱怨，可能暗示隐瞒了某些事实或不愿意充分调查事件的真相。

3）从顾客的角度了解问题。设身处地是了解顾客不满原因的唯一方法，避免因自己的偏见随意下结论。

4）不要和顾客争论。辩论不能消除顾客的怨气，解决问题的目标应是获得彼此都可接受的方案，而并非要在争论上胜过顾客或证明顾客是错误的。

5）承认顾客的感觉。默认或明确地表达"我能理解你为什么生气"有助于建立信任关系，这是受伤后重建关系的第一步。

6）对顾客的疑惑做善意的解释。并非所有的顾客都是诚意的，因此不是所有抱怨都是正当的，但在顾客初步表达抱怨时都应被视为有确定依据，直到有相反证据出现。

7）阐明需要解决问题的步骤。当无法立即解决时，应通知顾客处理的计划与步骤，说明将要采取的解决方案，明确顾客何时可得到答复。

8）告知顾客进展的情况。不确定性会让人产生焦虑和紧张，如果知道发生了什么事并能定期收到进展报告，人们较易接受事实。

9）考虑赔偿。当顾客未得到应有的服务、承受严重不便或浪费时间和金钱时，提供赔偿或相等的服务作为一种补偿。而事实上，顾客所要求的大部分是道歉和将来类似问题不再发生的承诺。

10）努力重获顾客的信任。当顾客已经失望时，要恢复他们的信心及维持将来的关系，这不仅需要安抚顾客，而且要让顾客相信已经采取行动以避免问题的再次发生。

（摘自：http://www.labweb.cn/html/20100604/3142.html）

（2）处理顾客抱怨的策略和技巧。

1）重视顾客的抱怨。当顾客投诉或抱怨时，不要忽略任何一个问题，因为每个问题都可能有一些深层次的原因。顾客抱怨不仅可以增进企业与顾客之间的沟通，而且可以诊断企业内部经营与管理所存在的问题，利用顾客的投诉与抱怨来发现企业需要改进的领域。

2）分析顾客抱怨的原因。比如，一个顾客在某商场购物，对于他购买的产品基本满意，但是他发现了一个小问题，提出来更换，但是售货员不太礼貌地拒绝了他，这时他开始抱怨，投诉产品质量。但是事实上，他的抱怨中，更多的是售货员服务态度问题，而不是产品质量问题。

3）正确及时解决问题。对于顾客的抱怨应该及时正确地处理，拖延时间，只会使顾客的抱怨变得越来越强烈，顾客感到自己没有受到足够的重视。例如，顾客抱怨产品质量不好，企业通过调查研究，发现主要原因在于顾客的使用不当，这时应及时地通知顾客维修产品，告诉顾客正确的使用方法，而不能简单地认为与企业无关，不予理睬，虽然企业没有责任，这样也会失去顾客。如果经过调查，发现产品确实存在问题，应该给予赔偿，尽快告诉顾客处理的结果。

4）记录顾客抱怨与解决的情况。对于顾客的抱怨与解决情况，要做好记录，并且应定期总结。在处理顾客抱怨中发现问题，对产品质量问题，应该及时通知生产方；对服务态度与技巧问题，应该向管理部门提出，加强教育与培训。这种记录不是在商场简单地登记，而是人微言轻系统管理的一个部分。

5）追踪调查顾客对于抱怨处理的反映。处理完顾客的抱怨之后，应与顾客积极沟通，了解顾客对于企业处理的态度和看法，增加顾客对企业的忠诚度。

企业员工在处理顾客的抱怨时，除了依据顾客处理的一般程序之外，要注意与顾客的沟通，改善与顾客的关系。掌握一些技巧，有利于缩小与顾客之间的距离，赢得顾客的谅解与支持。

第一，平常心态。对于顾客的抱怨要有平常心态，顾客抱怨时常常都带有情绪或者比较冲动，作为企业的员工应该体谅顾客的心情，以平常心对待顾客的过激行为，不要把个人的情绪变化带到抱怨的处理之中。

第二，保持微笑。俗话说，"伸手不打笑脸人"，员工真诚的微笑能化解顾客坏情绪，满怀怨气的顾客在面对春风般温暖的微笑中会不自觉地减少怨气，与企业友好合作，达到双方满意的结果。

第三，从顾客的角度思考。在处理顾客的抱怨时，应站在顾客的立场思考问题，"假设自己遭遇顾客的情形，将会怎么样做呢？"这样能体会到顾客的真正感受，找到有效的方法来解决问题。

第四，做个好的倾听者。大部分情况下，抱怨的顾客需要忠实的听者，喋喋不休的解释只会使顾客的情绪更差。面对顾客的抱怨，员工应掌握好聆听的技巧，从顾客的抱怨中找出顾客抱怨的真正原因以及顾客对于抱怨期望的结果。

第五，积极运用非语言沟通。在面对面聆听顾客抱怨时，积极运用非语言的沟通，促进对顾客的了解。比如，注意用眼神关注顾客，使他感觉受到重视；在他讲述的过程中，不时点头，表示肯定与支持。

这些都鼓励顾客表达自己真实的意愿，并且让顾客感到自己受到重视。

> **小经验：**
> （1）不要纠正你的客户。不要说你错了，或者不是、不对、你不懂，中国的语言千千万，找个婉转的词来代替"不"字；
> （2）不要打断你的客户。有的时候客户打字速度可能会慢些，他的问题是分好几条来发完的，请耐心等待，让他把要说的说完；

（3）不要质问客户。客户是上帝，有时候比上帝都尊贵，你可以问上帝为什么给你这么坎坷的命运，可是对客户你永远不要问为什么你不这样，为什么你要那样；

（4）不要放弃客户。情绪是你业绩的杀手啊！不要把你的坏情绪带到店里，不要带给你的客户，网络虽然是虚拟的，但是你的开心可以通过你打的字，你的表情和你的字里语气传递给客户的，笑容多一点，话语活泼一些，让客户满怀期待的来，满怀喜悦的离开。

6.3.2 如何面对买家的差评

淘宝网卖家收到恶意差评后怎么办？这个世界从来就不是公平的，并不会因为你的善良而得到应有的回报。在淘宝网上有不少的买家都喜欢吹毛求疵，他会以各种各样的理由来找掌柜的麻烦，而最毒辣的莫过于闷声不响的差评了。

首先，预防是最好的方法。作为网店卖家一定要从自身找原因，严格对待发货、服务及产品方面有可能出现问题的各个环节，尽量避免或减少出差评的概率。

其次，沟通是处理问题的最好办法。因为预防得再好，也不可能保证绝对不出现问题，所以当遇到问题的时候，最好的办法就是主动沟通。

从某一个角度来看买家和卖家，可以说是对立的，他们所处的位置不一样，对待同一件事情的看法也就不一样，这就是我们需要沟通的原因。如对待评价的理解上，很多新手根本不知道好评或差评对卖家的意义，可能会觉得还没有做到最好就给个中评，也可能只是因为快递服务方面的不足而单纯地想给快递方面打个差评，最后却落到了卖家的身上。所以，主动与买家沟通，如直接给买家打个电话，解释清楚发生的误会，或是真诚道歉，请求买家的原谅等都是可能化解与买家之间出现问题的方法，毕竟直接地沟通和道歉会显得更有诚意。

此外，针对一些买家恶意给卖家差评的情况，处理方法也需要关注，注意以下几个方面问题的处理。

（1）在知道对方已经给自己差评后，不可以冲动对待，也不要回避问题，而是应该根据实际情况先给对方回评。如果你不给对方评价，45天系统会默认给对方好评。

（2）在双方都评价后，买家的差评将出现在卖家的信誉评价中，此时，如果你觉得买家没有理由给差评的话，可以在差评情况下整理好相关资料给予合理而诚恳的解释。

（3）对于恶意评价，尽量通过沟通的方式来解决。如果沟通无效的话，卖家可以投诉。在对买家进行投诉后，相关评价就会被屏蔽，等到平台相关管理部门裁定之后才会在自己的评价中显示。

（4）在为自己申辩的过程中，可以用聊天记录举证对方，但要注意只将一些有利于自己的聊天记录进行举证。

收到买家的评价后，因为只有双方互评才能看到评价，如果掌柜以为该买家肯定是给自己好评了，就像傻子一样也给买家好评了，结果掌柜评价后却发现买家以种种理由给自己的却是差评，比如"为什么快递到货速度这么慢啊？"、"为什么不是理想中的样子啊？"，更有甚者评价中说"还不错"，但是给的却是差评。这时候掌柜肯定觉得自己太委屈了，因为掌柜并不是快递公司的老总，谁能管得了快递的速度？什么叫理想中的样子？花一元买到价值一千的东西才是理想中的样子？而且明明收到买家的差评，掌柜给对方的却是好评。

1）差评开路。等买家给掌柜评价后，掌柜先给买家一个大大的差评。虽然这样可能冤枉善良的买家，但是冤枉仅仅是几秒钟的时间，谁都不会在意这几秒钟的冤枉。因为等掌柜看到买家给的是中肯的评价后，掌柜可以进评价管理里把差评改成好评。假如掌柜给买家的是好评，掌柜将无法把好评改成差评，而给对方的是差评，则可以修改成好评。这样做虽然有点违反常规，但是不这样做，会促使故意使坏的买家更加猖狂，更加肆无忌惮！

2）和善解决。有的故意使坏的买家看到掌柜给他的是差评，会主动找上门协商修改，那么掌柜就偷着乐吧。有的故意使坏的买家碍于面子或者为了达成目的，而不会主动来找掌柜协商，这时掌柜务必要强压住怒火，和买家好好谈判，谈判时多用和善的头像表情，比如鬼脸、微笑、握手、碰杯等，就算掌柜心情非常愤怒，有的买家看到这样的表情图标，也许会良心发现，将差评更改。（其实这就是行为控制情绪，即使你在现实中发怒的时候，做的却是鬼脸，大笑的表情，心情会好很多）

注意：沟通时，买家肯定要逼卖家认错。人都是这样，总想证明自己是对的，其他人都是错的。掌柜要顺应买家心里，谦卑认错，万不可漠视买家的认错请求，否则只会使事情更糟！一般情况下，买家和你沟通的时候心情非常舒畅，再一想他给你修改成好评，你也会给他修改成好评，何乐而不为之呢？这样，掌柜的目的就达成了。

其实你想想看，网络购物，图个送货上门，图个价格便宜是一方面，最重要的还是图个心情舒畅，无论你是掌柜还是买家，只要多给对方说点好话，事情都会办得非常顺利！

3）电话沟通。掌柜用了以上方法，但是故意使坏的买家并不买账，这时掌柜就要用电话沟通了。不要当时就打电话沟通，而是等双方都冷静一段时间后再电话沟通。人在网络上可以肆无忌惮，但是假如你打电话或者面对面沟通的时候，对方反而不好意思发火或者使坏。

4）举证投诉。万一故意使坏的买家胡搅蛮缠，无理咬三分，掌柜要注意收集有利于自己的证据：聊天记录（淘宝网只接受旺旺聊天的记录，不接受QQ等其他的聊天工具的），然后向淘宝网投诉，假如证据充分就会投诉成功。

5）心理安慰。掌柜假如用了以上的方法都没有成功，就可以想想：大部分店铺都是有几个恶意中差评的，这点美中不足并不影响自己的生意。长期从事互联网生意，想追求100%的好评，其实是比较难的事。因为林子大了什么鸟儿都有，同行也可能恶意竞争。想到这点儿，作为掌柜，其实也不必那么在意几个差评。

中差评是买家对你产品的印象评分，很多买家在购买你的产品的时候，首先都会去看这些，因为他们看不到实物，只能通过别人的评价，来了解你的东西，好评率直接影响了你的宝贝排位。以前的排位很简单，就是按宝贝时间结束的顺序，现在不但要看时间，还要看人气，还有就是好评率，这个是最重要的。100%好评的店铺产品，一定都在前几页。

6.3.3 如何获得买家的好评

（1）态度问题。有人请示加为好友，要马上加别人，也可以主动打招呼："你好，请问需要什么？"他会告诉你需要什么。你的回答不要冷冰冰的："有的"。像小鱼家是卖包包的，我会告诉人家有货，如果顾客选的是热卖品，我会夸赞顾客眼光很好，并告诉顾客配什么衣服漂亮，适合什么年龄段（小鱼自己以前就很喜欢买包包，所以颇有心得），如果非热卖的，也不要说不好，毕竟每个人的喜好不同，你可以说质量很好。

（2）把顾客当朋友。干干脆脆，只要有货就买的顾客毕竟很少，问东问西，问题一大堆的顾客毕竟很多，这个需要耐心，有问必答，甚至不问也答。我碰到过一个买家，跟我聊了2天才买，但最后买了8个包包，把他问过的包包全部买下了。来我家买包的基本都是女孩子，有时候还会唠家常，问她们平常的喜好，搭配风格，给她们一些建议，因为你见过实物，可以推荐给她们所需要的，很多顾客都会买店主推荐的东西。但千万不要把卖不出去的推荐给顾客，这样人家来了一次，就不会再来了。这样给顾客的感觉很好，就算收货之后有什么问题，也可以协商解决。小鱼现在就有很多顾客朋友，他们会不定期地来小店看看，然后站在买家的角度给我一些建议，可以说是受益匪浅。还有很多老顾客，每个星期都要来消费，帮同事买，帮亲戚朋友买。切记，顾客不是消费个体，他的后面是一个庞大的消费群体。

（3）学会舍得。买东西就难免有讨价还价，不要不耐烦地说："最低了，不议价"。顾客真的会走。小鱼都会很礼貌地说："真抱歉呢，利润已经很低了，要不您先上别家看看，包包我先帮您留着"。但小鱼基本都会有所让步，只要小赚点就行了。有时候碰到聊的投缘的买家，保本就卖，这样就留住了顾客，他会介绍别人来买或者帮别人买。而且再次购买，只要你说个最低价，都不会怎么还价的。做生意，要赚钱，但也要赚口碑和人气。记住，欲取之，先予之，有舍才有得。

（4）售后服务。这个是最重要的，前面做的再好，这里没注意，也会前功尽弃。虽然很多卖家，发货前都会仔细检查，但总有不仔细的时候。一般买家收到东西时有问题，都会联系卖家，一定要诚恳地承认错误，然后积极地协商退换问题。但如果是小问题，买家也怕麻烦，卖家可以承诺，下次买的时候优惠点，或者送点小礼物，买家会很开心，就不会计较了，因为你有为他着想，他也不会为难你。就算他本来不想再买，也还会来，优惠和礼物谁都想要，这样其实你还赚了。但最头疼的是碰到无良买家，摆明了，是敲竹杠来了。怎么办？其实我们没别的办法，只能按他的要求去妥协，基本都是退款补偿。千万不要跟他对干，吃亏的是自己，一个中差评影响很大，不是几块钱可以衡量的。还是那句老话，钱能解决的问题，就不是问题。

（5）修改评价。有些买家，没联系你，无声无息就给了你个中差评。这个时候你就要主动联系他了，打电话（一般女孩子很合适）问他原因，然后说出你的解决方法。退货还是退钱，要看问题的严重性，这样效果会很好。评价的修改期限是一个月，一个月之后也可以修改，但是要买家打电话去淘宝，很麻烦。所以一有这样的情况，就要主动出击。

6.3.4 开网店如何正确处理退换货

在进行无理由退换货之前，要首先明白一点，我们的卖产品的目的是什么？我们的目的是赚钱，而不是做慈善义卖，我们的目的是把产品卖出去，赚到钱。

所以对于无理由退换货，要正确地运用，而不是毫无针对性地运用。对于代理来说，在遇到顾客要求退换货的时候，要正确地去处理，要为自己的利益考虑，争取自己利益的最大化、损失的最小化。

首先来看看，在淘宝网买东西，买家要求退货，通常有三种情况：

第一，产品有缺陷，有质量问题。

第二，产品本身质量完好，但是产品过时，技术落伍，顾客后来反悔了，特别是衣服类的产品，常常是买家收到之后，以"我不喜欢，款式不是图片上的"等来要求退货。

第三，在质量保证期或维修期内被退回，要求更换或者维修。前几天我就碰到一个朋友，他把自己闲置的游戏机卖了，买家在收到 5 天之后，内置灯坏了，就要求退货，最后，不得不赔偿他 50 元，拿钱消灾。至于买家恶意退货，毕竟还是少数，卖家只要处理得当，很可能让原本心怀不满的买家成为小店的忠实粉丝。

卖家们，你是否正受到退货的困扰而心烦意乱呢？你可曾想过也许在你前面就是一条金光大道。凡事利弊相生，有"危"即有"机"。有时候只需要换个思路，退货损失就可能变为收益，危机能变成商机。退货已是每个商家必须面对的一个重要问题。那么商家如何预防退货，使得退货损失最小化？作为卖家到底要怎么做呢？

第一，制定合理的退货政策。对于退货条件、退货手续、退货价格、退货比率、退货费用分摊、退货货款回收以及违约责任，制定标准，利用一系列的约束条件，平衡由此产生的成本和收益。一定要多多熟悉淘宝网规则。

第二，加强验货。加强验货服务可以在你进货等各个环节的各个过程进行，以确保尽可能在产品未发给买家前发现产品上的诸多缺陷。

第三，引入供应链信息化管理，建立 IT 预警系统。现在的管理基本是手工+大脑，属于粗放化管理体制，无法准确、实时地把握商品管理的每个细节。沃尔玛建立世界最先进的供应链信息化管理系统，能精确、全面、适时把握全球任何地方每一卖场销售业绩的细节，这使沃尔玛退损率全球最低，平均不足 0.5%。在淘宝网，专业化的或者说皇冠以上的卖家都引进了客户管理系统，只要买家报上他的名字或者会员名，就可以查看他具体的消费情况，我们也要向他们学习。

第四，有效进行单品管理，减少商品退损率。商品管理是相对于传统的商品实行的柜组管理——大类管理而言。实行单品管理，便于管理人员准确、全面实时地把握网店每一单品销售业绩的细节，及早组织货源。买家最喜欢对其有价值的优良品。

第五，采取"少进勤添"的进货方式，加大进货质量和把握好进货种类。加强每日销量的预测，不要一次进太多的产品，合理高效安排供应货，少进勤添，以减少盲目进货的"危险"，千万不要贪图进货量大就可以得到便宜的价格，如果销售不出去，你的资金就周转不了，想要升钻，那可是难于上青天。

有效地处理退货问题，会给网店带来新的商机！

6.3.5 如何防止顾客流失

顾客流失已成为很多卖家所面临的尴尬问题。卖家们大多也都知道失去一个老顾客会带来巨大损失，需要店铺至少再开发十个新客户才能予以弥补。但当问及卖家顾客为什么流失时，很多店铺的卖家都一脸迷茫，谈到如何防范，他们更是诚惶诚恐。

客户的需求不能得到切实有效的满足往往是导致企业客户流失的最关键因素，一般表现在以下几个方面：

（1）店铺商品质量不稳定，顾客利益受损。很多店铺开始做的时候会选择质量好，价位稍高的商品来销售，但时间久了，慢慢的，卖家会发现有些低劣商品，只要图片漂亮一样好卖，于是把便宜的劣质品进回来充当高档商品卖高价位，这样一来，顾客肯定会流失很多。

（2）店铺缺乏创新，客户"移情别恋"。任何商品都有自己的生命周期，随着网购平台市场的成熟及商品价格透明度的增高，带给顾客的选择空间越来越大。若店铺不能及时进行创新，顾客自然就会另寻他路，毕竟买到最实惠最优质最新鲜的商品才是顾客所需要的。

（3）店铺内部服务意识淡薄。员工傲慢、顾客提出的问题不能得到及时解决、咨询无人理睬、投诉没人处理、回复留言语气生硬、接听电话支支吾吾、回邮件草草了事、员工工作效率低下也是直接导致顾客流失的重要因素。前几天一个老顾客告诉我说，她在易趣一家女装店铺买了很久的衣服了，但这次收到的货却不对板，和照片上差异很大，在要求退货时却遭遇店铺客服生硬地拒绝，客服部和发货部互相推诿，一来二去，耽误了时间事情却没得到解决，最后这个顾客发誓再也不去这家店铺买东西了。

（4）员工跳槽，带走了顾客。很多很多店铺卖家都是小规模雇人经营，员工流动性相对较大，而店主在顾客关系管理方面不够细腻、规范，顾客与店铺客服之间的桥梁作用就被发挥得淋漓尽致，而店主自身对客户影响相对乏力，一旦客服人员摸清进货渠道，在网上自立门户，以低价位做恶性竞争，老客户就随之而去，与此带来的是竞争对手实力的增强。

（5）顾客遭遇新的诱惑。市场竞争激烈，为了能够迅速在市场上获得有利地位，竞争对手往往会不惜代价搞低价促销，做广告，做"毁灭性打击"来吸引更多的客源。"重金之下，必有勇夫"，顾客"变节"也不是什么奇怪现象了。

另外，个别顾客自恃购买次数多，为买到网上最低价格的商品，每买一件商品都搜索易趣最低价来对比，否则就以"主动流失"进行要挟，店铺满足不了他们的特殊需求，只好善罢甘休。

找到顾客流失的原因，至于如何防范，店主们结合自身情况"对症下药"才是根本。一般来讲，店铺应从以下几个方面入手来堵住顾客流失的缺口：

（1）做好质量营销。要明白质量是维护顾客忠诚度最好的保证，是对付竞争者的最有力的武器，是保持增长和赢利的唯一途径。可见，店铺只有在产品的质量上下大工夫，保证商品的耐用性、可靠性、精确性等价值属性才能在市场上取得优势，才能为商品的销售及品牌的推广创造一个良好的运作基础，也才能真正吸引客户、留住客户。如此运做，网购的市场也才会取得更好的口碑。

（2）树立"客户至上"服务意识。2009年夏天，武汉奇热，一时空调销量大增，由于当地售后服务队伍人数有限，海尔预料自己的售后服务将面临人员危机。于是，武汉海尔负责人很快打电话到总部要求调配东北市场的售后服务人员，接着东北海尔的售后服务人员就乘机直达武汉。客户得到了海尔全心的支持，"真诚到永远"真是名不虚传，这是武汉人都知道的事情。由此可件，任何行业，服务质量好是最重要的，是留住顾客的最重要因素，做网店更是如此。

（3）强化与顾客的沟通。首先店铺在得到一位新顾客时，应及时将店铺的经营理念和服务宗旨传递给顾客，便于获得新顾客的信任。在与顾客的交易中遇到矛盾时，应及时地与顾客沟通，及时地处理，及时地解决问题，在适当的时候还可以选择放弃自己利益保全顾客利益的宗旨，顾客自然会感激不尽，很大程度上增加了顾客对店铺的信任。

（4）增加店铺的品牌形象价值。这就要求店铺一方面通过改进商品、服务、人员和形象，提高自己店铺的品牌形象，另一方面通过改善服务和促销网络系统，减少顾客购买产品的时间、体力和精力的消耗，以降低货币和非货币成本，从而影响顾客的满意度，提高双方深入合作的可能性，为自己的店铺打造出良好的品牌形象。

（5）建立良好的客情关系。员工跳槽带走客户，很大一个原因在于店铺缺乏与顾客的深入沟通与联系。顾客资料是一个店铺最重要的财富，店主只有详细地收集好顾客资料，建立顾客档案进行归类管理并适时把握客户需求，让顾客从心里信任这个店铺而不是单单一件商品，这样才能真正实现"控制"顾客的目的。

（6）做好创新。店铺的商品一旦不能根据市场变化做出调整与创新，就会落后于市场。就好像易趣上的女装分类，前年最火爆的品牌是Burberry，去年最火的是D&G，今年又火什么呢？手机分类，2003年火的是三星T508，2004年火的是诺基亚7610，2010年火的是IPhone，2011年又火什么呢？市场是在不断变化的，只有不断地迎合市场需求、时代变化，才能真正赢得更多信赖你的顾客。只有那些走在市场前面来引导客户，促使市场发展的经营者，才能取得成功。

对于那些用"自动流失"要挟的顾客，尽管放弃吧，原则性问题，任何店铺任何店主都应该遵守。

防范顾客流失的工作既是一门艺术，又是一门科学，它需要店铺不断地去创造、传递和沟通优质的顾客价值，才能最终获得、保持和增加老顾客，锻造店铺的核心竞争力，使企业拥有立足网购市场的资本。

案例　忠诚顾客靠培养

日本的一家化妆品公司设在人口百万的大都市里，而这座城市每年的高中毕业生相当多，该公司的老板灵机一动，想出了一个好点子，从此，他们的生意蒸蒸日上，成功地掌握了事业的命脉。

这座城市中的学校，每年都送出许多即将步入黄金时代的少女。这些刚毕业的女学生，无论是就业或深造，都将开始一个崭新的生活。她们脱掉学生制服，开始学习修饰和装扮自己。这家公司的老板了解了这个情况后，于是每一年都为女学生们举办一次服装表演会，聘请知名度较高的明星或模特儿现身说法，教她们一些美容的技巧。在招待她们欣赏、学习的同时，老板自己也利用这一机会宣传自己的产品，表演会结束后他还不失时机地向女学生们赠送一份精美的礼物。

这些应邀参加的少女，除了可以观赏到精彩的服装表演之外，还可以学到不少美容的知识，又能个个中奖，人人有份，满载而归，真是皆大欢喜。因此许多人都对这家化妆品公司颇有好感。

这些女学生事先都会收到公司寄来的请柬，这请柬也设计得相当精巧有趣，令人一看卡片就目眩神迷，哪有不去的道理？因而大部分人都会寄回报名单。公司根据这些报名单准备一切事物。据说每年参加的人数，约占全市女性应届毕业生的90%以上。

在她们所得的纪念品中，附有一张申请表，上面写着：如果您愿意成为本公司产品的使用者，请填好申请表，亲自交回本公司的服务台，你就可以享受到公司的许多优待，其中包括各种表演会和联欢会，以及购买产品时的优惠价等。大部分女学生都会响应这个活动，纷纷填表交回，该公司就把这些申请表一一加以登记装订，以便事后联系或提供服务。事实上，她们在交回申请表时，或多或少都会买些化妆品回去。如此一来，对该公司而言，真是一举多得，不仅吸收了新顾客，也实现了顾客忠诚化的理想。

点评：

国外的一项调查研究表明，一个企业总销售额的80%来自于占企业顾客总数20%的忠诚顾客。因此，企业拥有的忠诚顾客对企业的发展是十分关键的。但是，企业获得忠诚顾客并非是一朝一夕的事。近年来，我国许多企业都已经意识到忠诚顾客与企业的经济效益有直接联系，但是大多数却并不清楚怎样才能获得忠诚顾客。从本案例中，或许我们可以得到一些启示。

启示一："攻心为上，攻城为下"。

孙子兵法说："上兵伐谋"、"善用兵者，屈人之兵而非战也，拔人之城而非攻也"。未战而屈人之兵，未战而投人之城，正是"攻心为上"的形象说明。

日本这家公司的老板正是一位高明的"攻心为上"术的使用者。他牢牢抓住了那些即将毕业的女学生们的心理：脱掉学生制服之后，希望通过装扮和修饰自己，能创造一个不同于以往的形象，能更漂亮、更出众，但却不会装扮又不知该向哪里咨询。公司老板的服装展示会和美容教学进一步激发这些少女的爱美欲望，并使她们摆脱了"弄巧成拙"的忧虑，让她们在学习的同时，也熟悉并接受本公司的产品。

启示二：优秀的策划可以事半功倍

一流策划创造潮流，二流策划领导潮流，三流策划顺应潮流。企业如果通过一流策划创造出使用本企业产品和服务的潮流，这样做的结果必然事半功倍。日本的这家化妆品公司将即将毕业的少女受邀参加服装展示会变成一种少女们趋之若鹜的潮流，使得"每个人都认为不应邀参加展示会的人，是天大的傻瓜"。于是，公司的服装展示会不但得到大多数应届毕业女生的青睐，还影响到了以后的每一届毕业生们。当然，只有优秀的策划是不够的，要真正形成潮流，使超新顾客成为企业的忠诚顾客，企业所提供的产品和服务必须要能给顾客带来实际的价值，否则就会像当年的"呼啦圈热"一样，热一阵马上就消声匿迹了。

启示三：企业要想更高效地获得忠诚顾客，应改被动"等待"为主动"培养"。

为获得忠诚顾客，企业大多通过广告等手段将自己的产品及服务特点宣传给广大消费者，然后就是静等新顾客的上门。当新顾客在使用了企业的产品和服务之后感到满意，他就会一次一次地购买，最终成为企业的忠诚顾客。显然，这是一种被动"等待"过程。由于企业并没有对新顾客进行选择，也没有采取什么主动措施将新顾客牢牢"锁住"，因此，新顾客中可成长为忠诚顾客的比例极低。为了能够更高效地获得忠诚顾客，企业应将传统的被动"吸引"及"等待"改为主动"拉拢"和"培养"。正如这家日本公司所做的，它先是针对即将毕业的少女这个目标顾客群，通过服装展示会及美容教学等方法主动将其拉向自己，然后利用申请表收集新顾客的信息以便提供更优质的产品及服务，通过公司的各种优待将顾客牢牢"锁住"，耐心将其培养成为企业的忠诚顾客。

本章小结

（1）企业的销售、营销和客户服务部门需要客户的互动信息。企业和各部门包括销售、客户服务、市场、制造、库存等部门需要在统一的信息的基础上面对客户，这就必须对客户的各项信息和活动进行集成，实现客户活动的全面管理。

（2）网上开网店是一种利用互联网作为主要经济活动平台的商业模式，需突出知识化的"智力资本管理、专业化的组织设计管理、一体化的资源管理、网络化的客户管理、融合化的网店文化建设"。

（3）建立一套全面广泛的客户背景信息资料，使用统一的客户数据库，消除每一个浪费客户时间的步骤，消除客户的焦虑，使客户很容易地使用产品和服务，针对各种各样的客户交互通道，使用专一的后端系统，是做好五星级客户服务的重要因素。

（4）有效地处理客户投诉，确保网上交易的安全性得到保障，使产品质量及售后服务得到保障，尽量让网民付款方便，配送渠道通畅等，尽管可能减少经营成本。在保证质量的同时，维持良好的客户关系，实现感情营销，将会获得更多的订单。

问题与思考

6-1 什么是客户关系管理？
6-2 有什么样的软件适合管理网上的店铺？
6-3 影响网上消费者行为的因素有哪些？
6-4 如何面对买家的差评？
6-5 如何防止顾客的流失？

附录一 2009年中国行业电子商务网站TOP100榜单

类别	网站名称	网址
综合	阿里巴巴	http://china.alibaba.com
	环球资源	http://www.globalsources.com
	中国制造网	http://www.made-in-china.com
	环球市场	http://www.globalmarket.com
	慧聪网	http://www.hc360.com
	香港贸发局	http://www.hktdc.com
	文笔天天网	http://www.cn.ttnet.net
	一达通商务网	http://www.ydt35.com
	金银岛	http://www.315.com.cn
	贸易伙伴	http://www.tradevv.com
	Exportpages	http://www.exportpages.com
	MFG	http://www.mfg.cn
	海商网	http://www.hisupplier.com
	外贸英才网	http://www.tradehr.com
机械行业	中国设备网	http://www.cnsb.cn
	机电在线	http://www.jdol.com.cn
	食品机械行业网	http://www.spjxcn.com
五金工具	华人螺丝网	http://www.luosi.com
	金蜘蛛紧固件网	http://www.chinafastener.biz
	全球五金网	http://www.wjw.cn
	中国搜丝网	http://www.sosw.net
	国际五金网	http://www.wjw.com
农林畜牧	金农网	http://www.jinnong.cn
	中国蔬菜市场网	http://www.china-vm.com
	中华粮网	http://www.cngrain.com
	中农网	http://www.ap88.com
	中国园林网	http://www.yuanlin.com
服装鞋帽	中国服装网	http://www.efu.com.cn
	中国品牌服装网	http://www.china-ef.com
	环球鞋网	http://www.shoes.net.cn
	中国皮具网	http://www.piju.com.cn
	全球羊毛衫网	http://www.wool3.com
	中国服装人才网	http://www.cfw.cn

续表

类别	网站名称	网址
医疗医药	中国药网	http://www.chinapharm.com.cn
	海虹医药电子商务网	http://www.emedchina.net
	医药网	http://www.pharmnet.com.cn
	医疗商务网	http://www.ylsw.net
	环球医药信息网	http://www.qgyyzs.net
	21 保健品网	http://www.bjspw.com
食品行业	食品商务网	http://www.21food.cn
	中国糖酒网	http://www.tangjiu.com
	全球食品配料网	http://www.fi365.cn
	食品伙伴网	http://www.foodmate.net
	食品招商网	http://www.21food.com.cn
冶金钢铁	我的钢铁	http://www.mysteel.com
	中国联合钢铁网	http://www.custeel.com
	兰格钢铁网	http://www.lgmi.com
	钢之家	http://www.steelhome.cn
	中国铝业网	http://www.alu.cn
	上海大宗钢铁电子交易中心	http://www.ssec-steel.com
	海鑫钢材信息网	http://www.hxsteel.cn
电工电气	空调制冷大市场	http://www.178b2b.com
	中国开关网	http://www.chinaswitch.com
电子行业	维库电子市场网	http://www.dzsc.com
	21IC 电子网	http://www.21ic.com
	华强电子网	http://www.hqew.com
	ICBuy 亿芯网	http://www.icbuy.com
化工塑料	中国化工网	http://www.chinachemnet.com
	卓创资讯	http://www.chem99.com
	中塑在线	http://www.21cp.net
	浙江塑料城网上交易市场	http://www.ex-cp.com
	隆众石化商务网	http://www.oilchem.net
	全球塑胶网	http://www.51pla.com
	中国塑料商业网	http://www.spcce.com
包装印刷	中国包装网	http://www.pack.net.cn
	我要印	http://www.wyy.cn
纺织化纤	中华纺织网	http://www.texindex.com.cn
汽摩行业	盖世汽车网	http://www.gasgoo.com
	中华汽配网	http://www.auto1688.com.cn
	中国电动车网	http://www.ddc.net.cn
文化收藏	中华收藏网	http://www.sc001.com.cn
	雅昌艺术网	http://www.artron.net
安防行业	中国安防产品网	http://www.secu.com.cn

续表

类别	网站名称	网址
建筑材料	中国建材第一网	http://www.jc001.cn
	中国水泥网	http://www.ccement.com
	中国建材网	http://www.bmlink.com
	中国玻璃网	http://www.glass.com.cn
	盛丰建材网	http://www.jiancai.com
	中国卫浴网	http://www.wyw.cn
工控自动化	中国工控网	http://www.gongkong.com
	中国自动化网	http://www.ca800.com
仪器仪表	仪器信息网	http://www.instrument.com.cn
	易展仪表展览网	http://www.18show.cn
	中国化工仪器网	http://www.chem17.net
日化美容	中国化妆品网	http://www.c2cc.cn
	中国美体网	http://www.meiti.net.cn
	中国化妆品招商网	http://www.hzpzs.net
	中国美容人才网	http://www.138job.com
再生资源	中国二手设备网	http://www.fengj.com
	中国废品网	http://www.recycle366.com
	中国废旧物资网	http://www.feijiu.net
能源电力	晨砦采购网	http://www.eccl.com.cn
	全球电池网	http://www.qqdcw.com
	全球节能环保网	http://www.gesep.com
眼镜行业	温州眼镜网	http://www.wenzhouglasses.com
	中国眼镜网	http://www.glasses.com.cn
物流行业	中国国际海运网	http://www.shippingchina.com

附录二 快递公司网址

序号	快递名称	网址
1	邮政 EMS 邮件查询网址 1	http://www.ems.com.cn/ems/（查全国往来邮件）
2	邮政 EMS 邮件查询网址 2	http://www.shenzhenpost.com.cn/services/ems（查深圳同城速递邮件）
3	申通快递	http://www.sto.cn
4	中通速递	http://www.zto.cn
5	圆通速递	http://www.yto.net.cn
6	联昊通物流	http://www.lts.com.cn
7	汇通快递	http://www.htky365.com
8	一统快递	http://www.itsd.cn
9	壹时通物流	http://www.cetime.cn
10	宅急送快递	http://www.zjs.com.cn
11	顺丰速运	http://www.sf-express.com
12	顺风快递	http://www.sh-shunfeng.com
13	亚风速递	http://www.broad-asia.net
14	大田物流	http://www.dtw.com.cn
15	联邦快递	http://www.fedex.com/cn
16	联邮速递	http://www.upex-cn.com
17	快马运输	http://www.fast111.com
18	华宇物流	http://www.hoau.net
19	海航天天快递	http://www.ttkdex.com
20	勤诚快递	http://www.qc-dds.net
21	DHL 快递	http://www.cn.dhl.com
22	UPS 快递	http://www.ups.com
23	中外运	http://www.sinoair.com
24	中铁快运	http://www.cre.cn
25	CCES 快递	http://www.zoc.net.cn
26	中驿快递	http://www.zykd.com
27	麒麟物流	http://www.98933.net
28	韵达快运	http://www.yundaex.com
29	驱达国际快递	http://www.fardar.com
30	安信达快递	http://www.anxinda.com
31	飞达急便速递	http://www.ping-chi.com

续表

序号	快递名称	网址
32	星辉快件	http://www.samvay.com
33	国鑫快递	http://www.uppollo.com
34	京广快递	http://www.kke.com.hk
35	越丰物流	http://www.yfexpress.com.hk
36	超联物流	http://www.sul.cn
37	全一快运	http://www.apex100.comt
38	佳吉快运	http://www.jiaji.com

附录三 网上开店大卖家店铺网址展示

类别	网站名称	网址
综合购物	淘宝网	http://www.taobao.com/
	京东商城	http://www.360buy.com/
	卓越网	http://www.amazon.cn/
	当当网	http://www.dangdang.com/
	新蛋网	http://www.newegg.com.cn/
	凡客诚品	http://www.vancl.com/
	唯品会	http://www.vipshop.com/
	一号店	http://www.yihaodian.com/
	美团网	http://www.meituan.com/
	尚帝网	http://www.3dbuy.com.cn/
	橡果国际	http://www.chinadrtv.com/
	大货栈	http://www.dahuozhan.com/
	时尚购	http://www.ssgo.com/home/default.aspx
	100名品团	http://www.100mingpin.cn/
	千腾网	http://www.specl.com/index.shtml
	赶集网	http://bj.ganji.com/
数码家电	库巴购物网	http://www.coo8.com/
	买特网	http://www.360mart.com/
	绿森数码	http://www.lusen.com/
	咪啦网	http://www.5366.com/
	品橙网	http://www.orange3c.com/
	热点数码	http://www.hit168.com.cn/
	菲星数码	http://shop.phisung.com/
	特客来	http://www.tekelai.com/
	飞虎乐购	http://www.efeihu.com/
图书音像	99网上书城	http://www.99read.com/channel/index.html
	文轩网	http://www.winxuan.com/
	中国互动出版网	http://www.china-pub.com/
	中国图书网	http://www.bookschina.com/
	蔚蓝网	http://www.wl.cn/
	99学生考试网	http://www.99kaoshi.com/
	学而思网校	http://www.xueersi.com/
	北发图书网	http://www.beifabook.com/

续表

类别	网站名称	网址
母婴家居	荷玛家居	http://www.heim.cn/
	小主人网	http://www.xiaozhuren.com/
服饰鞋帽	麦考林	http://www.m18.com/
	走秀网	http://www.xiu.com/
	烧包网	http://www.shaobag.com/
	欧莱诺	http://www.olomo.com/
	耀点100	http://www.yaodian100.com/
美容化妆	丝芙兰	http://www.sephora.cn/
	乐蜂网	http://www.lafaso.com/
	草莓网	http://cn.strawberrynet.com/
	安必信肌肤管理专家	http://www.amssy.com/
	DHC	http://www.dhc.net.cn/top/index.jsp
鲜花礼品	中国鲜花礼品网	http://www.flowercn.com/
	中国鲜花专递网	http://www.cnfse.com/
	ooh Dear 钻石礼物	http://www.oohdear.com/
	优优祝福	http://www.uuzhufu.com/
	也买酒	http://www.yesmywine.com/
	买茶网	http://www.maichawang.com/index.html
旅游票务	游易旅行网	http://www.yoee.com/
	团程网	http://www.tuantrip.com/home.php
成人健康	开心人网上药店	http://www.360kxr.com/
	九九维康	http://www.99times.cn/
	药房网	http://www.yaofang.cn/
	玉米网	http://www.yumi100.com/
	金象网	http://www.jxdyf.com/
农林	我买网	http://www.womai.com/
	国家种苗网	http://www.sinoseed.com/home.php
	中国林业产权交易所	http://www.chinaforest.com.cn/
	中国林业产业	http://www.chinalycy.com/

附录四 网上开店实用工具软件网址展示

一、淘宝开店必备的十大工具下载地址/淘宝关键词查询工具

1．淘宝助理

淘宝助理是一个功能强大的客户端工具软件，它可以帮助编辑宝贝信息，快捷批量上传宝贝，并提供方便的管理界面。

（1）淘宝助理 V4.1 Beta1 全新功能：

1）批量打印快递单、发货单，省下大量人工填写工作，还可以自定义打印模板。
2）批量发货减少手工操作，针对某些快递单还能自动填写运单号。
3）批量好评减少手工操作，方便您通过好评进行营销。
4）图片搬家提供简单的操作，帮您将宝贝描述中的图片自动迁移到淘宝图片空间。

（2）淘宝助理功能特点：

1）离线管理、轻松编辑商品信息。
2）快速创建新宝贝，还可以通过模板，数秒钟就建立新的宝贝。
3）批量编辑宝贝信息，节省宝贵的时间。
4）通过下载，轻松修改已经发布的宝贝。
5）修改后批量上传，无需人工操作。
6）导入导出 CSV 格式，更自由地编辑商品信息。
7）批量打印快递单、发货单，省下大量人工填写工作，还可以自定义打印模板。（新）
8）批量发货，减少手工操作，针对某些快递单还能自动填写运单号。（新）
9）批量好评，减少手工操作，方便您通过好评进行营销。（新）

下载地址：http://dl.pconline.com.cn/download/53990.html

2．蓝云统计

（1）全自动放置代码、时/日段分析、最近在线、页面轨迹深度分析。
（2）流量实时滚动播报地域分布情况、访客明细、访客轨迹。
（3）直通车关键词、访客来路、商品页/店铺页分析。
（4）店主自身记录屏蔽，多用户权限管理。
（5）全面统计店铺受访信息，多方位了解访客喜好，方便制定销售策略
（6）直接桌面打开查看，方便快捷，来客"叮"一声提醒。

下载地址：http://www.newhua.com/sofdown/8559_2.htm（可用迅雷下载）

3．可牛淘宝图片助手

（1）自由设置文字/图片水印，轻松制作既防盗又个性十足的宝贝图片。
（2）专为淘宝设计，还支持批量淘宝助理图片（*.tbi 格式）处理。
（3）内置增加边框和裁剪圆角功能，将宝贝图片衬托得更加漂亮。
（4）自由设置文字/图片水印，轻松制作既防盗又个性十足的宝贝图片。
（5）批量修改宝贝图片尺寸，更适合店铺页面，还可节省图片存储空间。

（6）可牛淘宝图片助手，可以批量压缩图片尺寸，一键生成适合淘宝店铺的图片；还能批量添加水印、边框，使宝贝图片更加漂亮！

下载地址：http://www.keniu.com/tb/index.html

4．天迹淘宝货源小管家 1.0

软件主要用于记录淘宝产品的货源地址。比如你是新的淘宝卖家，刚开始没有自己的货源，在淘宝直接调用人家的产品，这个时候可以用到这个软件来记录。默认的登录账号和密码都是：admin

下载地址：http://www.onlinedown.net/soft/64390.htm

5．淘宝商人导航

淘宝商人导航是专门为淘宝卖家专用的网址导航，该导航为广大淘宝卖家提供了淘宝货源，店铺装修，商品包装，淘宝软件等经常用到的网址，给卖家提供了方便，深受广大淘宝卖家的青睐。

同时，淘宝商人导航也涵盖了一般网址导航的所有内容，包括实用网址（如音乐、小说、NBA、财经、购物、视频、软件、游戏等）、百度和 Google 搜索引擎、实用查询、天气预报、闹钟个性定制等实用功能。在名站导航中推荐的都是一些在各行各业具有影响力的网站，同时还加上了财经股票、实用查询、常用软件等子栏目。

淘宝商人导航网址：www.taobaoshangren.com

6．依 Q 屋淘宝专用浏览器（淘宝店铺复制专家）2.8.2

下载地址：http://www.skycn.com/soft/44457.html

7．淘宝店铺宝贝链接提取工具

软件使用方法：

（1）找到你感兴趣的卖家，复制其网址；

（2）输入网址格式，如 http://shop20027139.taobao.com/，软件自动开始搜索当前卖家下所有宝贝链接；

（3）双击某项，则打开宝贝链接；

（4）"导出文本"按钮，可将搜索到的链接导出到文本文件，格式一行一个。

下载地址：http://xiazai.zol.com.cn/detail/36/359685.shtml

8．淘宝工具条 1.1

淘宝工具条是一款应用在 IE 浏览器的免费软件，除了提供查看阿里旺旺（淘宝版）、我的淘宝、热门商品推荐等快速通道，还具有网页搜索、产品关注、广告拦截、反钓鱼等功能，并支持淘宝、阿里巴巴（中文站）、支付宝三种模式自由切换。

下载地址：http://dl.pconline.com.cn/html_2/1/86/id=45345&pn=0.html

9．淘宝帮家宝模板大富翁 1.12

开网店，需要一定的资金投入，当你没有对模板进行预算，或者压根就不知道要用模板的时候，这个软件就派用上场了。当你徘徊在一些装修豪华的店铺里感叹有钱了我一定也要装修一个的时候，用淘宝帮家宝的模板大富翁吧！只要你看上的模板一准跑不了，它能够在瞬间完整获取某个店铺的宝贝描述模板代码，你只需要编辑一下里面的文字就能够成为你的装修材料。你一定担心，万一哪天这个模板的图片显示的是一个大叉的时候（无法显示）怎么办？不要紧，可以直接将店铺的所有装修图片下载保存到本地硬盘，随时随地你只要重新设置一下图片地址，然后将图片上传到网络上的图片空间，那么这个模板依然是属于你的。从另一个角度上来说就相当于一个店铺宝贝复制工具，你能够将对方的宝贝包括模板整个复制出来，剩下的只需要复制粘贴就能够发布在你的店铺上了。

（1）支持直接将某个店铺装修代码生成 htm.txt 格式文件。

（2）支持将装修所使用的图片下载到本地硬盘，确保装修模板的正常使用。

（3）支持检测原模板店铺图片是否正常。

（4）支持在线编辑模板功能。

（5）支持过滤功能。

（6）支持生成 QQ 联系代码。

（7）支持过滤模板代码功能。

（8）支持升级提示功能。

下载地址：http://www.onlinedown.net/soft/69262.htm。

10．TaobaoUp（淘宝自动上架）2.1.0.1

可以复制淘宝所有店中的宝贝，或是下载任意一家店的所有产品，包括宝贝图片、属性、描述等。同时有批量评价、批量解释、指量发货、宝贝下架后自动再上架、自动橱窗推荐、批量删除和下架宝贝等多项功能，软件就是一个浏览器，专用于淘宝网，增加了非常多的实用功能。

（1）支持多账户，各账户可进行不同的设置。

（2）可指定六种上架范围，指定在某个时间段才进行上架，指定每次上架的间隔时间，指定上架的宝贝数量，指定每件宝贝的出售数量（增加或重设）

（3）可按名称进行筛选，也可按宝贝的创建时间进行筛选，决定上架或不上架

（4）可在宝贝出售时，指定下架后在什么时间才上架，另外，软件可对接近下架的宝贝进行自动推荐

下载地址：http://xiazai.zol.com.cn/detail/36/357312.shtml

二、网上开店实用工具下载地址

网上开店实用软件工具

分类	工具名字	相关链接
文字输入	搜狗拼音输入法	http://pinyin.sogou.com/
	极品五笔	http://www.jpwb.name/
	紫光华宇拼音输入法	http://www.unispim.com/
	谷歌拼音输入法	http://www.google.com/ime/pinyin/
即时通讯	阿里旺旺	http://www.taobao.com/wangwang
	QQ	http://im.qq.com/
	MSN	http://im.live.cn/
	雅虎通	http://messenger.yahoo.com/
	飞信	http://fetion.10086.cn/

续表

分类	工具名字	相关链接
电子邮箱	雅虎邮箱	http://mail.cn.yahoo.com/
	网易邮箱	http://mail.163.com/
	QQ 邮箱	http://mail.qq.com/
	新浪邮箱	http://mail.sina.com.cn/
	搜狐邮箱	http://mail.sohu.com/
搜索引擎	百度	http://www.baidu.com/
	谷歌	http://www.google.cn/
	中国雅虎	http://www.yahoo.cn/
浏览器	世界之窗浏览器	http://www.ioage.com/tw/
	傲游浏览器	http://www.maxthon.cn/
	谷歌浏览器	http://www.google.com/chrome/
	0pera 浏览器	http://cn.opera.com/
图片处理	ACDSee	http://www.acdsystems.com/
	SnagIt	http://www.techsmith.com/
	Photoshop	http://www.adobe.com/
	UleadGIF Animator	http://www.crsky.com/soft/4010.html
免费相册	51.com	http://www.51.com/
	TOM 相册	http://photo.tom.com/
	网友相册	http://photo.wangyou.com/
	和讯相册	http://photo.hexun.com/
支付平台	支付宝	https://www.alipay.com/
	PayPal	https://www.paypal.com/
开店辅助	淘宝助理	http://www.taobao.com/help/tbassistant/index.php
	淘宝工具条	http://www.taobao.com/wangwang/toolbar/index.php
	淘宝旺铺	http://www.taobao.com/cn/sale/bazar/xshop_home_080408.php
	淘宝直通车	http://pro.taobao.com/zhitongche/index.html
	淘宝客	http://taoke.alimama.com/
网店管理软件	网店小秘书	http://www.xiaosoft.com/
	网店管家	http://www.es86.com/
	E 店宝	http://centaur.cn/shell.php?objname=complex&objid=130
店铺统计	金牌网店统计	http://www.jinpai123.com/
	好店铺统计	http://www.haodianpu.com/
	光华计数器	http://www.gh730.com/

续表

分类	工具名字	相关链接
杀毒软件	卡巴斯基	http://www.kaspersky.com.cn/
	大蜘蛛杀毒软件	http://www.newhua.com/soft/65834.htm
	McAfee	http://www.mcafee.com/
	ESENOD32	http://www.eset.com.cn/
办公软件	Microsoft Office Word	http://office.microsoft.com/zh-cn/default.aspx
	Microsoft Office Excel	http://office.microsoft.com/zh-cn/default.aspx
	Adobe Reader	http://www.adobe.com/cn/products/acrobat/
系统优化软件	360 安全卫士	http://www.360.cn/
	Windows 优化大师	http://www.youhua.com/
	超级兔子	http://www.pctutu.com/
压缩解压软件	WinRAR	http://rarlab.com/download.htm
	WinZip	http://www.winzip.com/
	7-Zip	http://www.7-zip.org/
下载上传软件	迅雷	http://dl.xunlei.com/
	网际快车	http://www.flashget.com/
	FlashFXP	http://www.flashfxp.com/
	BitComet	http://www.bitcomet.com/index-zh-cn.php
免费网络硬盘	纳米盘	http://www.namipan.com/
	163 免费网盘	http://www.163disk.com/
	QQ 文件中转站	http://mail.qq.com/
	永硕 E 盘	http://www.ys168.com/

参考文献

[1] 黄曦. 新形势下如何培养大学生创业精神. 辽宁教育行政学院学报, 2009.
[2] 武新华. 大赢家——轻松实现网上开店创业. 北京: 中国人民大学出版社, 2008.
[3] 周英. 网上开店大赢家——网店营销秘籍. 北京: 清华大学出版社, 2010.
[4] 王广宇. 客户关系管理. 北京: 清华大学出版社, 2010.
[5] 霍亚楼. 客户关系管理. 北京: 对外经济贸易大学出版社, 2009.
[6] 陈俊宇. 客户管理. 广州: 暨南大学出版社, 2009.
[7] 张秀玲. 开店这样做才能赚到钱. 北京: 化学工业出版社, 2010.
[8] 天天心悦, 张燕, 佳豆. 网上交易实战提高篇. 北京: 清华大学出版社, 2008.
[9] 徐飞. 网上开店创业手册. 上海: 东华大学出版社, 2006.
[10] 刘正红. 财富新观念——淘宝网开店与推广. 北京: 清华大学出版社, 2010.
[11] 吴长坤. 日赚800元——互联网创业指南. 企业管理出版社, 2010.